中国的教育问题
还是教育的中国问题

葛剑雄◎著

孙晶◎编

学林出版社　　上海人民出版社

图书在版编目(CIP)数据

中国的教育问题还是教育的中国问题/葛剑雄著;
孙晶编.—上海:学林出版社,2018.7
ISBN 978 - 7 - 5486 - 1410 - 4

Ⅰ.①中… Ⅱ.①葛… ②孙… Ⅲ.①教育研究-中
国 Ⅳ.①G52

中国版本图书馆 CIP 数据核字(2018)第 139863 号

责任编辑　　楼岚岚　　胡雅君
封面设计　　张志凯

中国的教育问题还是教育的中国问题
葛剑雄 著
孙　晶 编

出　　　版　　学林出版社
　　　　　　　(200235　上海钦州南路 81 号)
发　　　行　　上海人民出版社发行中心
　　　　　　　(200001　上海福建中路 193 号)
印　　　刷　　上海盛通时代印刷有限公司
开　　　本　　720×1000　1/16
印　　　张　　24
字　　　数　　33 万
版　　　次　　2018 年 7 月第 1 版
印　　　次　　2018 年 7 月第 1 次印刷
ISBN 978 - 7 - 5486 - 1410 - 4/G · 540
定　　　价　　88.00 元

目录

师风与学风

回忆与建言

思辨与感悟

教育不是万能的

　　广义的教育不是万能的，这是谁都明白的道理。要不，一个社会就不需要法律和管理了。

　　狭义的教育，即学校教育，也不是万能的，不能指望学校教育解决学生的全部问题，更不能将学校教育的成效延伸到家庭和社会。这道理也应该大家都明白，可是实际上政府部门、社会各界、传媒和家长往往不加注意，所以给学校教育造成不必要的负担和压力。

　　例如，学生或其家长出了问题，并不都是教育的责任。前几年，某地一位学生杀死了母亲，于是从高层领导到公众都提出要给学生减负，似乎这主要是学生负担过重所造成的。其实从报道看，这位学生与他的母亲都有精神障碍。近来也不时发生学生为了一些微不足道的事而出走，甚至自杀。于是又听到了对学生负担太重的批评，却没有分析造成这种现象的主要原因，例如这些学生的生理、心理是否有疾病，家庭中有什么问题。学生的负担是否太重应该以大多数学生的情况为判断的标准，而不是根据这类极端的个案。给学生减负固然应该，但即使学生一点负担没有，一个社会中也难免不会发生类似事件。

又如，经常听到对学校"片面追求升学率"的现象的批评，似乎只要学校不"片面追求"，问题就能得到解决。实际上，全国大多数省区即使经过扩招，高中毕业生能够上大学的比例还是很低，在经济落后地区尤其如此，学校不追求升学率行吗？"片面追求"不好，那么如何"全面追求"呢？同样，目前高质量的重点中学还很少，在粥少僧多的情况下，下一级学校自然只能通过各种手段使自己的毕业生提高升入重点学校的比例。即使人为地取消重点学校，但只要差距客观存在，任何学校都无法阻止学生和家长对重点学校的追求。只有当大多数高中毕业生都能升入高校，大多数中学都拥有与重点学校相同的办学条件和水准时，这种"片面追求"才能从根本上改变，而这显然也不是学校本身所能解决的。

再如，现在对"应试教育"一片批评声，对"素质教育"赞扬有加，似乎素质与应试是完全对立的，有了素质就不必讲究应试的本领。可是社会上的各种应试却越来越普遍，升学、评奖、求职、招工、升等、提干、录取公务员，外语、计算机、法律、财会、驾驶执照等等，哪类哪样不要通过考试，不要有相应的学历和文凭？报上公布的高官简历，有几个不是当官后在职弄来的硕士、博士？近来连市长都要公开考试招聘了。既然社会各方面如此重视考试，分数、文凭、学历越来越重要，却要学校不必重视应试，岂非南辕北辙？

类似的例子还可以举出不少。大凡社会上有什么需要，出了什么问题，大家马上想到了教育，认定这是学校和教师的责任，希望"从娃娃抓起"。从爱国主义、时事政治、精神文明、革命传统、公民道德、法制教育、社会诚信，以至交通安全、卫生、禁毒、性教育，都可以成为学校教育的要求，外语、电脑、书法、"儿童读经"、"诗歌吟诵"、绘画、音乐、舞蹈、体育、军训、武术、工艺，样样都要由学校"从娃娃抓起"。教育有那么大的功能吗？

　　我这样说不是要为学校推卸责任，而是希望大家把教育放在一个恰当的位置，政府、社会、家庭都承担起自己应有的职责。

　　　　　　　　　　　　　　　　　　　（《福建教育》2003 年第 10B 期）

中国的教育问题，还是教育的中国问题

"中国的教育问题"和"教育的中国问题"，这是两个不同的概念。"中国的教育问题"是发生在中国的，单纯是教育方面的问题；但"教育的中国问题"，就不单纯是教育的问题，而是在中国有关教育的各种问题。

"钱学森之问"不是问大学，而是问社会

中国现在的教育到底出了什么问题呢？在全国各地的媒体和我们日常言谈中，教育是最容易受到批评的。这就出现了很奇怪的现象，一方面大家都在讲素质教育，但另一方面又觉得素质教育行不通。讲减负讲了多少年，甚至教育部也发了文，但是"负"减得了吗？

2009年，上海参加了每三年一次的国际学生评估项目测试（PISA），结果排名全球第一，引起了很多国家的震惊。2012年第二次的测试结果出来，上海又是第一名。如果说第一次测试有一定的偶然性，第二次总不

能再说是偶然的吧！这个测试不是上海自己搞的，是国际组织派人到上海来做的，而且测试的对象是随机抽样，包括最差的学校，是一个全面的测试。测试的标准是公开的，至今没有听到多少批评。我们一直在赞扬人家的教育怎么好，但奥巴马在美国说中国的教育搞得好，为什么会有这么强烈的反差？为什么我们培养的人在国内发挥不了作用，但到了国外很快就发展起来了？

杨振宁、李政道在西南联大读的本科，在美国读研究生和从事研究，得诺贝尔奖主要归功于在美国受的教育。同样在西南联大打好了基础，留在国内读研究生并继续从事研究的人为什么得不了诺贝尔奖，而且到现在还没有突破呢？这也要问大学吗？我不是为大学推卸责任，但说明这绝对不是简单的大学里的问题。

"为什么我们的学校总是培养不出杰出人才？"这是所谓的"钱学森之问"。"钱学森之问"不是问大学，而是问社会，我想钱学森本人心里也很明白。他是上海交通大学毕业的，但他公开发表的言论中并没有怎么具体地肯定他在交大受的教育与他所取得成就的关系。钱学森回国之后，国家也为他创造了最好的条件。"三年自然灾害""文化大革命"期间，他的工作和生活条件都得到了保证，我记得"文革"初期周恩来总理在对红卫兵的讲话中专门提出了要求，要保护他，不许赶走他家里的保姆，我看到过小报上的报道。与钱学森差不多同时回国的科学家中，有的同样为国家作出了重大贡献，是"两弹一星功臣"，但有人就被红卫兵、造反派活活打死，有的被打成潜伏特务，有的被剥夺了工作权利。可见教育再好，还需要社会提供发展的空间。中国教育存在的问题，更多是要问社会，而不要仅仅问大学。

社会应该为青年提供上大学以外的出路 学校教育应合理分流

有人说现在高考是"一考定终身"，要多考几次才公平。大学四六级英语考试早已实行多次考试，可以不断地考下去，但是好不好呢？也不好，不照样一大堆意见。有没有好好做过一个调查，比如说每年高考究竟多少人是正常发挥的、多少人是发挥失常的？考试的结果究竟在多大程度上能反映考生的实际情况？媒体报道的事例和大家听到的抱怨当然都是负面的，但是在全国每年数以百万计的考生中占多大的百分比呢？其实，考试设计得再好，再公正，总会有人因为考得不理想而认为试卷出得不好，永远都会有人认为自己没有正常发挥。你让他考 5 次，他都会说没有正常发挥，为什么不能考第六次。任何制度都有弊病，只能尽量减少弊病，却无法完全消灭。考试总是有局限性的，但适合绝大多数人。即使少数人发挥得不好，也没有什么不公平。增加考试次数，或者推行高中阶段的联考制度固然有利于反映学生的实际水平，但在升学压力依然很大的情况下，只会将压力提前到高中阶段，或者分解到每次考试中。还加重了考试成本，不是由家长承担，就是多花教育经费。在目前，还必然增加考试作弊和全过程中发生舞弊的概率。我说过多次，教学的目的不是为了应试，但将应试能力与素质对立起来是错误的。为什么素质高的学生就不应该有很好的应试能力？难道素质高的学生都考不出好成绩才正常吗？人生不都在应试吗？个人之间、群体之间以至国家之间的竞争往往都是"一考"决定的，奥运会比赛时能因为"发挥不好"要求再来一次吗？

其实，高考的"一考"是定不了终身的。少数人认为自己考得不理想，或者发挥得不好，或者的确还有差距，完全可以下一次再考。而且如果认为到自己不适合上大学，或者一时考不上大学，为什么不能选择其他出路呢？如果社会本身是健全的，高考指挥棒你可以不听。如果你选择了不上大学，或者考不上就不再考，这根指挥棒就奈何你不得。

要从高考的指挥棒中解脱出来，首先得靠学生本人和家长。比如有些学生从自己的兴趣爱好、实际能力、职业目标出发，选择不上大学，或者先创业、先工作，或者在大学期间退学创业，有多少家长会支持？请问在座各位家长，如果你们的孩子这样做，你会支持吗？如果家长不将自己的意志强加给学生，对这一部分学生高考指挥棒就起不了什么作用。但更重要的，要靠社会，靠政府。

根据《国家中长期教育改革和发展规划纲要（2010—2020）》，2020年大学的毛入学率应该是 40%。也就是说，到 2020 年，同龄青年中会有40% 的人能够进入大学，其他人就进不了大学，或者只能接受低于大学的教育，就业或待业。如果这 60% 的青年没有出路，或者说与那 40% 上过大学的人以后的差异会很大，会出现什么情况呢？那是可以想象的。经济和教育都发达的国家如美国、德国也不是人人都上大学的，它们的毛入学率在 50% 左右，不会超过 60%。就算达到 60%，也还有 40% 的人上不了大学，为什么就没有高考的压力和恶性竞争？因为在义务制教育结束后，学生就开始分流了，一部分人根据个人的特长、兴趣、经济状况和职业目标选择了不上大学。剩下的人也不会都选常青藤大学或顶级的大学，比如家庭经济条件不太理想、估计自己又拿不到奖学金的就选所在地的州立大学，学费便宜或基本可免除；不想进一步深造研究的会找实用型的大学；申请失败的学生也会不得已求其次，或者先工作再找机会。

可是中国的情况恰恰相反：绝大多数孩子和家长都将上大学、上名校为唯一目标，尽管一些人明知自己不具备条件。不能怪他们自不量力，造成千军万马挤上独木桥的根本原因是残酷的社会现实——青年的出路越来越窄，社会阶层的流动性越来越差。用大家常说的一句话，就是不上大学还有什么出路！

农村孩子只有上了大学才有可能成为城里人，才能拥有城市户口或合法的居留证，才有可能有比较体面的职业，过比较舒适的生活。否则他永远只是农民工，即使在城里工作很多年，连他们在城市生的孩子也不能有城市户口，不能在城市参加高考，将来十之八九还是"农民工"。

城里的孩子也只有上大学一条路，因为现在做什么都讲学历。就是在工厂、企业，没有大学学历的人一般当不了管理人员，侥幸当上了也得补一张文凭才能巩固。前年我们图书馆要招古籍修补人员，人事处说要本科毕业，我说要本科干什么，中专就可以了，后来我让步改招大专。修补古籍难道博士会修得更好吗？以前不少没有文化的人修补得也很好，并且能在工作过程中学到文化。当然有点文化更好，但何必一定要本科？现在没有大学文凭寸步难行。我们图书馆一个干得很好的小伙子，就因为只有同等学力的大学文凭而不能转正。

这些年大学扩招，毛入学率增加很快，但矛盾却越来越尖锐。因为水涨船高，招聘或录取研究生的条件也高了，就看是否名校，是否985、211大学。同样是这些学校的毕业生，还要拼其他条件，成绩绩点、竞赛、实习、社团、证照，甚至户籍、相貌、家庭条件、社会关系，多多益善。于是竞争越来越提前，从高中、初中、小学，已经提到了幼儿园。为了"不输在起跑线上"，家长不惜从买学区房开始。我大胆地预测，如果这样的竞争不终止，下一步必定会出现胎教竞争，再下一步就是基因的竞争。

高考改革得再好，办法再公正，不能增加毛入学率。到2020年，如果有60%～80%的青年参加高考，就算高考能挑选出40%最合适的考生，总还有20%～40%的人要淘汰。如果青年已经合理分流了，剩下40%多一点的人准备上大学，而他们又很明确自己是要上应用型大学还是要继续研究等等，不仅高考不会有什么压力，就是名校也不会遭遇恶性竞争。在这样的情况下，你就可以实行各种考试的方法，可以自主招生，也可以全国统一招生，连入学后的很多矛盾也能迎刃而解。

解决青年的出路问题，不是大学也不是幼儿园的事情，而是政府、社会的事，也需要家长的积极引导，本人的理性选择。社会解决好这个大的前提，使青年人能够在不同的阶段找到不同的出路，只要肯努力，今后都有体面的职业和稳定的收入，才能够保证各级学校是良性竞争，也能保证各种人才得到发挥，也能够使学校、老师尽心尽责使孩子成才。一味将社会的责任推到学校，这对政府来说是不负责任，对舆论来说是误导，对家长来说加重了不必要的负担，对孩子来说扼杀了个性，迫使他们走这样一条独木桥。我认为这才是中国教育的实质问题。

要尊重教育规律，社会不能过度干涉教育

教学是一个人对人的艺术，是因人而异、因校而异的。世界上一些名校，都有一些奇奇怪怪的规矩，社会用不着去干涉，学校如果什么都被社会干涉，那这个学校是办不好的。现在我们校长规定学生不许带手机，马上报纸就要讨论，只要家长、学生签字同意，不违反法律和国家规定的教育方针学校就可以做，形成自己的传统。

韩国到现在为止，还允许老师体罚学生，一般是打到初中，高中就不打了。日本规定，幼儿园、小学、初中，哪怕是冬天，女孩子一律穿短裙，男孩子穿短裤。到高中，才可以穿长裙、长裤。我看小孩子的小腿都冻得发紫，还规规矩矩站在那里，这些都是有规定的。当然，国情不同，我们不应也不必生搬硬套，但至少要尊重教育规律，允许学校、教师在不违背法律和教育方针的前提下采取不同的教育方法。而现在，学校禁用手机，马上会引发轩然大波，引起媒体的普遍批评。学生考试作弊被学校开除，法院却判学校违法。北京某大学一年当了 8 次被告，全部输掉，因为法院认为原告都是学生或家长，属弱势群体。中学不敢组织学生春游，除非家长签下免责承诺。小学教师下课后会看着学生，不许奔跑嬉闹，怕万一引起伤害事故担不了责任。甚至连社会上的人跑到大学自杀，学校也脱不了干系。

现在如果片面要求社会公正一定要由学校来体现，根本不尊重教学的规律，让教育承担不应该承担的任务，那么中国的教育是办不好的。

一度很多人批评大学圈地借钱，谁都知道，没有政府批准是圈不到地的；国有银行不主动送上门，大学也是借不到钱的。为什么不先问政府和银行？很多地方政府把土地批给大学，旁边的地用来开发房地产，就升值了。复旦大学江湾校区旁就造了不少别墅、豪宅，打的广告上用的是我们临湖的图书馆楼的照片，广告语是"与名校为邻，与书香结伴"。大学贷款扩招也是领导出的主意，说银行那么多钱贷不出去，贷给大学，这是优

质资产，大学借了钱建新校区，扩招后收学费还贷，这是赖不掉的，实在不行政府会帮助他们埋单。结果有的学校招不满，社会上又骂学费太多，所以就限制学费，钱收不回来就还不了贷。这两条怎么都成了大学的罪名？

再比如学术腐败。所谓学术腐败是指利用权力、金钱、社会地位去谋取自己的学术成果、学术地位和学术声誉。今天研究生抄袭别人的文章，老师为了职称将别人的文章改一改又发表，当然应该批评和制止，但这谈不上是学术腐败。国家开发银行副行长王益被抓后我写过一篇短评，王益原来是北京大学历史系硕士，做了证监会副主任后，在两年之内拿到西南某财经大学的经济学博士学位。人在北京工作，学位在西南拿，从历史学转为经济学，而且只用了两年，比全职研究生都快。他为什么有那么大的能量呢？这才叫学术腐败！多少高官都是异地拿学位，而且有的根本就跟自己的专业没有关系。刚才说的教师、学生的行为是学术不端，学风不正，是应该纠正的，但与利用职权谋私还是有区别的。而且这类现象有一部分是制度造成的。现在规定硕士生、博士生一定要发表几篇文章，而且必须是在核心刊物，甚至是权威刊物上发表。中国有多少核心刊物、权威刊物？全部给研究生发表都不够，何况还有老师要发表文章评职称、申请项目、评奖？反学术腐败要针对掌握权力、金钱和具有强势地位的那些人，光靠学校是解决不了的。

义务教育需"在同一条起跑线"

学校的公正首先要靠政府，义务制教育是强制的。孩子到了规定的年龄，家长或者监护人就必须要送孩子上学。在美国，如果孩子不上学是要申请的。对政府也是强制的，政府必须要保证孩子有这样的机会，比如说这个孩子家离学校很远，那么就要提供交通工具或者住宿。

教育部早就宣布普九了，我说应该公布国家义务教育最低标准，多少孩子要配一个教师，餐厅要达到什么样的标准，公布之后让我们看有没有做到。像美国、日本，穷乡僻壤的学校和城市的没有多大的差别，并没有我们想象的那么好，但是基本设施都是有的。2001年初我在中国南极长城站时，参观了毗邻的智利弗雷总统考察站的小学。这所小学只有十几位学生，但有2位由国家派来的专职教师，配了好几台电脑，还开通了互联网，学生们每年还能回国参加活动。当时得知，有2位学生即将升中学了，政府已决定再派一名老师，同时确定由一位有专业学位的考察队员兼任物理教师。

我们说要办世界一流大学，这是中国梦的一部分，但是如果说要办成世界一流的义务制教育，绝对可以做到。像上海那样，义务教育的质量已经是世界一流了，只要在硬件设施上都能达到先进，在地区、城乡之间做到均衡，那就是世界一流的义务制教育。即使是现在最贫穷落后的地区，只要中央下决心调动全国的力量，也不难使每一座小学、中学达到国家规定的最低标准。师资数量或质量不够，既可在本地培训，也可以从外地招聘或从发达地区轮流服务。如果我们的义务制教育是一流的，那么绝大多数家庭的孩子就能处在基本相同的起跑线上，今后能不能上大学、如何选择职业，就靠你自己了。

任何国家的国民素质的提高，任何学校进行素质教育的基础，前提都是从小的家庭教育。根据我个人的体会，很多规矩、规范，涉及信仰的某种行为，最关键的是从小的灌输，习惯成自然。到了大学甚至是高中就根本来不及了，或者已经无法从根本上改变了。例如一个人不能撒谎，就是一种习惯，一种自觉的行为规范，不需要讲太多的道理。而如果一个孩子从小养成了撒谎的习惯，长大了是很难纠正的。你告诉他不能撒谎，他会说撒谎的人很多，为什么我不能，甚至根本不相信世界上还有不撒谎的人。你告诉他撒谎会被人瞧不起，他却认为就是因为能撒谎才显得有能耐。你说撒谎最终害了自己，他却觉得不撒谎才会吃亏。不是有年轻人到外国乘车不买票，人家告诉他查到要罚款，他非但不怕，还通过概率计算得出还是不买票合算的结论。

现在的家庭教育为什么出现那么多的问题？根子就是他们的父母甚至是祖父母就从小没有受到很好的教育，将一些全人类都普遍认同的美德当作工具和手段。"文革"期间我当中学教师，眼看我的学生一天天学坏，原来文质彬彬的变得开口"国骂"闭口"沪骂"，为"政治"正确或达到个人目的不择手段，老师却处于被批判斗争的处境而无能为力，还得昧着良心赞扬"革命小将造反有理""文化大革命就是好"。我们私下感叹：将来等到这些学生为人父母，成为国家栋梁，他们如何教育子女，管理国家？社会会变成什么样？现在这些学生早已当了父母，有的已是爷爷奶奶，有的已是党政官员、企业主管，他们是如何教育子女、服务民众、管理员工的呢？有没有留下"文革"的恶性影响？

教师的作用能否发挥，结果也不同。以往中国人普遍崇拜"天地君亲师"，老师的地位是很高的。"文革"前我刚当教师时还不满 20 岁，到学生家里去访问，有的家长还以为是他哥哥的同学。但一旦知道我是老师时就立即非常客气，有的家长年龄可当我父母，但对我十分尊重，弄得我很不好意思。如果家长的说法和要求与教师不同，学生就会理直气壮予以拒绝："是老师说的。"家长就会让步："当然听老师的。"但现在老师在家长心目中处于什么地位呢？一方面有些老师放弃了自己的尊严和地位，从幼儿园就接受家长送的购物卡和礼物的老师，千方百计利用家长资源的老师能有尊严吗？另一方面，不少家长以为只要有钱有势就能左右老师，他们怎么会将老师当作孩子的行为楷模和灵魂导师？

第二就是小学或者学前教学。义务教育在同一条起跑线上，就能纠正家庭教育的一些问题。现在强调不输在同一条起跑线上，不是将责任交给每一个家庭，因为家庭做不到，但是至少进入学校，孩子们要在同一起跑线上。输在起跑线上，往往就在义务制教育阶段，所以大家拼命地往名校挤。国家要做的最基本的事情，不是创造一个一个所谓的教育奇迹。如果一个国家不从基础教育开始，不是通过政府做到教育资源的相对均衡，不是使孩子从小就得到良好的教育，那么今后我们怎么保证这个国家稳定的发展？

这些不是中国的教育问题，而是教育的中国问题，面对这样的情况，教育部门和学校不能推卸自己的责任，但是如果不引起全社会的关注，政府不全面来解决这些问题，单独要求学校将教育办好是不可能的。

（《教师博览》2014 年第 4 期）

对当前教育中若干问题的认识

有人认为，中国历来有尊师重教的传统，只是一度不够重视而已。但实际上，中国历史上的尊师重教，有其特定的含义，在对教育作出一般性肯定的同时，强调的是政治和道德。由此而产生的泛政治化和泛道德化，正是过去教育弊病的根源之一。所以，我们在肯定中国教育的传统时，也必须老老实实地承认中国教育自古以来就存在的弊病，从全新的意义上来认识教育的重要性，因为新世界对"师"和"教"所提出的要求绝不是传统的延续。正因为如此，我们必须认真反思以往和目前教育中存在的问题。

从1950年上小学开始到目前，我从来没有离开过学校。这50年大致可分为三部分：三分之一读书——小学、中学和研究生；三分之一教中学；三分之一当大学教师。虽然谈不上有什么经验，至少也是以往半个世纪中国教育的亲历者，所以我有义务贡献自己的想法，无论是否正确。

"十七年"绝不是教育的黄金时代

不彻底揭露以往的弊病，不清醒地认识存在的问题，就不会有改革的内在动力，也不会有正确的方向。

教育界对"无产阶级文化大革命"的十年动乱还是能"彻底否定"的，尽管实际上并没有完全做到。但对"十七年"（1949—1966年）却含情脉脉，常常作为优良的传统来称颂，用以对比十年动乱，也用于对比今天，无形中使没有经历过五六十年代的一代人误以为那时是中国教育的一个黄金年代。这至少是一种相当片面的总结，一种误导。

我是1957年秋进初中的，不久就知道教师中有右派分子。刘绍棠18岁成名，由"一本书主义"堕落为"资产阶级右派"，一直是对我们进行思想教育的反面教员。以后又增加了因为个人主义成名成家思想严重而"叛国投敌"的傅聪，据说他只能在外国酒店里弹钢琴度日。1958年开始的"大跃进"和教育革命，使我们这些中学生也沉浸在狂热之中，整天放不完的"卫星"，报不完的喜——全班消灭错别字，消灭不及格，全校通过劳卫制（劳动卫国体育锻炼标准）。但刚送完喜报，新的"卫星"又放了上去，有的班级已全部达到5分，更有的班组提出初三学完高中课程了。为了以实际行动支援"钢铁元帅"升帐，学校不止一天地停课，学生的任务是收集废钢铁——将弄堂的铁门、一些房屋的钢窗和一切钢铁构件拆下，将完全可用的铁锅和用具砸碎，由教师在操场上架起土高炉，通宵达旦炼成一堆废渣，然后师生一起抬着这些"钢"到区里报喜。到了全市消灭麻雀时，我分配到的任务是站在屋顶号呼驱赶，不让麻雀有喘息的机会。为了完成扫除文盲的任务，有一段时间，我们每天下午还要到学校附近的里弄里去教老妈妈识字，要到她们摘掉文盲帽子才算完成任务。

1960年我考入高中，这所在"文革"中被批判为专门培养"修正主义苗子"的重点中学其实也是相当"革命"的，至少在我们学生的心目中是如此。高中阶段经历的大事，一是"三年自然灾害"，一是"反修斗争"，当然还有"反右倾，鼓干劲"，批"三自一包""三无一少"，例行的政治思想教育和形势报告。所以当时我坚信，我们吃不饱饭、有时只能用"光荣菜"（卷心菜老叶加豆腐渣）充饥完全是苏修逼债的结果，但比起世界上三分之二还没有解放的人民和处于水深火热之中的台湾同胞，我们是何等幸福！在反修学习的讨论中，我滔滔不绝地重复报纸上看到的和形势报告中听到的内容，理直气壮地批判修正主义的罪行，例如赫鲁晓夫重用知识分子，排斥工农干部，提拔大学毕业不久的年轻人当中央委员，替换老布尔什维克和老红军！

在我高中的后二年（我因病休学一年多，到 1964 年才毕业），由于"千万不要忘记阶级斗争"这条最高指示的发表，阶级斗争的弦已经越绷越紧。除了不断听到国内外阶级敌人如何不甘心失去自己的天堂、如何进行种种破坏以外，家庭成分和出身的影响越来越大，逐渐到了决定一切的程度。1963 年夏，我原来所在班级的同学参加高考时，就有同学完全因家庭问题而落榜，而其他班级一位品学兼优、在数学和语文方面都有很高天赋的同学因父亲被镇压而与升学无缘。到 1964 年我的第二批同学参加高考时，一位数学极好、成绩全优的同学与他报考高中的妹妹双双落榜。事后得知，早在 5 月份班主任就告诉他上大学绝无可能，他还心存侥幸，更没有想到连妹妹上高中也会被禁止。在高考发榜前，忽然一位成绩较差、英语几乎不及格的同学来找我突击补习，原来他接到通知去外语学院复试，尽管他从未报考外语专业。结果他被外语学院录取，真正的原因却是他出生于工人家庭，哥哥是某单位的党委书记，显然属于根正苗红。

到 1964 年 9 月我担任实习教师，1965 年正式成为中学教师时，已是"山雨欲来风满楼"的形势，学校的主要工作和教师的主要职责也已转到了阶级斗争。"被推翻的资产阶级、地主阶级和阶级敌人将他们复辟的希望寄托在下一代的身上。"支持这一理论的大量"证据"就是这些人千方百计让子女读中学，上大学，而出身于这些家庭的学生普遍比工农和干部子女的成绩好。毛泽东"春节谈话"的传达，更把阶级斗争扩大到学校的一切教学活动。既然毛泽东批判了考试是搞突然袭击，教师将学生当敌人，教师就只能承认自己是站在资产阶级立场，助长了阶级敌人的复辟活动，而具体表现就是爱成绩好的学生（他们大多出身于敌对阶级），恨成绩差的学生（他们大多出身于劳动人民），并将他们当敌人。其实，学校和教师的教学方法虽然不无问题，却根本没有将学生当成敌人，考试也并不都是突然袭击，毛泽东的说法只是根据个别片面汇报。在这种形势下，一些自以为受了压制的干部和工农子女已经将学校领导和教师当成敌人，只等"文化大革命"一声号令了。这种情况在一些重点学校尤其突出，所以"文革"初期这些学校教师的遭遇更加悲惨。

我的经历并没有什么特殊性——虽然是一名努力听党的话的团员，但还不是党员；虽然不是正宗的无产阶级出身（当时我父亲被定为"小业主"，"文革"后纠正为"个体劳动者"），但也不属出身敌对阶级。在"十七年"的大部分我是学生，只当了三年教师，年龄只相当于同时的大学生；我的经历只能代表"十七年"的教师和学生中受害最轻的那一部分。此外，我完全没有大学的经历，自然不能代表大学的情况。不过，根据我进入大学后的见闻和这些年来看到的资料，可以肯定，大学的情况只会更"左"。我完全有理由说："十七年"的教育，特别是从1957年"反右"以后，早已偏离了正常的轨道，成为阶级斗争的工具，绝对不是令人怀念的黄金时代，更不能成为未来教育改革的样板。当然，在此期间的学校和教师并不是没有值得肯定的成绩和可以继承的传统，但这是由于错误的教育路线和方针还来不及加以彻底破坏，而不是它们的成果。

目前教育中出现的一些弊病或存在的问题，从表面看似乎与改革开放以前差不多，某些方面甚至更加严重，但我们必须看到两者的本质区别。解决的办法是改革，是创新，而不是回到"十七年"去，更不应该从"文革"期间的所谓"教育革命"中去寻找"经验"。倒退是没有出路的，没有经历过"文革"或"十七年"的人如果自己想享受一下，可以悉听尊便，但如果想拿我们的下一代来做试验，必将成为千古罪人，必定受到历史的惩罚。

素质教育并不排斥应试

现在提出素质教育，反对应试教育，就教育的目的在于提高学生素质而言，当然是毫无疑义的。但将素质教育与应试教育作为教育的两个侧面，提倡一个，反对一个，似乎两者是根本对立的，却既不符合实际，在理论上也说不通。

所谓应试教育，据说就是将考试当作教育的目的，学校的一切教学活动都围绕着考试转，或者只根据考试的结果来评价教育质量和学校的水平。但是即使是在这种情况下，考试也只是一种手段，而不是最终的目的。学生重视考试，当然是为了获得好成绩，取得精神或物质的奖励，升入高一级学校，或找到好一点的工作。教师重视考试，当然是为了显示自己的教学水平和成绩，作为自己对教育事业作出贡献的标志，也作为晋升职称和增加工资的根据。学校重视考试，因为只有考试的结果才能说明本校的教学质量和成绩，提高排列的名次，获得或保持各类重点学校的地位。而教育行政部门之所以重视考试，无非是希望通过考试来检查和考核所属学校及其教师的业务水平、教学质量和办学能力。就是家长重视考试，也只是为了了解子女的学习情况，目的还不是为了子女的前途？试问，有谁会将考试当作唯一的目的？所以，反对以应试为目的，本来就是找错了对象，或者只是找到了一个假想敌，还能反出一个什么好的结果来？

再说，你可以找出考试的成千上万弊病，却找不到任何可以代替考试的方法和手段来。不仅从小学到研究生都离不开考试，就是整个人类社会，只要不是人人都有的机会，只要客观条件不能完全满足人们的主观需要，只要有区别人与人之间差距的需要，就必须要有一种加以选择和区别的办法，而考试无疑是最公正的手段。考试的形式可以多种多样，但其实质却并无二致——让受试者在同样的条件下，显示出自己的知识、技能、经验、能力或优点，以便检验其已经达到的水平，加以区别，排出顺序，确定等级。有时我们将实践当作考试的一种方式，比如一个人能够开着汽车顺利通过闹市区，或者安全驶完一段险路，可以说他已经掌握了驾驶技术。但如果要你确定他的技术等级，或者要将他的技术水平与其他人比较，那就只能设计出一个规范的标准，给予他们同样的条件，就必须用考试的方式——尽管未必要在课堂，或采用书面回答——却必须使用相同的标准，或者由同一位考官做出判断，否则就不会有公正的结果，也就失去了考试的意义。

我们提倡素质教育，重视学生的素质，采取措施提高学生的素质，固然非常必要。但如果不通过适当的考试，又如何能肯定或检验学生的某项素质确实提高了？而且，每个学生的提高程度不可能都相同，要确定每个学生的提高程度，除了考试又有什么其他办法？例如，我们要了解学生的身体素质，可以通过体格检查，由于使用的仪器是标准的，医生的判断也是尽可能标准的，这实际上是一场考试。要反映身体素质的另一方面——运动水平，更只能通过一个个项目的考试。就是比较抽象的思想和道德素质，也只能通过具体的标准来进行鉴定，采用知识、言论、行为等多方面的指标才能确定，这不也是考试吗？要是没有这些考试，素质教育的成绩岂不成了随心所欲的评判？再说，在学生毕业离校以后，等待着他们的也是一场接一场的考试：公务员、律师、会计师、经济师……哪一样不要考试？招工、招聘、提升职称、申报项目、申请资助、评奖、竞选……哪一样不是种种形式的考试？谁都知道，除了本身的素质和能力优秀以外，应试的本领（或者直接称之为考试诀窍）同样是很重要的。在激烈的竞争面前，如果没有显示自己的优秀素质和能力的手段，必定会白白丧失大量的机会。从这一意义上说，我们大多数学生的应试能力还不够，还要大大地加强。

有人为了进行对"应试教育"的批判，往往把目前的教育比之于中国历史上的科举制度，将"应试"的后果类比于科举考试的弊病，其实同样是不公平、不科学的。恰恰相反，科举制度是中国文明的一项杰出创造，适应了社会的需要，所以才能在中国持续千年而不衰。而且在世界上大多数现代文明国家都形成了一种通过考试选拔各类人才的制度，如招生、招工、政府官员的选拔和晋升、特殊人才的发现，一般都是由考试决定的。

在分析人们对科举制度的片面认识时，我曾经说过这样一段话："如果把制度比喻为一条流水生产线，那么需要由这项制度来操作的具体内容就像投入生产线上的原料，原料不同，最后的产品自然也不同。所以，制度是否合理就像一条生产线的设计是否合理一样，而产品的优劣并不仅仅取决于生产线本身，还与投入的原料及操作人员有关。这样来判断一项制度，就可以区分哪些是制度本身（生产线）的毛病，哪些是执行制度者（操作人员）或具体内容（原料）的问题。"我认为，科举的弊病是主要在于考试的内容（如八股文）和执行制度的人（各级考官）的腐败，而不是制度本身。正因为如此，清末废科举只是废了考试的形式和内容，并没有废除考试制度。同样，我们今天可以改革考试的方式和内容，但绝不能取消考试。

近年来在高考和其他统考中所暴露出来的问题，都没有超出方式和内容的范围。如语文考试的形式和内容、八股式的作文要求、一些试题含糊不清或概念错误、阅卷教师评判有误、考试中的舞弊、过早分科、复习过程中的投机猜题、考试前的反复模拟、学生的真正水平得不到显示、个别优秀学生落榜、学校和教师忽略未列入考试范围的教学内容等等，大部分是可以改进的。但考试作为一种手段，是无法解决手段以外的问题的。在供需悬殊的情况下，如只有极少一部分人才能进入高一级学校或重点学校，竞争的激烈既然存在，学校、教师、学生、家长以至社会各方面都在考试上做文章也就无法避免。世界上的杰出人才，哪一个不是通过激烈竞争才脱颖而出的？只要竞争规范，激烈一些又何妨？如果按照有些人的看法，考试有百弊而无一利，岂不是应该取消吗？那么用什么方法来选拔学生呢？莫非要回到"工农兵推荐"的老路上去吗？

有人以为推荐的最大弊病是不正之风，是谋私，其实推荐的最大问题还是缺乏统一的标准。即使举荐者完全出于公心，他也只能根据自己的标准和好恶来区别优劣，排定名次。一位小学校长心目中的天才，可能与大学教授的标准大相径庭；不同地区、不同学校的尖子，肯定不会处于同一条起跑线上；传统教育观念下的优秀学生，未必能适应新学科的需要；如果一定要实行推荐的话，我们将不得不首先了解和确定推荐者的水平，然后才能相信他们的推荐对象。所以推荐的方法，在很小的范围中还行得通，如现在一些高校给某些质量有保证的重点中学以一定的保送名额，国外一些高校将负责任的推荐信作为录取研究生的重要根据，诺贝尔奖评委给他们信得过的若干个人以推荐候选人的资格，但要扩大到全局就无法实行，这也是推荐至今无法取代考试的主要原因。

总之，应试教育不是素质教育的对立面，应试与提高素质并不矛盾，规范合理的考试制度是提高学生素质和教育水准不可或缺的环节。

排名次的症结所在

最近金华发生了一名高中生因名次达不到母亲的要求而与母亲发生冲突，以至杀害母亲的惨剧。这一恶性事件和由排名次、加重学生负担引发的问题促使教育行政部门采取紧急措施，减轻学生负担，明令禁止学校给学生按学习成绩排名次。这些措施当然是正确的，也能收一时之效，但问题的症结究竟在哪里？这些措施能从根本上解决问题吗？

就说排名次吧，公开的可以不排，暗底下能不排吗？除非全部取消成绩，不记分数，否则学生的成绩总会有高低，分数总会有多少，教师不排，学生也会排；全校不排，班级中也会排，小组中更会排。如果全部不排名次，需要某种学生时如何选拔？总不见得什么事都全部上吧！先进模范如何确定？难道能乱点鸳鸯谱？更何况学校里排名次的事多得很，学习成绩不排，还有文娱活动、体育比赛，总得有名次吧，否则如何激励学生竞争向上？如果因此而釜底抽薪，取消一切竞赛和评比，排名次固然可以避免，但由此产生的负面影响恐怕不会比排名次的消极作用小。

再说减轻负担。来自学校或教师的负担可以通过行政命令加以减轻，来自家长和社会的压力就无法由哪一个领导部门或个人来消除了。在机会有限的情况下，除了那些稳操胜券的学生（如个人绝对优秀，家庭有强硬背景等）外，其他人都会各显神通，尽其所能，而绝大多数人所能做到的就是自愿加重负担，用多做习题、多看辅导材料、多补课等办法进行强化训练。这是谁也不能禁止的，也是谁都禁止不了的。

所以根本的原因还是教育资源的匮乏，远远无法满足民众的需要，使求学、升学、选择学校或专业的竞争越来越激烈。我国的教育基础本来就相当薄弱，改革开放以前又饱受大小政治运动之害，尤其是在"大跃进"和"文革"期间，原有的学校和教师受到很大的破坏和摧残。改革开放以来虽然有了巨大进步，但欠债既多，投入又长期不足，现有条件依然适应不了全社会的需要。

国家有义务教育法，但不少地方缺乏义务教育的基本设施和手段，连学校和教师都不够，只能靠实行"希望工程"来弥补。而且现有中小学的设施和师资大多还很差，达不到规定的要求。只有少数重点学校或特色学校，以及近年来出现的被一般人称为"贵族学校"的民办学校，才能使学生的质量和升入高一级学校有较大的保证，这当然会成为绝大多数学生和家长追逐的目标。但后者要收高额费用，能通过考试进入的只有前者。现在不少地方取消了重点小学与初中，但条件的差异是客观存在的，谁不想进好一些的学校？正当的办法想不出，就只能走不正当的门路。而且即使初中没有重点，要上大学还得过高中这一关，而高中的重点与非重点差别更大，竞争只会更激烈。与全国的高中毕业生相比，大学入学名额真是粥少僧多，地区间的差异也实在太大，如北京、上海能进大学的高中毕业生超过三分之二，有些省区却不足六分之一；以致同样的分数，在北京、上海能进一类大学，在其他地方或许连电大都进不了。毫无疑问，那些地方的竞争必定比北京、上海激烈得多，学生受到的压力也要大得多。

这里我不想全面评价重点学校的优劣，但在教育资源不足、学校之间差距严重的情况下，重点学校是客观存在的事实，谁也取消不了。要取消只有两个办法：一是将重点学校降到一般的水平，就像"文革"期间那样；一是将其他学校提高到重点的水平。我们当然应该采用后一种办法，但现在远没有做到，竞争的压力自然也不可能消除。

既然我国的教育资源在相当长一段时间内还不能满足国民的需要，政府和社会对学历和学位的要求就应该与现状相适应，不要提不切实际的要求，不应该盲目追求高学历、高学位。提倡尊重知识，尊重人才当然应该，但知识与人才并不与学历、学位绝对成正比，也不是所有的工作都需要高学历和高学位。即使在发达国家，也不是所有的人都能上大学，更不是都能获得硕士、博士学位。社会需要不同层次的各类人才，并不需要每一个成员都达到最高学位。即使是在一所名牌大学或研究所，也需要一定比例的辅助人员和一般工作人员。个人的素质存在差异，总会有一些人在体力、智力方面不适宜接受高等教育，或者无法获得高学位。对一般的岗位要求过高的学历和学位，既浪费了人才，也过度消耗了教育资源，加剧了供需矛盾。

例如，对干部"知识化"的要求往往变成了"文凭化"或"学位化"，于是出现了科员拼"五大"，科长专转本，处长要硕士，局长混博士这种全员求学位的怪现象。干部的实际知识水平没有提高多少，却从本来就不足的教育资源中又挖去了一块。又如，一些单位不顾人力资源的成本，片面提出学历或学位的要求，如中学教师要招博士，一般文员非本科不用。加上传媒的不适当宣传，给大家造成了一个上不了大学就没有出路，当不了博士就不能成才的错觉。实际上，不同的岗位需要不同的人才，不同的学历和学位适应不同的需要，任意错位不仅造成人才的浪费，而且会适得其反。像博士到中学工作，如果是去研究中学教学，当校长，作讲座，或许能发挥作用，如果是当一般教师，就未必比师范本科毕业生强。

在教育资源还不能满足社会需求的情况下，政府一定要按照实际情况制定人力资源的分配和使用规划，不要提出过高的要求，使两者相适宜。舆论界也不要作不切实际的宣传，刺激民众对教育资源的过度需求。这样使广大学生和家长保持清醒的头脑，设定现实的目标，减轻学校和教师不必要的压力。在这种情况下，减负才有可能，教师、校长和教育行政部门或许就能少用或不用排名次的方法了。

补课现象之我见

经常看到一些有关教育的消息，如小学生书包太重，中小学生补课成灾，学校滥发复习资料，教师热衷于当家教，等等。同时，我们也可以看到教育主管部门或一些学校采取了改进措施的报道，如有的规定课外一律不许补课，有的下令不得再发行课本以外的补充教材，但效果似乎并不大，往往旧的陋规没有完全改革，新花样却又出来了。所以我对最近教育行政部门采取的措施虽然乐观其成，却不无疑虑。因为稍加分析就不难发现，相当多的问题并不是出于教育思想或观念方面的原因，更不是简单的教育方法。

就拿补课来说，本来只是对学习差而跟不上进度的学生的权宜之计，或者是在重要考试之前的一种应急措施，现在却成了一些学校中"正课"的一部分，从起点班到毕业班，从差生到优生，从开学到假期，有的甚至规定人人都要参加各种补课班。于是出现了该在课堂上讲的内容却要放到补课班上讲、考试的复习范围只有在补课班上才能透露的怪现象。又如课余辅导，本来是为了满足少数学生的特殊需要和兴趣爱好，现在却成了一些学校的常规教学内容，学生个个都得参加，不是学外语，就是练电子琴，或者学书画。不少幼儿园也办起了人人有份的辅导班，有的连"教材"、乐器等也得统一购买。

教师个人也各显神通，各类学校中几乎都有一部分人在各种补习、辅导班中兼课，担任个别家教，还有包住包吃寄托式的家教，学生家长一起参加或单独辅导家长的"家教"，个别教师还定了只有请他为家教才拿出辅导绝招来的陋规。

不用说受过正规师范教育的校长、教师，就是稍有教育常识的人也都明白，这些做法绝不是正常的需要，效果如何也是不言自明的，但为什么有那么多人会乐此不疲，此风愈演愈烈，屡禁不绝，花样越来越多呢？我以为根本的原因还在师德和经济利益这两方面。

如果校长和教师都重师德，就不会将本来应该做的工作当作"补课""辅导"或"家教"来安排，更不会围着一点蝇头小利转。常听到某小学规定学生要订几份规定的报纸，购买上门推销的保健用品，让学生参加由旅行社承包的长途春游，使用由校长或教师编写的"辅导教材"，等等。有关人员要是没有得到什么好处，难道会干这样的蠢事？

但是，如果离开了教师正当的经济收入，师德的提高也难以落实或持久。近年来，教师的收入的确有了较大的提高，但主要部分并不是靠工资，而是来自学校的产业或名目繁多的创收，来自集体或个人的"业余"收入。因而教师收入的高低，往往不是取决于学校的质量或本人的水平，而是学校创收的能力和本人的额外收入。这类收入往往远远超过教师的正常工资和奖金，但它们非但不与师德和水平成正比，甚至可能完全倒挂。这种现象不改变，不用说起不到激励作用，就是按劳分配也做不到。

根本的措施，还是要不断增加对教育的投入，使校长和教师从创收的怪圈中解放出来。当校长和教师不必整天考虑经费和工资外的来源时，师德和教学质量的提高才会有可靠的保证。要是政府一时还不能解决全部经费，也可以考虑其他来源。例如据调查，上海居民每年花在子女课外辅导上的钱就有几个亿。实际上，这些钱有的被南郭先生骗走了，有的流进了办班专业户的腰包，或成了书商的暴利。如果能全部用于改善办学条件和提高教师的收入，从而使学生真正得到提高，岂不更好！所以一方面政府应该保证义务教育所必需的经费，提高这一部分教师的工资，使他们不必依靠补课一类额外收入也能过上体面的生活。公务员需要以薪养廉，教师难道就不需要？另一方面，应该大力发展教育产业，容许私人和社会力量兴办非义务制的学校，满足社会的需要，也使另一部分教师能够在这类学校中获得较高的报酬，不必再用补课一类形式。

当教师的正常收入足以使他们成为一个收入较高而又稳定的阶层时，加上全社会对教育的重视和对教师的尊重，教师自然就会成为令人羡慕和追求的职业，校长和教育行政部门就能作出严格要求，良好的师德和教风才能确立，目前存在的这些弊病才能彻底消除。

（本文以《我对教育的几点想法》为题刊于"爱思想网"，2003年6月11日）

义务教育如何做到真正的公正

　　义务教育既是每个法定接受者的权利，也是他们及其家长或监护人的义务。一方面，政府必须提供实行义务教育所需要的条件。另一方面，义务教育的接受者必须无条件地接受，否则其家长或监护人就应承担法律责任。要做到这一点，必需的条件是前提。例如对贫困家庭来说，即使孩子上学不收费，还付不起在校午餐的钱，或者付不起住宿费，只有免费范围扩大到这些方面后，政府才能强制他们送孩子入学。要保证人人能享受到这些权益，公正性自然必不可少。

　　义务教育的公正性不仅是一种原则，而且应该体现在各个方面和全过程。

　　首先，政府提供给每一位接受对象的实际经费应该有统一的标准。即不论是在城市还是农村，发达地区还是贫困地区，内地还是边疆，汉族地区还是少数民族地区，义务教育阶段每人的年度费用是一样的。对没有能力提供这笔钱的地方政府，上级或中央政府应该拨款确保。对老、少、边、穷或情况特殊的地区，在正常的经费之外，还应有一定比例的补贴。

其次，政府对其中的免费部分应该制定统一的标准。如课本，今后可能扩大到文具用品，不能因为免费而低于正常标准。对部分免费对象的标准，也应有公开的明确的规定，如家庭收入低于多少可以享受免费伙食或免费住宿。

再者，义务教育阶段的办学条件和设施的基本条件应该有统一的标准。如一所小学至少该有几间教室，每间教室该有多少面积，通风、采光、采暖达到什么标准，校舍的标准，配备多少辅助用房和设施，操场该有多大，配什么体育和娱乐设施等；每个班组的最多人数，各级各类教师和辅助人员的标准，师生的比例等；学校的密度，距离学生家庭的距离等。各级政府一定要让民众都知道这些标准，接受师生、家长和民众的监督。不达标应看成违法行为，要追究政府失职或不作为的责任。

如果因为情况特殊而无法达标，应该采取相应的补救措施。如在人口稀少或自然条件恶劣地区无法按正常密度设立学校，就应为学生提供免费接送，或安排免费住宿。有的学校无法建操场，就应安排学生去校外的体育设施上课或活动。

（葛剑雄博客 2006 年 5 月）

把免费义务教育放在
最优先地位

据教育部近日发布的《中国全民教育国家报告》公布，2004 年全国小学在校生 1.12 亿人，学龄儿童净入学率达到 98.95%，小学毕业生的升学率达到 98.1%，比 2000 年提高 3.2 个百分点。初中阶段在校生 6528 万人，毛入学率达到 94.1%，比 2000 年提高 5.5 个百分点。青壮年文盲率控制在 4% 左右，成人识字率居发展中人口大国前列。

正如教育部负责人所说，中国全民教育实现了历史性的突破，充分展示了中国在学前教育、义务教育、职业教育、成人扫盲及少数民族教育等方面所取得的巨大进展。这是一项历史性的、世界性的伟大成就。

尽管早在春秋时代的孔子就提出了"有教无类"的主张，但是直到 20 世纪初，中国的教育还是集中在精英阶层。就是在号称太平盛世的朝代，真正能有受教育机会的人也是极少数。持续千余年的科举制度虽然具有不可否定的历史作用，但其主要目的是为了选拔官员，并且只注重儒家经典。100 年前科举废除后，由于外患内乱不断，国力衰弱，国民教育举步维艰，不少仁人志士"教育救国"的理念成为泡影。今天中国的全民教育是历史上从未做到的，是一项空前的成就。

从世界范围看，中国是在人均 GDP 刚达到 1000 美元的条件下取得这些成绩的。2000 年达喀尔世界全民教育大会提出的各项目标，在中国大部分已提前实现。在发展中人口大国里，中国已成为世界上唯一同时实现"文盲人口减半"和"贫困人口减半"的国家，为广大发展中国家树立了榜样。

但欣喜之余，我们不能不正视中国的全民教育所面临的严峻形势。别的不说，"希望小学"还是目前不可或缺的手段，贫困地区和家庭儿童失学、弃学的报道屡见不鲜，一些农村、山区学校的办学条件实在太差，教师的待遇令人心酸，少数干部在普及教育中弄虚作假，甚至中饱私囊的事例也时有所闻。而我们面临的最艰巨的任务，无疑是实现真正的免费义务教育。正因为如此，政府应该将普及免费义务教育放在首位，制订出切实可行、接受全民监督的实施计划，并且要协调各种教育发展的关系。国家对教育的投入当然应该持续增加，但更应注意各种教育的比例和轻重缓急。

为了适应现代化的需要，改变我国高等教育的落后面貌，满足广大青年接受高等教育的愿意，在一段时间内，扩大大学生和研究生的名额，重点支持一些有条件的高校创建国内一流，向国际一流方面努力，是完全必要的，也取得了显著成效。但近年来，一些地方兴建大而无当、过于豪华的大学城，某些大学不顾自身条件提出的"世界一流"计划，招生规模超过办学设施和能力，盲目扩展和虚假就业造成毕业生积压，个别学校和个人在招生、考试中的腐败和犯罪行为，已经影响了教育事业的正常发展，并且引发了一系列的社会矛盾。

无论出于多么良好的愿望，我们都不得不面对这样的事实——即使政府的投入完全达到《教育法》和有关法令的规定，我国的人均教育经费也不可能进入世界前列；即使节衣缩食，中国的大多数家庭也供养不了完全自费的大学生、研究生；即使民办大学得到充分支持，也不可能增加多少招生名额；即使大学毕业生都合格，也不能保证他们能充分就业。一句话，中国的高等教育只能量力而行，大学生的数量和比例只能逐步增加，社会对大学生的需求也只能与经济增长同步扩大。

但实现免费义务教育并不存在实质性的困难，只要经费落实，完全可以建造标准中小学，配备或培训合格的教师。即使是在最贫穷、最偏僻、最落后的地区，也不难就近得到支援。而只有完全不收学杂费，免费提供课本与文具用品，对贫困家庭的子女免费供应膳食，才能保证或强制每一个适龄学童接受教育，从而从根本上消除新的文盲，全面提高国民素质。

我们应该将实现免费义务教育放在最优先的地位，即使发展高校的速度暂时稍慢些也是值得的。如果全国的适龄儿童都能受到良好的教育，他们在初中或高中毕业时就有可能处于同一起跑线上，从中涌现出来的杰出人才必定会成倍增加，那时高等教育就能同时出现质的飞跃和量的倍增。

（《东方早报》2005 年 11 月 11 日）

不要束缚民办教育的手脚

最近看到两条有关民办教育的消息，一是某民办中学拟建高尔夫球场（实际是练习场），一是市教育主管部门规定民办中学的收费标准。对前者，报道中提到负面反应居多。对后者，也有校方的反对意见。这些都反映出各方面对民办教育的约束、限制、疑虑远多于鼓励、支持、信任，对民办教育的进一步健康发展是很不利的。

拿收费标准来说，既然民办学校不是由教育主管部门投资的，花的不是纳税人的钱，教育主管部门就不应该管，也没有权力管。教育局该管的是这些学校的教育业务，是否符合国家的教育政策，是否执行教育大纲，教育质量如何，有没有办学资格。收费标准该由物价部门管，而且也不是限制标准，而是检查是否明码标价，物有所值，有否欺诈。如果事涉税务，税务部门也应予以监督检查。民办教育收费再高，只要合法、公开，也应该容许。即使投资者完全出于个人功利，只要能办出合格的学校，培养出合格的学生，同时赚了自愿出钱的家长的钱，给教职员增加了收入，有什么不好？如果民办学校只能赔钱亏本，谁还愿意投资？老板还不如将钱捐出来算了，可惜愿意捐资的人毕竟太少。

如果怕收费过高，家长和社会有意见，就应该理直气壮地作解释疏导。家长嫌民办学校收费高，完全可以让子女上义务制的公办学校。不要说中国还是发展中国家，就是在发达国家，上私立学校也是一种高消费，并非多数中产以下家庭所能承受。政府用纳税人的钱办义务教育，只能维持在与现阶段国力相称的水平。而且大家还应该明白，能够用于义务教育的经费毕竟有限，富人或愿意自己放弃享受义务教育的人多了，实际就减轻了义务教育的压力，平均能用在每位学生头上的钱相应增加，办学的条件也会相应改善。家长和社会应该将目光盯紧教育部门：是否不折不扣地实行了义务教育政策？教育经费是否全部合理地花在义务教育上？公办学校的布局、设施、质量是否达到标准？而不要过多地关注少数民办学校如何如何，更不要因为民办学校的条件好就心态失衡。要将民办学校搞垮很容易，一道禁令就能使它们全部关门，但对大家有好处吗？

如果民办学校收费真的过高，或者招不到足够的学生，投资方就达不到目的，一定会自行调节。如果收费名不符实，教学质量不高，或者不如公办学校，家长和学生们也会作出选择，或者去物价部门投诉，甚至上法院控告。当然一部分学生选择民办学校是因为种种原因进不了公办学校，这正说明义务教育政策还没有得到落实。因为真正实行义务教育的国家，学生入学是无条件的，绝不会受户籍、收入等因素的限制，甚至连非法移民的子女也能享受当地的义务教育。在这种情况下，义务教育与付费教育、公办学校与民办学校才能各得其所，学生和家长才能自由选择。现在个别教育主管部门在义务教育资源本来就不足的情况下，打着"转制"的招牌将公办学校变为民办，然后收取高额的学费，这不仅削弱了义务教育，损害了公众利益，也加剧了各方面对民办学校的不满，政府应该坚决制止。另外，教育主管部门一味盯着民办学校的收费，对公办学校的变相收费却往往睁一眼闭一眼，对教师私下办班补课的高额无序收费更是不闻不问，物价和税务部门似乎也无可奈何，不知原因何在！

现在的民办学校处于初创阶段，底气不足，还无法以内在质量和人文传统来吸引学生，一般只能靠环境设施，至多加上几位大牌教师，所以只能竞修标准跑道、体育馆、室内游泳池。不像英国的贵族学校，尽管设施陈旧简陋，校规严格，却能维持传统声誉，愿意付高额学费也未必进得了。但如果没有现在的初级阶段，中国的民办学校绝无可能成为真正意义上的"贵族学校"。所以现在对民办学校应该宽容些，期望值不要太高，允许他们做些试验。像那所建高尔夫训练场的学校，无论校方是出于什么目的，都不妨让它试一下。只要各主管部门各司其职，就不会出乱子。教育主管部门可以加以监督，将学校组织的高尔夫球运动限制在课余、自愿，或作为体育课的一部分，免费提供。规划部门对它的用地审批把关，确保土地使用合法。物价和税务部门检查其是否乱收费，是否照章纳税。媒体如果有兴趣，也可实事求是地报道。哪一方面出问题由哪一方面负责，其他方面不要多加干涉。如果试验成功，并且得以保持，在中国那么多学校中有一所"高尔夫学校"也是好事，上亿中学生中有那么数百上千会打高尔夫球的也不嫌多，说不定其中会出一位世界级高手。

有人担心会引起连锁反应，其他学校争相仿效，以致刮起在校园建高尔夫球场风。其实只要政府不介入，公费不投入，这类风是刮不起来的。因为在没有公款好花的条件下，民办学校会量力而行，老板一定会计算投入产出的效益。真有人盲目投资，亏了本也是他自己的事。而且只要政府把住关，学校用地也不能随便更改用途。至于校方能不能强制学生交费学高尔夫球，这也取决于教育主管部门是否能有效地监管。不少国家有教会或宗教团体办的学校，一般都实行政教分离，保证宗教不得干预教学，学生享受不信教的自由。如果教育主管部门能保证学生有不学高尔夫球的自由，也不会因不参加高尔夫运动而受到歧视，家长和学生们就不必担心了。

（本文收录于《梦想与现实》，上海远东出版社 2006 年版）

　　近日，有关九所大学下学期将对研究生收学费的报道和这些学校对此的否认再次引起社会的关注，这不仅是因为"乱收费"已成众矢之的，任何有关收费的传言都会产生负面影响，而且是由于研究生教育是中国大学仅存的免费教育，能够继续存在多久自然令世人瞩目。

　　不过我以为，无论传言是否可信，研究生收学费是既定政策，而且酝酿已久，具体实行只是时间问题。研究生应该收学费，道理很简单：研究生阶段与大学阶段一样，不是义务教育，不能完全用纳税人的钱，自己负担一部分理所当然。特别在中国这样一个教育经费还严重不足的国家，义务教育的经费亟须增加，农村和贫困地区的中小学生还不能充分就学，用于研究生培养的经费只能保持在一定的比例。读研究生后能具有更高的教学、研究和工作能力，一般说来能获得更理想的工作和更高的报酬，有限的投入能够有可观的回报。而且，再发达的社会，有资格读研究生的也是少数，适当收费也是对入学资格的合理限制。

对研究生收学费，会不会导致贫困学生无法入学，或者只要有钱就能成为硕士、博士呢？虽然这种可能并非不存在，但只要教育主管部门与学校落实奖学、助学的措施，坚持改革，消除腐败，贫困生接受研究生教育的权利就能得到保障，学位制度的严肃性就能得到维护。

给研究生以各种奖学、助学金是各国的通例。改革开放之初去国外留学的研究生中，只有一小部分是由政府负担或完全自费的，其他都是依靠各种奖学金的资助才完成学业。当时大学毕业生的工资不足百元，一般的家庭收入不过一二百元，根本不可能筹集外国大学天文数字的学费和生活费，大批学子都是揣着几十美元、甚至身无分文出国闯荡的。即使在今天，凭着自己优异的成绩和素质获得外国大学全额资助的研究生也不在少数。所以在收学费的同时，国家和学校就应设立各种奖学金和助学金，激励贫困学生努力学习。奖学金和助学金的数额还应该增多，使贫困研究生能无衣食之忧。当然如果成绩或表现差考不上研究生，或者入学后达不到标准的贫困生就得不到奖学金，那说明你不适宜读研究生，应该找其他出路。

其次，要给研究生创造工作机会，如在校内兼助教、助研、助管，在不影响学业的前提下在校外兼职。硕士、博士的学制应更加灵活，允许延长，或者中止后再恢复。例如学生可以同时承担科研项目，或在校创业；或在修完课程后先工作，以后再作论文答辩；或者半工半读，或者在职攻读；使学生能够自食其力。实行收费后，先工作再考研、在职读研以及代培、委培生肯定会增加，学校应该在招生、管理、培养各方面进行改革和调整，以适应新的情况。

再者，应该鼓励社会各方面资助或投资于研究生教育。如教育以外的政府部门、研究机构、企业、公益和慈善机构可以设立专项奖学金，或投入定向培养基金，或提前与研究生签订培养合同。现在一些并不具备条件的院校、科研部门、企业或地区也要自己培养研究生，其实，委托高质量的大学定向培养，既省钱又有质量保证。通过这些途径，研究生的奖学金和助学金来源可以大量增加。

最后，学校还应坚持研究生的培养目标和标准，保证研究生的教学质量，上级主管部门要加强督促检查，防止出现出了钱就能读研究生、就能获得学位的腐败现象。但这种现象的存在与研究生是否收学费并无因果关系，更不是研究生收费造成的。现在研究生没有收学费，在某些学校和地区，这种现象不是照样存在，并愈演愈烈吗？

作为大学生，也应以研究生收费为契机，冷静地考虑自己的成才之路，选择不同的求学目标。一方面，在任何国家和社会，并非所有的大学生都有条件读研究生，也不是每个人都需要或适合读研究生。另一方面，并非只有研究生才算得上人才，才能胜任各种工作。但如果确定了这一目标，并具有这样的条件，那就要自信自强，以优良成绩和表现争取奖学金，通过勤奋工作自立，完全不必因贫困而自暴自弃。

（本文原以《研究生收费大势所趋　奖学金制度亟待加强》为题，
刊于《东方早报》2005 年 8 月 12 日）

再谈研究生收学费问题

　　拙文《研究生收费大势所趋　奖学金制度亟待加强》在 8 月 12 日《东方早报》发表后，有友人戏称为是"逆潮流而动"，因为目前社会和媒体对教育的乱收费正是一片讨伐声，我居然声称这项收费是"大势所趋"。不过从此文引发的热烈争论来看，多数意见并非一概反对，而是什么条件下收、何时收、如何收得合理。这使我增加了继续讨论的信心，看来这一点是基本一致的，我们反对的是乱收费，而不是合理的收费。而且只有坚持和完善合理的收费制度，才能杜绝乱收费。

　　大家最关心的一点是教育应该体现的社会公正或纳税人的权益，这也是我发表意见的出发点。我认为，教育公正的基础是保证公民受教育的权利，特别是享受义务教育的权利。在我国，最迫切的任务是切实实行真正的义务教育，即在义务教育阶段完全免收全部费用，并且对来自贫困家庭的学生（具体标准可按各地生活水准规定和调整）给予生活费资助，如供应或补助食宿、文具等。义务教育的另一层含义就是强制，包括对不遵守义务教育规定的家长或监护人予以处罚。但只有实行了上述措施，才有可能执行这些规定。进一步的要求是，国家应该保证义务教育的基本标准，如办学经费、教师和学校设施的数量和质量。义务教育的经费不能用于锦上添花，城市中的超标准学校不能动用国家义务教育经费，享受义务教育以外的权益，包括上高标准学校，就得自己付费。

在可能预见的未来，我们不可能完全消除城乡之间、区域之间的贫富差异，但只要实行了真正的义务教育，就能给农村和贫困地区的学生以比较公平的机会，至少在中学毕业时能与城市或富裕地区的学生处于同一起跑线上。如果这样，贫困生上大学和研究生的机会不是更少，而是更多，更公正。

对于义务教育以外的教育，国家只能保证机会均等，如按同样条件录取，收同样的费用等。至于能否免费，收费多少，主要取决于国家能够拿出多少钱，或者说纳税人愿意支付多少钱。例如，与世界各国相比，目前大学收费的标准与家庭收入相比的确是高了。但解决的办法只有几项：大学注意节约；提高家庭收入；政府拨出更多的经费；缩小规模，减少招生人数；争取政府以外投资。显然，第一项余地有限，中国的大学普遍还是经费不足，第二项取决于国家的发展，不可能有大幅度的改变；政府外投资中除少量慈善捐赠外，一般都有商业目的，所以只能在政府投入与办学规模间进行调整。应该承认，近年来相当多的高收费，正是盲目扩招的结果，一些学校大规模建造得相当豪华的新校区，就是想通过收费归还贷款本息，甚至想创收。这怎么可能不高收费，甚至乱收费？

至于研究生教育，世界上除了少数极其富裕的石油国家或福利国家外，没有不收学费的。出于国家发展、安全、扶持少数民族或特殊群体、文化传承、慈善等原因需要培养的研究生，都是通过设立专用奖学金的办法，由政府、公益机构、企业筹集。按照我国的实际，如果研究生不收学费，或者将研究生的规模扩得太大，既不能保证研究生的质量，也将影响义务教育或其他教育的经费投入，这是不难理解的。

有人说，一方面收学费，另一方面又扩大和提高助学、奖学金，何必多此一举呢？其实完全不同。发助学金的对象是贫困生，发奖学金的对象是优秀生，前者的比例估计不会超过20%，后者的比例则取决于标准，并不包括全部研究生。现在研究生虽不必交学费，但人人有份的助学金不过二三百元，贫困生不够维持生活，富裕生根本不在乎。如将它集中发给贫困生，即使总数不增加，也能使获得资助者衣食无忧。至于奖学金，则无论贫富，都得凭学习成绩和品行的实力来竞争，比起吃大锅饭来，总能增加竞争性，也可以做到更加公正。奖学金的一部分可减免学费，这也是调节国家培养计划、保证特殊需要的手段。例如，对一些不可或缺的理论学科和基础学科的急需人才，可用较高的奖学金吸引优秀生；对若干"绝学"，则既能吸引人才，也可控制数量，避免人才浪费。当然，对贫困生来说，不仅要能考上研究生，还要取得优良成绩，才能同时获得助学金和奖学金，才"读得起"研究生，但如果在义务教育和大学阶段就能获得公平的教育机会，就没有理由不努力争取。

有人提出，研究生收费必须拿出科学而又符合实际的标准，前提是物有所值，做到质量第一，这都没有错。但必须指出，除了某些民办学校或所谓"贵族学校"外，目前一般大学并没有按成本收取学费，学校的开支主要还是靠国家拨款。拟议中的研究生收学费也仅收实际开支的一部分，其余部分还是离不开政府的教育经费。培养一个大学生和研究生需要多少钱，教育主管部门不止公布过一次，当然可以要求各学校公布得更具体些，但显然没有人怀疑培养一个大学生不需要那么多钱。大家说大学学费之高，并不是指绝对数字，而是相对于我国的人均收入。我注意到发表此意见的文志传先生（见《东方早报》8月18日A14版）也在学院工作，难道你们学校是按成本或超成本收学费的吗？至于教学质量，文先生文章中提到的现象确实存在，但不能以偏概全，认为研究生教学的质量都是如此。而且现在并没有收学费，这类现象的存在显然与是否收费无关。实行收学费后，应该更容易优胜劣汰，家长和研究生可以有更多的选择，像文先生的儿子所读的"名牌大学"，如果三年间"没上过一次小课"，就会因招不到生而淘汰，总比现在那样名不符实强吧！

（本文原以《有利于优胜劣汰——再谈研究生收学费问题》为题，刊于《东方早报》2005 年 8 月 24 日）

提高研究生门槛不等于只讲「门第」「出身」

最近，针对研究生中较普遍的"高分低能"现象，一些大学提出了加强复试、改革考试办法等措施，上海市教委也宣布将提高硕士研究生的入学门槛。这些措施对保证入学研究生的质量无疑是有益的，但一味强调考生的"门第"和"出身"并不可取，也不符合提高研究生质量的初衷。

在纪念我国学位制度实施二十周年时，我曾以《我是"不拘一格"的受益者》为题发表过一篇短文，谈了我的切身体会。1978年报考研究生时，我只有一张高中毕业文凭，是在职的中学教师，先后教过英语、政治，却没有教过历史。如果一定要讲"门第"或"出身"，我自然完全不合格。我能被复旦大学历史系录取，成为先师谭其骧教授的研究生，并有幸在1983年成为我国首批两名文科博士之一，靠的就是当时"不拘一格"的政策。与我同时获得首批博士学位的师兄周振鹤，虽是大学毕业，学的却是探矿专业，毕业后一直从事工程技术工作，与复旦大学或先师都毫无关系。要是拘泥于"出身"，或许他也不会有此机会。当年报考者数十人，其中不乏复旦大学历史地理专业的毕业生，也有已经从事专业教学或研究的人员；与我们同时录取的三人，两位是本专业毕业生，一位是南京大学历史系毕业；事实证明，我们并不比他们差。

当然那时处于十年动乱结束未几的非常时期，"不拘一格"既有需要，也是不得已的。现在报考研究生的大学毕业不是太少，而是太多。近年来、特别是实行扩招后，研究生质量的确有下降的趋势，当然没有必要也不应该照搬当年的老办法。而且"不拘一格"并非没有风险，例如当年曾在社会上引起轰动的几位"不拘一格"选拔出来、甚至经中央领导批示的人才，有的已泯然众人。我自己也有此体会，由于没有受过大学的专业训练，尽管入学后已注意弥补，毕竟还有缺陷和空白。经过二十多年的努力，研究生的生源已相当充足，对考生提出更高的要求，包括对高分低能的考生加以适当限制，是顺理成章的结果。

但这些要求都要从实际出发，不能只根据考生毕业于什么学校或什么专业，更不能只相信本校或某些学校。学生没有能考上重点大学的原因很多，经过大学阶段又会发生变化，因此不能一概而论。重点大学的毕业生固然有不少优势，但同样存在高分低能的现象。何况部分学生的高分低能是教学不得法的结果，并不等于他们不具有发展潜力。我们研究所历年招收的硕士生、博士生大多数来自非重点大学，包括毕业于师范学院（包括有关报道中提到的烟台师院）和大专的，但基本都能以优良成绩毕业并获得学位，有的论文被评为省市优秀论文，有的已成为重点大学的学术骨干、学科带头人。

套用一句旧话，研究生招生应该有"出身"论，但不唯"出身"论，重在本人表现。

（《新京报》2005 年 9 月 6 日）

关于研究生待遇的思考

　　讨论研究生的问题，当然主要应着眼于培养和教育方面，但研究生的待遇无疑是目前一个影响很大的制约因素，应该引起重视。

　　研究生的待遇问题已经讲了多年，这几年也有所提高，但实际情况是，无论博士生、硕士生，只能勉强维持温饱。家里稍有补贴的还过得去，完全依靠自己的学生就相当困难，因为研究生除了吃饭、穿衣外总还有些其他开支。

　　研究生的待遇过低，不仅使一些经济困难的优秀大学毕业生无法报考，造成生源不足或质量下降，也使在学的研究生难以集中精力于学习和科研，产生很多负面影响。一些运用性较强或科研经费比较充足的学科，研究生可能通过参加导师主持的项目或给导师做辅助工作来获得一定的补贴，但人文学科或基础学科往往经费不足，也没有什么经济效益，导师自顾不暇，哪里还能帮研究生增加收入？让研究生当助教固然是好办法，但学校本身人浮于事，留给研究生的助教岗位很有限，有些助教岗位还得用基层单位自己创收的钱，自然是粥少僧多，杯水车薪。但饭还得吃，书还得买，必要的开支也省不了，于是研究生只能各显神通。当家教，打工虽然不易，但只是耗费时间和精力，编书（等而下之的是抄书、剽书）、做买卖就很难保证不影响学风和学习了。对这类现象，导师和校方本来是可以干预或禁止的，但由于无法解决研究生的经济困难，只能听之任之。

现在一方面是一些优秀的本科毕业生不愿意读研究生，经济困难的又读不起研究生，生源已经受到影响；另一方面是读了研究生也不能将精力全部集中在学业上，甚至养成了不良的学风；长此以往，研究生的质量如何能提高，如何能保证？

这个问题已经提了多年，似乎无法解决。因为最大的理由是国家财力有限，不可能再大幅度增加研究生经费。另一条理由是研究生不是义务教育，本人应该负担，国家能给一部分津贴就不错了。

后一条理由貌似有理，实际却站不住脚。研究生固然不属于义务教育，但同时又是一个国家提高科研实力、培养高级人才的重要途径，所以即使是人均收入比中国高得多的富裕、发达国家，政府也无不投入巨资，公私机构也设立了大量奖学金，成绩优良、有培养前途的研究生拿到足额奖学金的机会很多。国家对研究生当然不必全部包下来，可以收学费，也可以不给任何经济资助，但对其中一些优秀的，就应该给予足够的资助，让他们能在毫无后顾之忧的条件下顺利完成学业。

前一条理由不是这篇短文所能讨论，但即使总的研究生经费不能增加，也有一个钱如何花，花在哪里的问题。现在一方面是研究生的人均津贴过低，另一方面却在不断铺摊子，扩大招生规模，各地各单位争着扩大或增加硕士点、博士点。研究生的数量固然增加了，质量又怎么样？如果政府的财力真的只能拨出那么一点教育经费用于培养研究生，那就应该控制公费培养研究生的规模，而不应该听任各地各校盲目扩充。

所以我还是主张较大幅度地提高公费研究生的待遇，应该提高到大致相当于同样学历和年龄的青年教师，使他们能够在衣食无忧、并能稍稍享受青年知识分子应有的生活乐趣的情况下完成学业。这当然只能量力而行，在一时不能增加经费的情况下，宁可限制数量。这类公费名额应该体现国家的需要和发展导向，支持基础和重点学科，保证优秀学生。由于这类研究生完全可以不依靠额外收入，生源能够保证，学校与导师可以提出严格要求，使他们集中精力于学业。与此同时，允许学校招收全部自费的研究生，鼓励非教育部门、地方政府、公私企业、个人设立各种奖学金，或者出资定向培养。对这类研究生，教育行政部门只要检查质量是否合格，确定是否能够授予相应的学位，不必管有多少人。扩大研究生的数量，主要得靠这些途径。

总之，与其大家吃不饱，普遍受影响，还不如让一部分人吃饱，让其他人自己找饭吃。后者如果没有找饭吃的能力，或者实在没有人能够供饭，那就请另找出路。这方法看来有些残酷，总比大家半饥半饱，一起降低能力，缩短寿命强得多。

（本文写于 2004 年 6 月）

博
士
与
博
士
生

　　不止一次在传媒上看到或听到有关博士的报道，有一次在一家中央大报上就看到这样一篇报道，标题上写着某博士助人为乐，但仔细一看内容，原来此人还是某校的博士研究生，显然他还没有毕业，更没有获得博士学位。甚至在一些有关科研或教学的比较专门的报道中，也出现了将在校博士生称为博士的怪事。

　　博士与博士生的差别是很明显的：一个具有硕士学位或同等学历的人，经过有博士学位授予点的单位考试录取后，就成了博士研究生。但一般要经过三年的学习，通过学位课程的考试和学位论文答辩，才能获得博士学位。而且单位的学位委员会通过授予学位的决定后，要在三个月后才能正式授予学位（如有异议或发现问题自当别论）。可见博士与博士生之间在时间上可能要相差三年，在程度上也有质的区别。从理论上说，博士生未必都能成为博士。

　　传媒将两者混为一谈，除了个别人可能为了取悦于报道对象或有意提高报道的分量外，多数作者是不了解或不注意两者之间的区别。如果是这样，只要加强对国家学位制度和学位条例的宣传就可以了。但事情却没有那么简单，就是在我们的大学里，一些博士生已经以博士自居了，相互间已以博士相称了，对别人称自己为博士当之无愧，有的教师听了也无动于衷，并没有觉得有纠正的必要。这些学生和教师难道也是不知道博士生与博士的区别吗？

这就暴露了我们大学中长期存在的另一方面的问题：博士生有进无出，读满三年，写出论文，几乎没有拿不到学位的。无怪乎从大学到社会都将两者混淆了，因为实际上博士生基本没有淘汰，博士生与博士至多只剩下时间上的差别了。

可见，要真正使博士生与博士区别开来，还得正本清源，切实执行学位条例，保证博士的质量，对不合格或不适宜继续培养的博士生予以必要的淘汰，对论文没有达到标准的博士生不授予学位。很多国家都有一部分研究生只通过学位课程，而不作学位论文，或者在工作多年后再回校提交学位论文进行答辩。另一方面，学校、用人单位和社会上也要转变观念，认识到这是一种合理的分流，只读完课程或未获得学位的博士研究生也是达到了一定水准的人才，对他们不应歧视，而要积极接纳，合理安排。

只有使博士的"含金量"不降低，博士的称号才不至于被滥用，我们的博士才能真正得到社会的尊重。

（本文写于 2005 年）

不久前，一条消息由多家媒体转载：南京某著名大学一名热能专业博士陈方文，为了过一种"简单的生活"，竟然选择"舒舒服服"地在街头行乞。近日《家庭》9月上半月刊又发表了对其前妻的详细采访（见《文摘报》8月21—24日），使我们对陈方文的情况有了更全面的了解。对此人此事的前因后果必定有各种看法，我想说的是，"博士"只是一种学位。

博士是目前我国最高的学位，获得博士学位表明此人已经修满规定的学分，课程考试成绩合格，通过了学位论文答辩，达到了培养目标，具备了在相应专业范围从事研究的能力。当然，博士应该在政治思想、道德品质、身体素质等方面也符合标准，但这些标准不会随着学位的提高而相应提高，所以一位博士在这些方面未必比一位学士或硕士更强。

拿陈方文来说，他能在1989年顺利获得博士学位，留校工作，分到两室一厅的住房，妻子能调进学校实验室工作，直到1993年主动辞职，说明他的学位货真价实，能胜任本专业的工作。至于他此后的种种表现，如轻易辞职，稍有挫折就消沉，自视太高，幻想过"员外"生活，迷恋《周易》，贪图轻松以至行乞，显然都是专业以外的问题，并不说明他获得的博士学位不合格。尽管陈方文的现状的确令人遗憾，但看到他除了博士学位以外就是一个普通人，那就不值得大惊小怪。

所以，博士只是在专业上拥有优势，并不表明在其他方面也高人一等，更不意味着什么工作都能干好。博士要有自知之明，其他人也不要将他们抬得太高，否则难免会失望，甚至可能贻误大事。某地重视人才，大力引进博士，给予优越的工作和生活条件，自然值得肯定。但又规定博士愿意从政，立即分配副处副县级实职，似乎过于轻率。如一位从小学读到博士、毫无工作经验的 28 岁青年被任命为某县级市副市长，分管乡镇企业。要是这些博士中也有陈方文那样的人，会产生什么后果？即使仅仅是缺乏工作能力，也会影响政府工作的正常运作，于公于私都不利。

有人以为博士的知识一定很广博，无所不知，至少应有较广的知识面，这也是误解了博士学位的实质。其实"博士"只是在翻译近代西方的学位时借用了中国古代的名称，并非知识广"博"的"士"的意思。如果一定要照字面理解，那么"硕士"应该比"博士"更高明。实际上，由于现代学科的划分越来越细，信息却越来越多、越来越广，博士的专业水平往往局限在很小的范围。即使是跨学科、跨专业，一般也只涉及不同专业的相关部分，很难全部掌握。除了个别通才型的博士，很多博士对自己专业以外所知不多，是很正常的。所以对博士要根据他们的专业，用其所长，才能更好地发挥他们的作用。

不过，陈方文的种种作为连一个普通人的正常标准都达不到，白白辜负了国家和学校的培养，浪费了纳税人的钱。这提醒学校和导师，在招收博士研究生时，除了考察专业水平外，还应考虑其人格是否健全，心态是否正常，毕竟博士是最高学位！

（"爱思想网" 2005 年 9 月 1 日）

"博士后"不是学位或永久身份

近日见到各报转发新华社的一条消息，组织 541 人偷渡、涉案金额 5000 万元人民币的要犯李钟洵被判无期徒刑，其中都提到现年 60 岁的李犯"做过医学博士后研究"，或者称他"获得过医学博士后"，有的报纸用的标题就是"60 岁博士后被判无期"。这些报道都延续了一个流行多年的错误，因为"博士后"既不是我国一种法定的学位，也不是一种长期拥有的身份。

根据国务院学位委员会的规定，我国的学位只是博士、硕士、学士三种。我国现行的"博士后"制度虽有中国特色，但与国际上通行的"博士后"大体上是一致的，即已经获得博士学位的人可以申请进入博士后流动站从事研究，期满或完成后可以出站求职，也可以申请进入另一个流动站。博士后流动站的作用主要是让刚获得博士学位（我国一般规定是在一年内或较短的年限内）的人能够继续从事相关课题的研究，或者协助导师完成科研项目，也可以作为人才的蓄水池、流动站，有利于造就高水平、复合型的研究人员，也有利于人才的储存和流动。由于"博士后"的情况差别很大，研究和工作的方式也各不相同，所以并没有统一的标准或要求，博士后结束时一般通过出站的答辩或报告，有关条例规定："对考核合格的出站博士后研究人员，颁发由人事部、全国博士后管理委员会监制的《博士后证书》。"并不授予什么学位，也没有规定对出站人员必须给予何种职称。

"博士后"是一种临时性的工作状态，做过"博士后"可以作为一种经历，但不是一种终身的身份。就像一个人在研究生毕业后不能再称研究生一样，离开了博士后流动站的人自然不能再称"博士后"。像上面提到的标题那样称"60岁博士后"，很可能被了解博士后制度的读者误认为此人虽年已60却还在做博士后。在国际上，如果一个人的名片上写着"博士后"（post doctor），那就只能理解为他正在某大学或研究所做博士后。但如果他已经离开，无论是另觅职位还是在家待业，都不会再自称"博士后"了。

为什么我国的媒体或社会上一直会延续这样的误解呢？我想，这与我国实行博士后制度较晚有关。实行之初，政府十分重视，各高校与科研机构也以能设立博士后流动站为荣，尽可能给予优越的条件。早期的博士后名额很少，要求很高，能够进入并合格出站的大多是突出人才，因而备受各方面关注。各级政府、相关单位和个人往往会突出"博士后"的身份，从而使大家误以为"博士后"是比博士更高的一级学位或一种身份。

其次是对博士后制度的报道和宣传不全面，或者跟不上形势。实际上，随着博士后规模的不断扩大，流动站与工作站的设立已比较普遍，博士的人数也迅速扩大。近年来，每年的博士毕业人已达数万，求职不易，其中一部分人就选择进入博士后流动站。在科研经费有较大幅度增加的条件下，一些项目也能招募博士后作为研究或辅助人员。但媒体报纸往往不能反映这种变化，还将现阶段的博士后与初期的博士后相提并论。在对国外博士后的报道中也有类似问题，例如有的报道称某人在国外取得突出成就，"做过两个博士后"。了解国外情况的人读后必定觉得不妥，因为此人很可能是一直找不到合适的工作，而且有的博士后实际上是项目负责人（一般被称为老板）雇的廉价辅助人员。

但这类误解也反映了一种浮躁、虚骄的心态，即媒体和个人都要千方百计抬高身份，或者耸人听闻。连在学的博士生都提前使用"博士"头衔，现成的"博士后"自然不能不用。例如对那位罪犯，本来只要称"医学博士"就够了，却非要突出他的"博士后"身份，莫非这样一来更有新闻效应？至于个人这样称就更可笑了，因为从申请进入博士后流动站开始，就应该知道博士后的性质和任务，在国外当过博士后的人更明白究竟是怎么一回事，何必用"博士后"吓人呢？

（本文写于 2004 年）

教授、副教授必定是人才吗？

9 月份新华社记者发了一篇《"教授看大门"引发争论》的报道（相关报道和评论见 9 月 22 日《东方早报》），引发了进一步的争论。我以为，有关单位领导的安排固然有问题，但作为当事人，看大门的教授、发报纸的副教授也应该自我反省。不过大家似乎都回避了一个问题：尊重人才固然应该，但教授、副教授就必定是人才吗？评上了教授、副教授就能当一辈子人才吗？

人才并没有绝对的标准，不同层次、不同需要对人才会有不同标准。即使只指高级人才，不同的阶段、不同的地区会有不同的要求，此时、此地是人才，到彼时、彼地就不一定被当作人才。譬如说本地某类人才富余，外地却很紧缺，你愿意去外地就能当人才，留在本地只能委屈你为"非人才"。而且人才的标准应该是实际的水平，而不是担任什么职务，具有什么职称，更不应拿过去时当现在时，用以前的职务、职称来充数。

例如那位被安排看大门的教授，据报道毕业于外语学院俄语系，他的本业自然是俄语翻译，当初的教授如果没有定错的话，证明他当时是一位俄语翻译的人才。至于称他为"河北省仅有的两名精通波兰语的人才"，显然不无夸大。一般来说，波兰语不过是俄语专业学生的第二外语，即使他因某种原因波兰语学得不错，在全省只有另一位"精通波兰语"的情况下，由谁来断定他也达到了"精通"的程度？曾在展览会上给省领导作波兰语翻译，并不能证明他的波兰语翻译水平高。如果我的分析不对，记者及那位教授本人能拿出一点过硬的证明来吗？谁都知道，小语种经常有找不到翻译的困难，但真要备了专职翻译，平时又没有什么用。河北省大概也是这样的情况，否则，在那位教授下海和看大门期间，省领导为什么不再找他？难道从1993年以来河北省就用不到波兰语翻译了。也可能来访的波兰人和主人间已通过英语作中介了，小语种常用这样的方法。不管是哪一种情况，都说明河北省不再需要他这个"精通波兰语"的人才了。

报道提到他在1997年3月在河北省科学技术协会大会上"作为多个协会的主要负责人"发言为自己叫屈，那就更可笑了。从他下海当公司经理至此已超过三年，既然不再从事翻译，还有什么资格当多个协会的主要负责人？这只能说明这些协会的组织不健全，没有及时改选，让已经脱离专业、名不符实的人继续当协会的代表，丝毫不能证明该教授依然是一位翻译人才。

那位教授列举自己由看大门重返翻译岗位后的成绩，也是牛头不对马嘴，非但不能证明他的本领，反而说明他完全不够当教授的资格。他自称"参与制作了反映河北省科学院20年成就的中英文对照画册《科技之光》，社会反响很好"。既然称"参与"，大概不是承担了主要工作。最能体现这一画册的专业水平自然是中英文对照，那位教授莫非已自学了英文？英文是他翻译的吗？如果他认为这够得上教授的水平，就应该让专家来鉴定，"社会反响"再好，也不能说明问题。如果"参与"其他工作，至多可以评编辑类职称，或者单位的先进工作者，是不能证明他依然具有教授级的翻译专业水平的。由此也可以看出那位教授的水平实在有限，或者根本没有认真工作，否则，何至于回到他"热爱"的翻译工作岗位快 6 年了，居然举不出什么本专业方面的成绩来呢？

衡量是不是人才，或者说决定是不是能当作人才使用的另一个标准，是本人的态度，即你愿意不愿意干把你当人才的工作。如果不愿意，别人就无法勉强，自己也没有抱怨的资格。

该教授既然身为省翻译工作者协会会长，又那么热爱翻译工作，为什么要在 1993 年到单位下属公司去当经理呢？报道没有提到其他原因，也没有说是领导让他去干的，总是自愿的吧！要是 3 年后公司不倒闭，他会主动申请回院继续搞翻译吗？既然自己选择了脱离专业，从事经济活动，就得承担由此产生的风险，包括无法返回原单位、原岗位的可能性。他自己说："我给院里作了那么多贡献，没有功劳也有苦劳。"即使真是如此，那也是指他"下海"前的事。我想，要是他不是"堂堂正正的教授"，不是对单位有"功劳"和"苦劳"，大概也当不了经理。自己不愿意当翻译方面的人才，非要当经营方面的人才，就不能怪领导不当你是翻译方面的人才。等到你经理当不了，只能证明你连经营方面的人才也不够格，让单位承认你是哪一方面的教授呢？

那位副教授也是在 1994 年到实业公司从事经营管理，1996 年在家养病。对于自己的失败，她自称"其实并不是我能力差，主要是没有处理好与领导的关系"。这就不能不使人怀疑这位副教授的"经营管理"能力，难道经营管理不包括处理人际关系？连与公司经理的关系都处理不好，又如何在公司经营管理呢？

所以我的结论是，由于历史原因，在真正的人事制度改革之前，不妨让那位教授、副教授保留他们的原有职称，但不应迁就他们，随便安排他们的工作，既不应让他们看大门、分发报纸，但也不该让他们恢复原职。可以根据实际需要重新聘任，也可以介绍他们到需要的地方求职。没有人要，或者本人不愿意，该退休的退休。因病不能从事正常工作的，不管是不是教授，应该按规定休养。

　　北京大学的领导在谈到人事改革时，承认他们学校的教授中也有不合格的。今后如果出现北大教授、副教授下岗的事，就不值得大惊小怪。随着改革的深入，教授、副教授都不可能是终身制。我希望那位教授想想自己应该采取的态度，也希望记者的报道能够更全面些。

（本文写于 2004 年）

物质生活与精神生活的关系——与复旦大学的青年

在我以往的 72 年间，有 66 年是在学校度过的——14 年读书，14 年教中学，38 年在复旦大学（其中 3 年读研究生）。我一直认为在学校工作最大的优势，是永远能与年轻人在一起，所以与年轻朋友的交流是我工作和生活的必须。作为过来人，我也希望将一得之见随时与大家交流。

这些年来，一些人常表现出赤裸裸的物欲，上至党政高官，下至平民百姓，以至历来被视为神圣纯洁的学术、教育、文艺、医务、宗教、司法各界中，都有那么一些人，公然为追求个人的物质利益，不择手段，不知羞耻，甚至不顾法律，不计后果。尽管表现方式不同，这些人所信奉的都是钱和物。这并不是说他们不要名誉和地位，但就他们的目的而言，名誉和地位只是换取金钱的手段，对不能为他们带来利益的名誉和地位，他们完全可以弃之如敝屣。流风所及，已经影响到大学，以致有些同学简直成了拜物教的信徒，除了具体的利益外似乎已经没有什么值得追求。连师生关系也成了一种工具，仅仅是获得好处的手段。对作弊行为的评判也只剩下利益，却没有是非。对去年某教师的违法行为，听到的反应令人触目惊心：学校为什么要与他过不去？这种事算什么？就是钱花得少了。

在这里我不想讨论自私自利或个人主义的问题，也不想涉及公与私的关系这方面，上述现象的出现当然与此有关，我只想说一点，除了物质生活之外，人要不要精神生活？

表面看来，那些人追逐的只是某一样具体的东西，如一台彩电、一辆汽车、一套房子、一叠票子，或者一个位子、一个机会，即使如此，在物的背后也还有物质以外的东西。任何一种用品，除了它的实用功能外，一般都有其象征性的、心理的、精神的功能，往往会与身份、地位或权力有关，而且会因地因时而异。例如在改革开放之初，一部单喇叭录音机就足以炫耀拥有海外关系或外汇，提着它在大街上走过，必定会招来啧啧称奇的议论和无比羡慕的注目礼。但如果今天再有人用它招摇过市，不是被当作找不到活干的民工，就会被人怀疑精神不大正常。当初这部录音机对主人来说，绝不仅仅限于录音或放音，或许他还不懂如何操作，显然更大程度上是一种精神的满足。同样，在今天穿一条牛仔裤，除非是顶级名牌或十分特殊，否则决不会引起旁人的关注，所以穿的人只是考虑是否舒适或是否美观。但如果在改革开放之前，如果有人穿牛仔裤，那肯定是出于精神方面的考虑——要么是刻意追求"资产阶级生活方式"，要么是出于一种特殊的审美情趣，以致不惜冒受到鄙视甚至批判的风险。

显然，那种声称不需要精神生活的人并非没有精神生活，只是自己不觉得，或者故意不承认而已。当然也有的人是由于物质生活的极度贫乏，因而不得不放弃对精神生活的追求。例如以往一些知识分子长期处于贫困状态，除了设法维持温饱之外，已经没有任何精神享受，久而久之对精神生活就会麻木不仁。但即使在这样的条件下，人性对精神生活的渴望也会顽强地表现出来，就连尚未脱贫的农户过年时也会在家里贴上春联和窗花，在门上倒贴一个"福"字。另一类物质生活已经极其丰富的人却还在拼命攫取财富，他们得到的钱和物已经远远超出了实际需要，甚至为如何花掉这些钱，用掉这些物而发愁。如果仅仅是为了物质利益，他们完全不必这样做。当一个富商在他十只手指上套上沉重的足金宝石戒指时，当一个贪官不时在计算他的赃款增加了几个零时，当一群暴发户在豪华酒店斗富时，难道能说他们没有精神生活？至于人们在政治压力或暴力作用下被迫放弃某种精神生活时，他们必定已被要求接受另一种精神生活。

过度强调精神生活，甚至企图以虚幻的精神生活来抑制或取代物质生活，无疑是不现实的，或者只能以虚伪的形式存在。尤其是在人们基本的物质生活都没有保障的情况下，盲目地提倡和追求精神生活，结果往往连正常的物质生活都会受到影响。除非实行强制手段，或者采用迷信欺骗，一般人不可能在衣食不济的情况下追求精神生活。一个国家或一个民族如果不顾具体条件，将过多的精力和物力用之于精神生活，必然会影响自身的进步和发展。古代中国社会曾经有过相当发达的精神生活，创造过灿烂的精神文明。在一个完全依靠手工劳动的农业社会中，这样的追求几乎已经到了最大限度。但是，中国古代知识分子中，除了少数已经担任了行政官员的人多少从事一些行政管理方面的工作外，绝大多数文人并不直接或间接地参加生产劳动和科学研究，也很少学习儒家经典和传统的人文学科以外的知识。他们不仅鄙视体力劳动，也蔑视经营管理和科学技术。中国历史上不乏杰出的文学家、诗人、画家、书法家和人文学者，但科学家、有文化的技术人才却与知识分子的总数不成比例，少数今天被我们称为科学家的人，往往也是科场或官场失意后的业余爱好者，或者是有职务之便可利用，例如有资格参与天象的观察、历法的修订，或者保管着地图和档案。

我经历过贫穷的生活、"三年自然灾害"中吃不饱饭的日子、计划经济下极度匮乏的供应、"文革"期间接连不断的运动，深知必要的物质条件的重要性。我从每月37元工资拿起，从不到11平方米的房子住起，完全理解成家立业的艰辛。现在的年轻朋友失去了计划经济和"单位"的"保护"，既获得了我们无缘获得的机遇，也面临着前所未有的压力，因而更注重现实，更善于竞争，这本身就是一种进步。

但是如果走到另一个极端，凡事只考虑物质利益，忽视社会对正常的精神生活的需要，看不到精神生活对社会进步和人口素质提高的重要性，不理解精神生活给个人带来的乐趣，甚至将"经济效益""为现实服务"作为衡量科学研究和学术活动的唯一标准，把看得见、摸得着的好处当成唯一的追求，就会带来灾难性的后果。因为仅仅要满足人们最低限度的物质需求，任何一个社会都不难做到。而且如果将人的需求都物化了，例如吃饭就是为了获取必要的营养和热量，那只要生产达到标准的复合食品就行了；如果穿衣只是为了保暖和遮羞，那也只要制造统一的制服就行了。可是对大多数人来说，吃饭和穿衣并非单纯的物质需要，同时也是一种精神享受，所以才有所谓的饮食文化或服饰文化。随着生产的发展，要满足人们对基本物质生活的需求已经变得越来越简单，越来越容易。衡量一个社会的发达程度，精神生活所占的比例必定会越来越高。如果社会对精神生活的需求不足，剩余的生产力就会无用武之地，经济的发展会缺乏动力。另一方面，人们的余暇时间会越来越多，除了用之于健身养生之外，都离不开精神生活。这反过来又对精神生活提出了更高的要求，从事精神生产的人应该越来越多，才能满足全社会在这方面的需求。

追求精神生活是人类的天性，也是人类与动物的主要区别。但精神生活离不开人的个性，不能简单地复制，也不一定能不断进步。对个人而言，如果不从小重视人文素质的培育，在年轻时不形成基本的精神生活的兴趣，以后的生活方式很难改变。物质条件是可以积累的，但前人在精神方面的高峰，或许永远没有人再能超越。精神方面的活动主要是通过人来传播的，一旦中断，或许再也无法恢复。精神活动的价值既不能用物质来计算，也难以用现实来判断，今天视为无用的东西或许正是前人经验的结晶和未来智慧的源泉。所以尽管在一段时间内不讲求精神生活，甚至完全停止精神活动，当时似乎没有什么明显的影响，但这样的中断肯定会导致某些精神活动的衰退或断绝，尤其是那些不绝如缕的孤门绝学。一个人如果长期不讲求精神生活，即使物质生活能不断提高，或者"事业有成"，也往往隐藏着更大的危机。近年来，过劳死、知识分子早逝、因精神压力引起的自杀、"成功人士"不可思议的结局等现象越来越引起社会的关注，尽管有各种原因，但精神生活的缺乏或失常无疑是重要因素。

有些事如果完全从物质利益出发，的确找不到解决的办法。如对待作弊的态度，不少同学认为如果别人作弊而自己不作弊，作弊者又没有被发现或受到惩处，自己在竞争中明摆着吃了亏，所以在作弊无法禁止的情况下，只能相机行事，随大流。实际情况或许真是如此，但如果我们能从精神方面考虑得失，就会认识到守住道德底线的重要性，就有可能远离作弊的大流。

有些年轻人从小就背唐诗、读古籍、练书法、学外语、弹钢琴，知识丰富，多才多艺；但所作所为却极端自私，唯利是图，或者言行脱节，表里不一。为什么会出现这样的结果？显然是由于种种原因，使他将这一切都当成谋生或逐利的手段，而不是提高人文素养的途径，因而在增加知识、掌握技能的同时，性情并未得到陶冶，境界没有得到提高，灵魂也没有因此而净化。

我们提倡爱国主义，关键在于确立一种信念，树立一种信仰，这离不开精神力量的支撑。如果完全用物质标准来衡量、来选择，完全出于实际利益的考虑，那就根本不会爱这个国，因为中国无论如何算不上最富有、最安全、自然环境最优越、资源最丰富、气候最适宜、法制和管理最完善、人际关系最融洽的国家。世界上根本找不到这样的国家，所以，这样的人也不会爱任何国家。一个家庭、一个团体、一所大学不也是如此？如果缺乏基本的精神基础，这些岂不是都要解体了吗？

我这样说不是危言耸听，而是对现实的忧虑，更希望能起防微杜渐的作用。对于精神生活已经比较充实的年轻朋友，愿你们的工作和生活更加愉快、高尚，也愿你们与更多的朋友分享。

假作真时真亦假

据新华社报道，因为怀疑技术职业培训学校发给自己的职业资格证书有假，赵金泉被发证书的学校负责人雇凶手杀死。但由银川市劳动部门和公安局联合调查的结果却出人意料，这家银川新华学校发放的800多份资格职业证书、包括赵金泉领取的证书并非假造，而是由具备发证资格的西安市职业技能鉴定指导中心颁发的。

不过证书虽是真的，颁发的过程却是"假"的，因为发证部门根本没有对在异地的领证对象做过什么鉴定。至于该中心为什么如此大方，报道中提到的收费标准耐人寻味：中心规定的收费标准分别是初级100元、中级150元、高级300元，而银川新华学校向学员收取的是中级600—800元、高级1500元。很难相信，这数百上千元的差价是由新华学校独吞的。该中心的效率也极高：6个人去年一年要发5万多张。

该事件究竟属违规还是犯罪，相信警方和主管部门会调查清楚，在此姑且不论。但此事却揭示了如今社会上一个触目惊心的现象——真假难分。真符合条件的未必能得相应的资格或证件，根本不符合条件的却能获得真正的资格和证件。

这样的例子已经多得不胜枚举，只举两个不同层次的。

规规矩矩学习，老老实实考试的学员未必能领到驾驶执照，所以千方百计"孝敬"教练和考官已成为一些地方的常规。与此同时，从来没有进过考场的人却拿到了货真价实的驾照，甚至可以在异地定购。

在大学辛辛苦苦工作了一辈子、成果并不少的老教师往往当不了教授，博导更只是梦想。从来没有上过一门课、发表过一篇论文的高官、富商、名人却不仅当了教授，还被列为博导，而且手续齐全，申报、评审、投票、审议和签字盖章一样不缺。

某人在学术界声名狼藉，别人指责他招摇撞骗，他却敢告到法庭。之所以有恃无恐，原来他刚被某名牌大学一所学院聘为兼职教授，当地的主要媒体还作了报道。他手里的兼职教授证书自然是真的，并且是院长亲自奉上的。

媒体曾质疑某名人的博士资格，但调查的结果却令发难者失望，通过他论文的答辩委员会主席乃某名牌大学的学术权威，委员的构成无懈可击，学校的审批手续也完全规范。至于要检验他的实际水平是否达到博士水平，质疑者显然无计可施。

近年不时听到国外教授的议论，他们收到中国学生的申报材料中所附的推荐信好得令人无法置信，每项分数都打为最高的那一级，连英语也不例外。有的教授亲自给学生打电话，却听不到一句用英语的回答。但写推荐书的教授承认，上面是他的亲笔签名，分数也确实是他所打。

大家经常感叹，现在什么都能作假，打假难，打不胜打。但我感到，一旦假作到了真时，不仅已经无法打，不能打，打了反要承担侵权违法的责任，而且已经殃及无辜，连真也被当成假了。正因为上面提到的"真"

博士、教授、博导多了，才会使高级知识分子失去应有的尊严；那样的"真"推荐信多了，才会使中国教授丧失自己的信誉。

假作真时真亦假，但愿全社会正视这一规律。

（《新京报》2005 年 7 月 24 日）

态度师」，请建设部表明培训认证「建筑风水

据报道，南京大学将开班进行"建筑风水文化"的培训认证。该中心副秘书长徐韶杉称，建设部中国建筑文化中心委托南京大学易学研究所开展"建筑风水文化"认证培训、考核，合格者将由中心颁发证书。

对风水或"建筑风水"怎样认识，是传统文化的精华还是伪科学、迷信糟粕，作为学术问题完全可以讨论。如果有人愿意教，有人愿意花钱学，主管的学校认为符合自己的办学宗旨，开班培训也有他们的自由。但这次办班却不同一般，因为主办者是建设部直属的中国建筑文化中心。我查了中华人民共和国建设部的网站，在"直属单位"一栏下，该中心在十八个直属单位中名列第四。无怪乎有的媒体在报道中称之为"建设部委托南京大学"了。

如果说这是误解，那么这种误解至迟在去年已产生。去年9月9日，中国建筑文化中心在人民大会堂召开了新中国成立以来首次建筑风水文化高峰论坛，受到国内外广泛关注。当时海外就有评论，指出该论坛由建设

部直属的该中心举办,又在人民大会堂中召开,是中国政府作出的一种明显姿态。这次又是认证培训,又是考核颁发证书,显然已经超出了一个学术机构能力的范围。我也查了建设部的网站,在公布的教育培训或资格认证的有关文件中没有找到与"建筑风水"有关的内容,而且从公布的文件看,国家承认的资格确认和证书颁发,大多还是国家人事部与建设部合署、并由人事部办公厅发布的。所以,我很想知道,建设部直属的中国建筑文化中心是否有权开展这项认证培训并颁发证书?这样的证书具有什么效力?建设部是否同意并授权该中心举办这项活动?是否承认这种证书的合法性?

我之所以希望建设部能表明态度,是因为建设部是代表国家的,必须遵守《中华人民共和国宪法》。《宪法》第二十四条明确规定,国家提倡"爱科学"的公德,在人民中"进行辩证唯物主义和历史唯物主义的教育"。这应该是建设部鉴别"建筑风水"的法律依据,也应该是是否授权、是否承认设立"建筑风水师"的基本出发点。如果建筑部与这类活动无关,或者并未授权中国建筑文化中心进行这类活动,也应该作必要的澄清。如果再听之任之,让公众不明不白,岂不是行政不作为?

顺便指出,报道还称有一位广东的市长已报名参加培训。如果这位市长是利用业余时间,拿自己的钱参加培训,自然有他的自由。如果是使用公款,或影响公务,是否也应该让当地的人大讨论一下?还得问问当地的纳税人是否同意。据说现在有的风水师年收入超过百万,难道都是私人或民企支付的吗?如果赚的是纳税人或国企的钱,是否应该追究支付者的法律责任呢?

总之,学术研究应该享有充分的自由,包括对风水或者堪舆的研究,但一旦与政府权力、国家法律与纳税人利益发生关系,就必须遵守宪法和法律,谁也不能例外。

(《南方都市报》2005 年 9 月 13 日)

上有所好 下必有甚焉

据报道，浙江某高校为提高学生参加社会实践的宣传力度，专门设立奖金，只要被报纸报道就能得奖。从地方到中央不同等级的报纸明码标价，如当地的《现代金报》每 300 字可获 300 元，而《人民日报》每 200 字可获 4000 元。虽然报道没有提及字数与奖金的关系，或者这些只是获得的最低指标，但可以肯定，如能在报纸得到长篇报道，一定会按字数或篇幅另发大笔奖金。而这还是该校评选"十佳团队"的重要指标。也就是说，要是没有报道，评选中就可能名落孙山。而一旦得到报道，不仅评佳有望，还可获得数目不菲的奖金。怪不得参加社会实践的学生不仅主动向报社提供新闻稿，还打电话催问，或者亲自向记者编辑做"公关"。而该报记者办公室接待的要求报道的学生已不下十次，其他报社、电视台等媒体都有类似情况。

这种做法当然会招来舆论的批评，我也不赞成学校这样做。但根源还在于上有所好——各级政府和主管部门过于看重媒体上的报道，特别是主流媒体、高级别媒体（这是我临时杜撰的词，却符合国情）上出现的文字、照片或影像。有了这些，不仅评奖选优有望，说不定还能加官晋级，自下而上，皆大欢喜。再说，所发奖金（还有津贴、采访费、课题费等不同名目）用的也是公费，何乐而不为？

其实，一种做法形成惯例，成为潮流，都是由上而下的，等影响到大学生，或扩大到社会各方面，往往已近余波。就我的亲身经历而言，这种做法至少在十多年前就有了。

有次我与中央某报记者去南方某县采访，书记和各级领导亲自陪同，热情接待，临别时还向我们每人赠送一笔"采访费"。书记容不得我推却，说："某报一个版面，花几十万也不一定上得了，你们来采访报道，真是帮了我们的大忙。今年我们县在省里的地位肯定能提高。"据说，能否得到从中央到省市各级媒体的报道，都是对县级及县以下党政部门考核的重要指标。

连学术研究机构和专家学者也不能免俗。我当研究所所长、研究中心主任期间，每年的考核或每次接受评估时，媒体的报道和评论就是必须收集的内容。而如果不主动提供资料或吸引媒体报道，学术机构和学术活动往往很难引起媒体的兴趣。例如某次会议如要电视台报道，必须有省市常委级的领导出席。而有了这样的报道，主管部门才会重视。就是一本书、一篇论文，要申报奖项时也得附上公开发表的书评。如有权威刊物、中央媒体上发表的肯定性评论，不仅获奖无忧，还有望得大奖。

我在央视作的节目播出后，几乎都会收到不同的公司寄来的订货单，通知我已备好光盘，只要付款数百元即可寄来。有的还备证明一纸，写明某人某年某月某日某时某分至某时某分在央视某频道某栏目出场。开始我颇不以然——谁会花这笔钱去买自己的录像，还要什么证明？后来才听说，有的高校已规定在央视出场的赏格，最高一级可以相当在权威刊物发表论文或相当获省部级一等奖。要真能如此，区区数百元何足道哉！与其到时口说无凭，还不如预备光盘和证书。

最近还在调查的抗震英雄学生免试进大学一事的主角，据说至少也是沾了报道的光。因为他的"事迹"被别人写了报道，并写得有声有色，而另一位被同学公认够格的学生却只有填得不规范的表格。尽管上报时只要求填写表格，但一篇额外附上的报道（姑且肯定都是事实）却使主角身价倍增。报道的威力由此可见。看来，只要"上好"不改变，下面的做法只有"甚焉"，肯定会越来越过分。浙江某高校的领导如不这样做，必定会在这场竞争中落后。但他们这样做了，其他学校要胜出，只能别出奇兵，或许会提高价码，或许会全面配套。总之，上有所好，下必有甚焉。要改变风气，还得从源头做起。

（《现代都市报》2008 年 8 月 5 日）

　　如果问你为什么喜欢看历史书，你可以回答因为喜欢，或者因为有趣；但如果问你为什么要报考历史专业，你的回答就不应该只是喜欢或有趣。因为报考历史专业与看历史书不同，如果只是想看历史书，或者历史书有趣，完全可以报考其他专业，以后在课余、业余时间也能看。在大学毛入学率还不到40%、大学也不属义务教育的条件下，考大学需要经过激烈的竞争，上大学得花不少钱，个人和家庭总得考虑一下是否必要。大学毕业后也还有择业竞争，一般来说，所学的专业与就业有比较直接的联系，未来若干年内就业压力还会存在，选择专业时不能不考虑这一因素。所以，不能仅仅为了兴趣而报考历史专业。

　　那么什么样的人适合报考历史专业呢？我认为有两类人，一是希望并且有条件从事历史研究的人，一是希望并且能够将历史作为工具运用的人。

　　第一种人当然是以喜爱历史为前提的。如果到了高中毕业还对历史没有兴趣，更不喜爱，何不早些改变？但仅有兴趣不够，还得看是否有基本的条件。每个人有不同的天赋，除非有特殊的、不得已的原因，都应该用其所长。如果自己把握不准，可以请熟悉自己情况的老师、长辈、朋友分析一下。如果想从事历史研究，光读本科是不够的，最好接着读研究生，毕业后争取在研究型大学或研究所工作。

但专业研究是艰难的、寂寞的、枯燥的，有时甚至会很痛苦。特别是像历史这样的传统学科，要想取得突破性的成绩并不容易。新发现的或得到解读的文献史料、遗址遗物可能提供前人未见的证据，借助新的科学原理和技术手段也可能破解前人无法解决的难题，但多数历史学者没有那么幸运，期望值不能太高。在本科阶段还要作语言和相关学科专业知识的准备，如准备研究中国史的要能熟练阅读文言文，即使是研究近代史，要知道民国年间大量文书、函电就是用文言写的。准备研究外国史的，除了要学好通用的英语、法语等外，还得学好对象国的语言。这些都需要较长时间，到研究生阶段再学往往太迟，或者时间不够。有志于研究专门史的，最好利用本科阶段学习相关学科，如文化史、经济史、宗教史、民族史、外交史等都需要掌握相应的基本理论和基础知识。在此过程中如果感到力不从心，尽了努力还是适应不了，不如改变目标，成为运用型的历史学者。

即使是最富裕国家的历史学家，也不可能仅仅依靠学术成就成为富翁。他们能过体面的生活，有受人尊敬的社会地位，却不可能获得多少财富。就是在知识产权最值钱的国家，纯学术著作也不可能拿到多少版税。除非你能写发行量大的畅销书，参与以历史为题材的影视娱乐产品，或从事以历史为资源的商品交易和市场活动。一句话，想发财致富而又有这样能力的人，还是别选择当历史学家。如果对历史有兴趣，尽可在发财后当作业余爱好。

第二种人是通过接受大学的历史专业训练，将历史作为未来的应用手段，或者作为提升自身素质的一部分。这部分人在大学毕业后主要选择与应用历史知识有关的职业，如历史教师、历史编辑、文博档案、文化传播、文化服务、文秘等。所以除了要学好历史以外，也得打下与自己目标相关的基础。如当教师应有良好的表达能力，当编辑应具备文字功底，文化传播自然要掌握传播理论和手段，否则到时未必如愿以偿。近来历史专业的毕业生经常在就业率中垫底，一个主要原因就是他们在校期间没有做好提高应用能力的准备，所以对这些岗位缺乏竞争能力。其实，随着现代服务业、新媒体、文化产业、网络经济等新产业的发展，对历史应用的需求是相当广泛的。

有些人原来是以历史应用为目标的，但以后兴趣提高了，发现了自己的潜力，也不妨调整目标，毕业后继续读研究生。但因为怕找不到工作而临时起意，即使侥幸考上了，会读得很辛苦，前程也未必美好。

如果将读历史专业作为提高自身素质的途径，也应全面考虑自己的条件，如今后的谋生手段，对拟从事的职业的适应性，进一步发展的方向等，不能盲目模仿或攀比。

已故国家副主席荣毅仁是圣约翰大学毕业生，读的是历史系。作为荣氏家族的第三代传人，自然不需要也不会考虑毕业后的出路，荣家看重的是圣约翰大学的声誉和毕业生的综合素质。他们更明白，荣毅仁需要的是驾驭全局的能力，而不是具体的管理手段和技术水平。如果是一个小企业主家庭，恐怕不会让子女上学费昂贵的大学，学对他们的企业没有直接用途的专业。

还有人以中央某领导毕业于历史系来证明学历史专业的重要性，这未免过于牵强。我不知道当初上历史系是他的自觉选择，还是组织分配的结果。即使是他的自觉选择，历史素养也只是他综合素质中的一部分。要是不具备其他方面的素质和经验，仅仅凭着大学历史专业的知识，他能担当党政、财政、金融等方面的重任吗？但另一方面，历史专业和历史学的训练无疑会给予每一位认真的接受者重大影响，至少是潜移默化的作用，自然也会影响其逻辑推理、分析综合的能力，影响其人生观、价值观和世界观。但这类影响因时而异，因人而异，往往是可遇不可求的。

所以，以提高综合素质为目的的历史专业学生，不应拘泥于具体的历史知识，不要停留在史料的阅读和记忆上，而应加深对历史理论、历史观念、历史规律的理解，也可对不同的研究方法作些尝试。

（《团结报》2015 年 6 月 25 日）

以前有一位著名的中学数学教师，每次上课前总要求学生全体起立，齐声背诵若干个公式。以致数十年后当年的学生返校，见到那位老师时还能集体背诵这些公式，并谓终身受益。

一个学生从小学开始（现在或许更早了），就会被要求或强制背诵大量的文字和数字，如诗词、范文、公式、年代，以至标准答案、应试诀窍。当学生对背诵的必要性产生疑问，提出这些内容在需要时都可以在辞典或工具书上查到时，老师总会加以驳斥："将来工作时能整天带着所有的书本吗？要是身边无书可查时怎么办？"

随着信息手段的现代化，老师的理由已经或将要过时了。工作时固然不能整天带着所有的书本，但只要打开电脑，接上网络，就不仅能拥有所有在学校用过的书本，而且不难连通全世界的图书馆。只要随身携带一个小小的笔记本或掌式电脑，通过卫星通讯网连接全球网络，就能在地球任何一个角落获得各种信息。那么，背诵是不是还需要呢？

这就得看背诵的目的。如果只是为了记住某些文字或数字，背诵的确不再有必要了，因为电脑能提供的不知要比人脑的记忆力强多少倍。但背诵的目的不单是为了记住一些具体的内容，学生阶段的背诵在很大程度上是一种基本的能力训练。不仅是为了提高记忆能力，而且是为了增强理解能力。当然我们不得不承认，由于运用不得法，目前学校内的很多背诵并没有达到能力训练的目的。尽管电脑网络的普及必定会产生相应的能力训练手段，但必要的记忆力永远会是人类的必需，而理解力更是知识阶层赖以存在的基础。所以可以预言，背诵作为一种训练手段会在网络时代或者"后网络时代"（如果会出现的话）长期存在，或许还能提到更高的水平。

其实类似的过程在人类的进化史上已经发生过许多次。在文字发明以后，图画传达意思的功能基本消失，但绘画发展成为一门艺术。比人类奔跑快得多的交通工具投入使用后，人类并没有放弃奔跑，而是产生了一种锻炼和竞赛手段。

但是，单纯的背诵无疑会越来越没有必要，这对少数只能要求学生死记硬背的教师来说就少了一个法宝，背诵作为对学生的一种惩罚也会失去它昔日的魔力。

不过更大的冲击还在今后。我们现在的各种学校，从小学到大学，似乎都是以传授知识为主要目的，而知识往往又等同于文字和数字，于是学生的主要任务就是记住各种各样的文字和数字。一旦这些文字和数字不再需要通过记忆来获得，或者可以在需要时随时调用，学校存在的基础将是什么？学校还需要那么多吗？学制还需要那么长吗？

我不是要预言学校的末日，作为一名大学教师我实在不愿意有这一天，但我们都必须面对这样的现实，并且都应该认真思考：今后的学校——自然包括大学或研究生院在内——究竟学什么？

（《东方文化》2000 年第 1 期）

传承与创新

1月18日《东方早报》第10A页刊出一篇专稿，标题是《汉语首次成英国中学必修课》。我想这可非同小可，堪称"汉语走向世界"的一大新闻。但刚看了开始一段，就发现标题与内容不符，原来是英国南部城市布莱顿一所私立中学（"布莱顿学院"）宣布，自2006年9月起将汉语普通话列为基础课程，该校13—18岁的1200多名学生在学习法语、西班牙语和拉丁语的同时，还要学习汉语。

当然，这也是值得报道的新闻，毕竟是汉语日益受到重视的具体例子，并且发生在英语的母语国家，而英语长期以来被视为世界语言。但如果不看具体内容，仅仅根据标题判断，读者完全可以理解为英国的中学从现在开始（首次）将汉语列为必修课了。当然作者可以强调"首次"是指有了第一所中学，但读者同样可以理解为英国的中学以前没有将汉语列为必修课，现在第一次有了这样的规定。由此得出的结论，必定是汉语在英国已经如此受到重视，以致政府已规定全国的中学必须开设汉语课，并且列为必修课。而实际只是一所私立中学，计划从今年 9 月开始，学习时间是一年，并且学生暂时还不必参加考试。

同样，如果外国人用类似的标题报道中国的情况，也会引起外国读者的误解。如从 20 世纪 60 年代开始，上海外语学院的附中就开设了几个语种，对相应班级的学生来说，都是必修课。现在上海也有个别中学将日语或其他语种列为必修课。能说"日语（或某语）首次成为中国中学的必修课吗"？

我以为，正确的标题应该为"汉语首次成为英国一（所）中学的必修课"，或者"英国一中学将汉语列为必修课"。这倒不是我吹毛求疵，要知道，有相当一部分读者是只看标题，不看全文的。

如果作者只是一时疏忽或用词不当，这并不是什么大的错误，但如果是故意要用这样的标题来迎合"汉语走向世界"的热潮，就太不妥当了。近年来的确有越来越多的国家、越来越多的外国人重视汉语，学习汉语，但在报道时应该实事求是，不应该也没有必要夸大。这样的标题在客观上就起了这样的作用，希望媒体上不要再出现。

（本文写于 2006 年）

科举制度：存废皆有理

一种制度能在一个国家长期存在，肯定有其适应性和合理性。同样，一种制度被废除，并且再未恢复，也可以肯定有其必然的原因。

从隋唐到清末，中国的科举制度存在了一千多年。此期间无论政权如何更迭，包括少数民族入主中原，开科取士的做法却一直没有改变。中国的人口从五六千万增加到四亿多，疆域范围由数百万平方公里扩展到超过千万，科举制度的具体方法和名额不无改变，基本原则却一仍其旧。科举制度不仅在中原王朝长期延续，还影响到周边少数民族政权，推行到朝鲜、越南等藩属国。

任何制度的合理性都是相对的，科举也不例外，所以我们今天要评论其优劣，不能脱离中国历史的实际，更不能无视其产生和发展的背景。

在科举制度产生和实行之前，人才的选拔有两种主要的办法：一是世袭等级制，一是举荐制。前者规定某些职位是世袭的，只能由担任该职位者的男性后代继承。这类职位范围很广，既有自天子、诸侯王、贵族等君主和统治者，也包括一些专业性强的官职，如太史，司马迁即继承了其父司马谈的太史职位。其他职位也只在特定的阶级或阶层中选拔，如魏晋开始实行的"九品中正制"和此后逐渐形成的高门世族垄断政治的局面，使大多数重要职位只能在出身特定家族的人中挑选。在公共教育几乎不存在的时代，为了一些专业知识、特别是口耳相传的知识和技能的传承，对诸如天文、档案、史料、礼仪、艺术等方面的职位实行世袭不失为一种有效措施，但同时也剥夺了其他更合适的人才的机会。政治上的垄断则对社会的正常运作与进步毫无积极作用可言，只是为了维持某些特权家族与阶层的利益。

举荐制在一定程度上打破了世袭制的局限，但也存在着不可避免的弊病。且不说在专制集权制度下必然出现的腐败，如政治权力的干预甚至逼迫、钱财的贿赂、人情的影响等造成的营私舞弊，即使当事人完全出于公心，也还有两个无法克服的不利因素。第一是个人的接触和了解范围毕竟有限，但为了对自己的推荐负责，他只能在这范围内提出。而有举荐权的人只是一部分官员、贵族、名流，能获得他们举荐的人自然少而又少。虽然偶尔也允许个人自荐，但草民百姓的自荐一般很难通过各级地方官的筛选，能够上达天听的真是凤毛麟角。第二是缺乏统一的标准，推荐者只能根据自己的感觉。而推荐者本人的水准、判断能力和选择标准相差悬殊，其结果也可想而知。

正因为如此，科举制显示出巨大的优越性。首先是打破了世袭制和等级制的垄断，除了少数受限制的家庭出身者外，无论贫富贵贱，都有参加考试的资格。其次是标准一致，各级考试都有统一的程序、形式和内容，即使主考官免不了个人好恶，也已受到很大制约。再则，随着科举制越来越受到重视，制度日趋严密。其中不少做法实际沿用至今，甚至比今天的规则严密得多。尽管科举制难免也有缺点，但在当时条件下，还能找到什么更好的办法呢？

科举制最受诟病的，一是遗漏了不少人才，二是考试内容毫无实际意义，三是耗费读书人太多的时间和精力。对这些需要具体分析，全面认识。说到遗漏人才，我们的确可以举出一些历史上的杰出人物往往在科举中落第。但科举的目的是为选拔官员，并非选拔社会的各类人才。有些人虽有其他方面的才能，却未必适合当官员，考不上科举倒是很正常的。如李白，无疑是旷世奇才、天才诗人。但从他对韩朝宗（韩荆州）的谄媚和受永王之召的轻率看，他肯定不适合当官。所以他考不上科举既不是坏事，也不能证明科举埋没人才，倒是成就了一代诗人。反之，由科举入仕的人中虽不乏庸庸碌碌之辈，但对中国历史起重大作用的人物大多也在其中。至于其中出现奸佞，与科举制没有什么关系，因为选择标准中本来就只凭考试成绩，对未来的奸佞是无法识别的。第二点也是任何考试所无法避免的，因为考试只是一种手段，目的在于对考生打分排序，所以必须有一套通用的程式，便于不同的考官之间有比较共同的标准，八股文正是这些需求的产物。科举制本来就是中国的文化和社会价值取向的产物，决定读书人对科举态度的是传统文化和价值取向，而不是科举制，不能本末倒置，以果为因。在科举实行之前，读书人在干什么？难道在从事科研、管理、文艺创作或生产劳动吗？

既然如此，为什么到了清末说废就废，再未恢复呢？

中国以往的教育以儒家学说和文史为主，科举取士也以此为标准，但到西方现代科学传入，这样的知识结构和选拔标准就无法适应。科举的目的是为了选拔官员，但新形势下需要的外交、法律、管理、警察、军事、科技、金融、财务、民政等很多方面的官员却无法通过科举来选拔，也不是临时开设的"经济特科"所为囊括。科举的基础是精英教育，而要进行国民教育就只能采用现代教育制度，设立各类各级学校，设置人文社会科学和自然科学的各种课程。科举只是为官方选拔行政官员，无法为社会选拔各类人才。当行政官员在全社会的人才中所占比例越来越低时，科举制的适应范围也越来越小。无可奈何花落去，科举最终退出历史舞台势所必然。

但科举制的普遍和积极意义早已在各国通行的文官制度中得到体现，考试更成为无法替代的选拔人才方式。考试应该并可以不断改进，却不可能废除。近年来对高考的批评不绝于耳，但谁能想出不需要考试、取代考试的更好办法？

（《新京报》2005 年 9 月 9 日）

徐霞客（弘祖）是明末江南名流，如今是世界闻名的中国古代旅行家、探险家和地理学家。但徐霞客的成就却来自人生道路上的一次重大挫折——年轻时在科举考试中失败，要不，他完全可能成为一位称职的官员，但中国和世界就会失去这样一位旅行家，因为他不可能再随心所欲地安排自己的旅行计划，全身心地投入探险和写作。与徐霞客差不多同时的王士性在地理学方面的成就比起徐霞客来毫不逊色，但王士性作为一位官员，只能利用公余进行考察和著述。尽管他的游踪也很广，却只限于自己任职的地方。当然屡试不中的徐霞客，也可能为儒林增加一位没有中举的范进。

但徐霞客又是非常幸运的。首先，他有一位开明的母亲。非但没有强迫他继续走"学而优则仕"的道路，而且鼓励他"志在四方"。她亲手为徐霞客做了一顶"远游冠"，以壮行色。为了消除徐霞客离家远游的顾虑，她以 73 岁高龄与徐霞客同游宜兴两个岩洞。其次，徐家颇有资产，衣食无忧，不必依赖徐霞客创收谋生，所以他可以放心地带上旅费和仆人长年外出。再者，当时对读书人的优待和尊重也为徐霞客提供了种种便利，他以一介布衣可以得到一些地方政府的资助，享受本来只有出差官员的待遇，还得到不少官员和地方名流的热情款待。更幸运的是，他的"奇书"经历明清易代的战乱，奇迹般地保存下来，在他死后135年得以出版流通，并在他逝世287年后得到科学家丁文江的高度评价，引起地学界的广泛注意。

这些条件中缺少一点，就不会有今天我们心目中的徐霞客。

对朱载堉的名字一般人比较陌生，但此人在世界音乐史上却拥有崇高的地位。这不仅是因为他终身从事学术研究，所著《乐律全书》47卷是包括乐、舞、律、历学十多种著作的百科专著，而且他是新法密率（即十二平均律）理论与计算方法的首创者。他首先提出的十二平均律的等比数列原则，以及解决管口误差问题的"异径管律"的方法，除了音乐本身的意义外，也是16世纪世界声学研究的重大成就。如果当时已设立诺贝尔物理学奖，他很有可能成为获奖者。

朱载堉出身于明代宗室，是郑恭王朱厚烷的长子。按照明朝制度，他被立为世子，本应终身享受荣华富贵。但不幸青年时就遭遇变故，他的父亲无罪而遭禁锢。这使他愤而放弃王子生活近19年，却使他能潜心研究，奠定了深厚的学术基础。所以在朱厚烷复爵，他以世子身份重入王宫后，继续从事研究，晚年更推辞王位，以著述终老。

但从另一方面看，朱载堉又是相当幸运的。为防止亲王、宗室争夺皇权，干预政治，明朝对他们的限制相当严格，既不能当官，也不许从事其他职业。同时给予优厚的俸禄，供养终身。像他这样的近支宗室，如果不是想在锦衣玉食、声色犬马中度过一生，就只有在学术、艺术、工艺中寻找价值。要是他生在其他朝代，或许会成为朝廷肱股、高官权贵，或许会成为"八王之乱"式的权力斗争的牺牲品。如果他有幸被立为皇帝，或许就是另一位宋徽宗、李后主。不过，如果他不是近支宗室，肯定不会有那么好的研究和出版的条件，即使有那样的成果，也未必能流传至今。

古往今来，具有各方面天赋的人何止千万！但即使是超级天才，往往一辈子也没有表现的机会，泯然众人，老死沟壑。最终获得成功，并能给后世留下具体成果的人却屈指可数！这不能不引起无限感慨。

但无论是徐霞客还是朱载堉，或者是其他成功者，他们都没有在不幸面前低头，幸运才会向他们招手。晚明的江南，拥有徐霞客那样境遇的人并不少。明朝数千上万王子、数十万宗室大多饱食终日，或骄奢淫逸，或无所事事，朱载堉式的人物寥若晨星。从这点看，天时和地利固然重要，起决定性作用的还是人，还是自己。

（《新青年·权衡》2006 年 4 月）

汉字简化是大势所趋

二十年前，我到纽约去拜见已退休的沙学浚教授，他是先师谭其骧先生在浙江大学时的同事，也是海外保钓（鱼岛）运动的重要人物，所以那天他的谈话大多离不开保钓。后来不知怎样讲到了简体字，他却说："共产党做的很多事我都赞成，就是用简体字我不赞成。"当我说到繁体字时，他马上纠正："什么繁体字，应该叫正体字。"我不便与他争论，只能说了句笑话："要是用简体字就是共产党，那一千多年前就有共产党了，'東'字不是早就有'东'的写法了吗？"这显然是一种政治偏见，但出现在当时毫不奇怪。两岸敌意未消，往往给对方做法乱戴政治帽子，当时我遇到的台湾学者就不敢将大陆出版物带回台湾，因为上面印有简体字。其实，简体字根本不是中国大陆或共产党的专利，而是中国文字发展过程中的自然产物。

人情趋简，这是不可抗拒的规律，古今中外莫不如此。中国的文字从篆书变化到隶书、楷书，就是一个不断简化的过程，从个别字、少数字的简化，到一批部首或文字有规律性的简化，最终形成一种新的字体，然后又不断简化。从古代留下的金石和印刷文字中都可以找到由当时文字简化形成的"俗字"，书写文字中就更多了。就是在将简体字等同于"共党"时代的台湾，不少人已将"臺灣"写成"台湾"了。英语中的 LABOUR被美国人拼成 LABOR，英语中的缩写早已编成辞典，并且随时在扩大，不是趋简是什么？

所以，20 世纪 50 年代实行简体字，并且由政府立法，颁布实施，只是中国文字发展史上一次集中的简化，是将流传已久的"俗字"合法化、规范化，使民间一些不同的简化法得到统一。事实证明，简体字已经为绝大多数中国人所接受。改革开放以来，已为越来越多的港台同胞和海外华人所接受，也已被多数外国和国际组织所采纳。

当然，已经公布并采用多年的简体字并非十全十美，其中最受诟病的一点是将原来不同的字简化成了同一个字，或采用了原来就存在的另一个字，如"幹""乾"都简化为"干"，"鬪"与"斗"成了一个字，"穀"简化为"谷"后与山谷的"谷"难以区别。有的字本来就在使用，但被采用为简体字后，就与被简化的字混淆起来。如"後"简化为"后"，与皇后之"后"成了一个字。特别是要将简体字还原为繁体字时，除了查到原文外，简直无法可想。记得我们在为出版社改定繁体字版《中国历史地图集》时，面对"谷水""谷城""谷阳"之类地名时，真不知道该不该改成"穀"。不过话说回来，一字多义，一字多形，多字一形的现象早已存在，由此产生的错误也屡见不鲜，不能都怪简体字的推行。至于异体字的归并和某些简体字不够美观，是可以通过不断修改，逐步完善的。

电脑文字处理日益普及后，有人又提出了新的理由：反正是在屏幕上显示，或由机器打印，再使用繁体字不会增加书写的麻烦。且不说电脑尚未普及到人人都用，或无时无刻不具备的程度，就算全部用屏幕或打印机，也得考虑繁体字较简体字多用墨粉，多占空间的弱点。有的字笔画实在太多，使用小号字时根本无法区分，简化一下，何乐而不为？

推行简体字后，多数人不识繁体字了，会不会影响传统文化的传承呢？不能说一点没有影响，但并不像有些人形容的那么严重，并且不难消除。其实，就是不推行简化字，多数人也不会去认那些冷僻字和难字。隶书、楷书推行后，能识钟鼎文、篆书的人少了，但钟鼎文和篆书并未绝迹。何况简体字对应的繁体字不过几百个，其中一部分猜都猜得出来，要学会辨认并不难，只要稍加留意，识繁用简，或繁简兼用是完全做得到的。

至于因不识繁体字而闹出笑话，多数是由于文化素质太低或责任心不强，并非仅仅因为只识简体字。邓广铭先生讲过一个笑话，有人到北大图书馆借《汉书》，管理员说没有，因为他不知道《漢书》就是《汉书》，所以找不到。试想，如果此人对业务稍加注意，或者问一下旁人，难道会不知道吗？一个人如果读过，难道会因为中间夹着简体字就念不下去吗？

所以，汉字简化的方向要坚持，简化过程中的缺陷应弥补，能做到识繁用简就更好，繁体字作为中国传统文化的一部分也要长期保存。

（葛剑雄博客 2006 年 5 月 15 日）

是什么导致传统文化断裂

在讨论中国是否应该继续使用简体字时，有人提出了一个使人不得不重视的论点——简体字的推广导致了文化断裂。要真是这样，简体字就成了中国文化的罪人。而推广简体字岂不是加剧或加速了中国传统文化的灭绝？

历史事实并非如此。

任何一种文化都离不开它的载体，都是通过载体得到保存、延续和传播的。最重要的载体当然是人，是创造或掌握这种文化的人。特别是在文字和书面记录相当困难的条件下，人作为文化载体的作用无可替代，甚至是唯一的。俗文化的载体是一个群体，除非遭遇特大的天灾人祸，一般不至于灭绝。雅文化的载体往往是少数人，甚至只有个别人，如果这些人失去了或被剥夺了传播能力，这种文化就会断裂甚至从此灭绝。但只要人还在，哪怕只有个别人幸存，这种文化还可能得到延续。中国历史上有不少雅文化都因为传承者的丧失而成为广陵绝响，但另一些雅文化不绝如线的现象也屡有发生。

如秦始皇焚书坑儒以后，规定以吏为师，禁止百姓收藏图书。学者逃亡山林，有的连儒家经典也没有能保存下来，只能靠口头传播。汉惠帝时取消了禁止百姓收藏图书的法令，儒家学者才开始在民间传播学说，但由于原书没有完整地保留，长期依靠口头流传。济南人伏生原来是秦朝的博士，秦始皇禁书时，他将《尚书》藏在墙壁间。等伏生在战乱后回家，发现遗失了几十篇，只剩下二十九篇。好在伏生还能背诵记忆，传授给学生。汉文帝时，伏生已年过九十，行动不便，朝廷只能派晁错到伏生家学习继承。伏生讲一口齐地方言，又口齿不清，只能让女儿传达，但晁错说的是颍川方言，还有二三成的意思不明白，只能根据自己的理解记录。要没有伏生，或者没有晁错的记录和传播，《尚书》的传承就会出现断裂。

在古代中国，另一个重要的文化载体是文献记载，主要是书籍。如果唯一的一种文献、书籍遗失了，毁灭了，又没有像伏生那样的人留作载体，它所记录的文化也会随之断裂以至灭绝。而这样的事在以往两千多年间何止万千！

在秦始皇的焚书和禁书后，又经历了秦汉之际的大乱，先秦形成的典籍大多损毁，经过西汉时一次次的征集和重编，到末年才形成由刘向、刘歆父子编成的《七略》，共7类、33090卷。王莽覆灭时，宫中图书被焚烧。东汉光武帝、明帝、章帝都很重视学术文化，好在民间有不少收藏，经过多次征集，皇宫中石室和兰台的藏书又相当充足。于是将新书集中在东观和仁寿阁，分类整理，目录编成《汉书·艺文志》。可是到董卓强迫汉献帝西迁长安时，军人在宫中大肆抢掠，将用缣帛写成的长卷当作帐子和包袱，但运往长安的书籍还有七十余车之多。以后长安也沦于战乱，这些书籍被一扫而空。

经曹魏收集散在民间的图书，加上西晋初在汲郡（治今河南汲县西南）古墓中发掘出来的一批古书，又恢复到29945卷。但不久八王之乱和永嘉之乱爆发，首都洛阳饱受战祸，成为一片废墟，皇家图书荡然无存。

东晋初只剩下 3014 卷，此后北方的遗书逐渐流到江南，到宋元嘉八年（431 年）已著录了 64582 卷。齐朝末年，战火延烧到藏书的秘阁，图书又受到很大损失。梁初整理图书，不计佛经共有 23106 卷。由于梁武帝重视文化，加上江南维持了 40 多年安定局面，民间藏书大量增加。侯景之乱被平息后，湘东王萧绎（即以后的梁元帝）下令将文德殿的藏书和在首都建康（今南京）收集到的公私藏书共 7 万余卷运回江陵。加上他的旧藏，达到空前的 14 万卷。但到梁承圣三年（554 年），当江陵城被西魏军包围时，被他下令付之一炬。这一损失无法估量，因为直到唐初修《隋书·经籍志》时，著录到的书籍才 89666 卷。

唐朝以后，虽然由于印刷术的逐渐普及，多数书籍有了复本，民间的收藏增加，在天灾人祸中得以幸存，但还是有大量孤本秘籍失传了，或者被蓄意毁灭了，由它们承载的文化也随之湮灭。

在这一漫长的过程中，记录文字的材料发生了根本性的变化，由甲骨、金属、石料、竹简、木简、缣帛，变成了以纸为主。文字本身也发生了很大变化，由甲骨文、金文、篆书、隶书，变为以楷书为主，辅以行书、草书，并且不断产生一些被简化了的"俗字""俗体"。但只要记录得到保持，文化就不会断裂。即使是三千多年后重见天日的甲骨文，经过专家的研究，也大多得到解读，使后人由此获得商代的大量信息。

至于有一些文化已被历史所淘汰，自然不会再有传承它们的人。但只要相关的记载还在，后世还是可以了解的。例如汉族妇女缠足的现象已经消失，但通过五代以来所谓"金莲文化"的记载，我们可以了解它的状况和影响。又如科举制度废除后，会写八股文的人越来越少，现在大概已没有高手了。但由于有关科举的史料和八股文都很丰富，研究科举和了解八股文并不困难。

（葛剑雄博客 2010 年 1 月 16 日）

孔子、章子怡应各得其所

幼时听大人讲，外国的字母为什么弯弯曲曲呢？因为孔子牵着一头毛驴到外国去，外国人想向孔子请教，却因为不懂中文无法交流。等孔子离开后，他们发现孔子的驴子拉出的粪便是弯弯曲曲的，心想圣人的驴子拉的粪便肯定也有讲究，于是造出了弯弯曲曲的字母。类似的说法还真不少，例如在吃汤圆的时候，大人会告诉我们，外国人到中国来吃到汤圆，觉得不可思议，中国人怎么能将馅放入汤圆中间，却能使汤圆不破。如果说这些只是大人骗小孩的话，或者只是乡愚百姓中流传的说法，那么下面的例子却是我当了中学教师以后从"形势报告"中听到的：美国总统尼克松访华时，有一次看到中国人爆炒米花，他感到非常惊奇，说："这玩意应该向全世界推广，中国人为解决粮食问题作了很大贡献。"表示要从中国带一台爆炒米花机回去研究研究。当时我也深信不疑，还在课堂上向学生传达。直到20年前到了美国，才知道中国的爆炒米花机是从西方学来的，而美国机器爆出的玉米花并不比中国的炒米花小。

这些不是笑话，而是反映了中国人长期延续的一种心态——中国至少曾经是世界上最富裕最文明的国家，中国文化是最优秀的。别以为外国人有钱有机器有枪炮，在文化上可远不如我们中国人。正因为如此，近代以前的中国人无不认为，"蛮夷"（外国人或外族人）只有认真学习华夏文明才能成为华夏，才能从禽兽变为人。但这得看他们自己是否有了足够的教化，并不是谁都有学习中国文化的资格。也正因为如此，中国人历来并不热心于输出文明，即使外国人仰慕华风，中国人也会担心他们学不会，能粗通皮毛就不错了，只有像利玛窦那样到了精通的程度，才可能被称为"西儒"。中国的四书五经、名篇名著，几乎都是外国人翻译成外语的，而不是由中国政府或中国人主动翻译后提供给外国人的。

不过，等到中国人终于意识到自己的落后时，这种态度有了根本的转变。除了少数人对中国文化完全丧失信心，甚至视为累赘或祸根，多数人却依然保持着自信，或者是过分的自信，总希望外国人都能重视中国文化，学习中国文化，最好能像中国人那样学习中国文化。与关起门来孤芳自赏的态度相比，这已经是一大进步，但良好的愿望不等于就有理想的结果。我们一度将文化政治化，将传统文化的精华也一并抛弃，以至在北京学中文的外国人能流利地读《人民日报》，却不会用中文写信。一位美国学者曾告诉我他的经历："文革"期间沈阳杂技团访问美国，他担任翻译，将州长的话译成："略具菲酌，请各位赏光。"结果客人无动于衷，因为他们已经不懂这些文雅的用语了。

所幸中国人终于重新认识到传统文化精华的伟力，并致力于对外传播。据报道，中国在国外设立的孔子学院已过百家，并要进一步扩大至数百家。山东省投入巨资，在联合国教科文组织设立世界性的"孔子奖"。孔子的名字成为中国文化的标志是很自然的，因为他作为一位伟大的思想家、教育家早已名闻世界。儒家、儒家思想、儒家学者这些词译成西方语言，几乎都是由"孔夫子"一词的音译衍化出来的。提到中国传统文化，孔子无疑是最有代表性的世界性人物。尽管传统文化并非只有儒家，中国文化在孔子身后的发展早已超越了孔子，但没有谁能取代他的地位。

不过中国传统文化不能只有一位代表人物，不能只有雅文化、儒家文化、精神文化。介绍中国当代文化，更不能局限于传统。再说，外国人对中国文化有不同的兴趣爱好，不同的层次、群体有不同的要求，这些都不能仅仅靠一位孔子。从这一点上说，中国文化的各个方面——传统和现代、雅和俗、汉族与少数民族、大陆与港台、国内与海外——都有其独特的作用，都可以有代表人物，不能相互替代。与我谈孔子的人的确不少，但有的外国人就只知道李小龙、姚明或章子怡；有的外国人欣赏儒家经典，有的却只想学中国功夫，打太极拳。

有人说，章子怡主要在美国发展，演的电影也以美国片为主，已是"黄皮白心"，不能再体现中国文化。如果这样看，姚明也一样，他打的篮球，讲的英文，当然无法体现中国文化。但他们都是中国人，从小接受中国文化的教育和熏陶，他们身上不可避免有中国文化的影响。他们能够在影视、篮球这样典型的西方文化中占据优势，恰恰证明了中国文化具有强大的生命力和广阔的包容性，也显示了中国年轻一代的能力，当然也是中国当代文化的一部分。就像我们听到大山用流利的中文说相声时，绝不会忘记他是一位外国人一样，美国人在欣赏章子怡和姚明时也会想到他们的中国因素。

孔子的地位不可动摇，章子怡、姚明也需要，各得其所，才能使中国文化在世界更呈异彩。

（《国际先驱导报》2006 年 5 月 18 日）

儿歌不能一味依赖传统

据市妇联发布的 2006 年度"我喜爱的少儿歌曲"调查结果，儿童平时最爱听和唱的 7 首歌都是近年来新流行、并非专为儿童谱写的歌曲，其中《发如雪》以 28% 高居榜首。而在最受儿童喜爱的歌手中，以 40% 居首位的周杰伦主唱的也不是传统意义上的儿歌。

对此，有关专家已经作了分析，指出有六大原因导致传统儿歌不再受宠。在这些原因中，有的是可以通过政府、学校、家庭和社会各方面的努力加以改进的，如现代家庭对孩子缺乏音乐熏陶，升学压力引起课堂音乐教育异化，儿童歌曲缺乏有影响力和号召力的作者，政府投入和支持不足。但另一些原因则足以引起我们的深思："太幼稚"成为众多少年儿童不喜欢儿童歌曲的主因之一，儿童歌曲因"没有活力""节奏感不强""歌词内容太简单"而被多数孩子视作"俗气""封建""老古董"，儿童歌曲题材老化、内容枯燥、缺乏时代气息和不符合儿童心理等，却使传统儿歌到了"无可奈何花落去"的地步。

其实，传统的儿歌之所以能长期流传，正是适应了过去的儿童与社会需要的结果。但再优秀的儿歌，它的适应时代和范围总是有限度的。尽管我们现在已经不知道古代的儿歌是怎样唱的，但从传世的古代"童谣"和一些短小的诗歌看，无不琅琅上口，明白易懂，内容生动，特色鲜明。另一方面，所谓"童谣"与成人的歌谣或"民歌"之间历来并无严格的区别，往往也包括男欢女爱、思旧怀乡、感时忧国、修身齐家等儿童一时无法理解的内容，只是利用"童谣"的形式加以推广传播。如曾经选入中学课本的《汉末童谣》之一，"举秀才，不知书。察孝廉，父别居，寒素清白浊如泥，高第良将怯似鸡。"实际是一首政治讽刺诗，却借儿童之口以类似今天 RAP 的方式流传。我相信，当初多数儿童是在不明白什么意思、更不知道目的的情况下一传十、十传百的。

到了近代，学校成为传播儿歌的主要场所。清末和民初的新式学堂，无论是中学、小学还是幼稚园（幼儿园），一般都设音乐课，教学生唱歌是主要或唯一的内容。我们现在称之为传统儿歌，基本上都是此后产生的，有的是完全新谱写的，有的是据以往流传的内容谱曲的，有的是用外国乐曲填词的，有的就是翻译的外国歌曲，其中真正在中国古代或民间流传的"童谣"几乎没有。好的歌曲既可以是儿歌，也同样得到成人的喜爱，也不受传统或外来的影响，如《两只老虎》本来是一首西方民歌，改写为"打倒列强"后成为北伐军歌，北伐将士高唱之际，同样是一首流行的儿歌。

随着公共娱乐场所的增加和媒体的进步，社会也成为传播儿歌的重要场所，甚至超过了课堂的作用。报刊、留声机（唱机）、广播、电影、电视、录像，使歌曲的传播越来越快，越来越与歌手的个人魅力结为一体。我们幼时都是先从广播或电影中听到一首好听的歌，再从报刊上抄下歌谱歌词，然后自己学唱，或者找机会跟着广播中学唱。由于没有电视，能看到歌手的形象或演唱的机会是很少的，想当"粉丝"都很难。但另一方面，现在的娱乐手段多了，儿童的兴趣爱好更加广泛，在唱歌以外还有多种选择，儿歌无法一枝独秀也是很正常的。加上以往的政治运动也波及儿歌，不少优秀的儿歌都被批判为"封资修"，到了"文革"期间更只剩下《造反歌》《红卫兵战歌》和"毛主席语录歌"以及屈指可数的几首"革命歌曲"可唱，连我们四五十年代出生的人都已没有机会唱传统儿歌，何况八九十年代后的儿童！

但是，"似曾相识燕归来"，调查也显示，《两只老虎》《外婆的澎湖湾》《闪闪的红星》《让我们荡起双桨》《雪绒花》《卖报歌》《童年》《种太阳》等8首歌曲依然最受儿童欢迎。其中既有革命歌曲，也有外国歌曲；既有我们儿时就会唱的，也有近年才流行的。所以，我们对传统儿歌的式微，大可不必过于担忧，关键还是如何创作或引进当代儿童喜爱的歌曲。"寓教于乐"，离开了"乐"本身，教也无从进行，所以对儿歌不必加上太沉重的任务，让儿童在轻松愉快中有所得才行。

至于一些已经被淘汰或流传不下去的传统儿歌，应该由专家加以收集保存，作为研究音乐史、教育史、社会史的资料，或者作为历史展示，让它们发挥应有的作用。

（葛剑雄博客 2006 年 5 月 28 日）

我看过《泥石流》

最近，泥石流肆虐，在不少地方造成巨大的灾害。媒体就此采访我，或要我介绍以往发生过的泥石流灾害，以为这与我的历史地理背景有关。其实，我知道泥石流早在我读研究生之前。我虽然没有亲眼看到过泥石流，却看过一部名为《泥石流》的科教影片，留下深刻的印象，并大致掌握了有关泥石流的基本知识，至今受益。

记得是在"文革"前，我读高中时。那时在西藏路、南京路口现在新世界商厦的位置有一家红旗电影院，专门放新闻片和纪录片，票价比一般电影院便宜，往往一组新闻纪录片或科教片合在一起放，我经常去，《泥石流》就是在那里看的。

我还记得一个惊心动魄的场面，从山谷里涌出的泥浆似的洪流挟着岩石、树木呼啸而下，所到之处，树倒路断，桥毁屋摧。灾害过后，谷中留下数十吨的巨石，溪水又成了清澈的细流。通过动画与解释，我明白了泥石流形成的基本条件——土和水，只有饱和的泥浆才能产生推得动巨石的力量，才有那么大的破坏力。所以要消除泥石流，就必须避免水与土的结合。我也看到了治理泥石流的实例，看到了泥石流的观察站和预报的方法。记得影片中还说明，目前人类还没有办法控制泥石流的爆发，所以建筑物和居民点要尽量避开泥石流的多发区。

这部影片拍得很生动，概念明确，中学生也能看懂记住，我有关泥石流的知识就是这样获得的。1996年夏天我在西藏阿里地区考察，我注意到每晚宿营时，藏族司机都要找到他们熟悉的地方搭帐篷，特别会避开山坡前的水流，说："别看这水小小的，发起来可不得了。"我明白，这是要防泥石流。在台湾山区旅行，不时看到"落石"和"土石流"的警示，"土石流"就是我们所称的"泥石流"。

可是现在，这类科教片已经看不到了。电视台虽然也有打着"科学探索"旗号的栏目，播的节目却往往故弄玄虚，甚至完全不讲科学，违背事实。据说，某主流电视台某年收视率最高的节目竟是一条七十多岁老太怀孕的假新闻。地理教科书中虽有地质灾害的内容，由于地理不是高考必备，本身就不受重视，就是选修的学生也满足于通过考试。所以公众越来越不了解这些基本知识，连媒体的记者、编辑也只能临渴掘井。汶川大地震发生后，我在接受采访时谈到叠溪大地震曾形成堰塞湖，以后酿成巨灾，因此要注意是否有堰塞湖。因为大家不知道什么是堰塞湖，我只能作详细的解释。某大报登出名词解释，竟用了"火山堰塞湖"，显然不知道还有地震堰塞湖。

我希望能看到地震、滑坡、泥石流等内容的科教片，实在没有，不妨将《泥石流》找出来重播。

（本文写于2010年）

电脑普及会导致书法灭绝吗？

随着电脑的日益普及，用笔写字的人越来越少，连一些中小学生也已用电脑录入文字，社会上使用毛笔的机会已微乎其微。对此，一些书法界人士深表忧虑：长此以往，源远流长的中国书法将有灭绝的危险。

这种危险似乎的确存在——自从铅笔、钢笔、圆珠笔等各种新式书写工具逐步取代毛笔后，传统的书法已经失去了大部分基础；一旦各种书写工具都为电脑所取代，书法赖以存在的基础还会存在吗？但只要我们全面地分析问题，结论就不会那样悲观。

任何一种新的工具的产生都会最终淘汰旧的工具，由于新工具的使用都比旧工具容易、省力、省时，在提高工作效率的同时，也必然导致使用者在某些方面的能力和技术的下降。但是新工具带来的巨大效益是不可抗拒的，虽非十全十美，尽管使用者也会有所失，人们还会毫不犹豫地弃旧图新。

作为一种书写工具，钢笔等一类硬笔或经过改良的软笔具有毛笔所没有的方便和快捷，符合现代社会的需要，所以才能取代流传了两千多年的毛笔。当然，从小使用铅笔、钢笔的人，或偶然用一下毛笔的人不可能熟练使用毛笔，更不会掌握书法的韵味，书法艺术自然不能在他们手上延续。并非人们没有预见到这一缺点，所以老一辈学人一直舍不得放弃毛笔，或者长期钢笔与毛笔兼用。但从实用出发的新一代不会为了保持书法传统而不用钢笔，尽管他们也懂得钢笔的局限。

电脑取代笔的过程在某种程度上就像钢笔取代毛笔，但变化的程度会更加剧烈、深刻。键盘操作肯定会使人的书写功能衰退以至消失，过于便利的资讯检索、运算也会导致人们的记忆和心算能力的下降，一些发达国家已经出现有些人除了签名之外几乎写不好像样的文句，离开了计算器就不会做简单的算术的现象。但这些副作用不会使人们拒绝电脑，因为电脑的优越性和发展前景已经远远超出了书写工具的作用。即使仅仅是为了书写，试问哪一种笔能达到比电脑录入和输出更快的速度和更大的能力？

但是书写工具的转换并不意味着书法必然会消亡，因为书法已经成为一门艺术，而不仅是简单的书写。书法家的创作不单是为了表达文字的含义，欣赏书法的人也不会只为了看书识字。正因为如此，书法所具有的无限的艺术创造力和蕴含的深厚的文化魅力，是任何电脑所不能替代的。前不久，电脑"深蓝"对国际象棋世界冠军的胜利实际上是另一批高手通过电脑集合起来而取得的。可以断言，没有真正的书法家，今后再先进的电脑也不可能创作出超过书法家水平的书法来。

所以我们不必为书法的前途过分担忧，既然钢笔取代毛笔没有使书法消灭，电脑取代钢笔也不会使书法绝迹。其实在人类历史上这样的事情已经出现过无数次：象形文字被取代了，绘画却发展为一门艺术；缝纫机械发达了，绣花已可用电脑控制，但刺绣艺术依然需要；弓箭刀棒退出了现代战争，武术却超越了国界；人们早已有了代步工具，竞走、长跑运动员照样在争分夺秒。

我们不会为了增强绘图能力而恢复使用象形文字，为了保持手工缝纫和绣花而取消缝纫机械，为了弘扬武术而拒绝现代武器，为了普及运动而放弃交通工具。既然如此，我们不必、也不可能拒绝电脑，让人们回到用毛笔的时代。

电脑和书法完全可以并行不悖，例如让中小学生在敲击键盘的同时临帖习字。如果让学生懂得了这是一门艺术、一种文化，他就不会提出"为什么不用电脑代替"的问题。

当然，一般的"书手""书匠"会越来越少，但书法艺术绝不会消亡。相反，随着人们文化程度的提高，余暇时间的增加和物质生活的进步，书法艺术必然会有长足进步，杰出的书法家也会应运而生。

（《人民日报》1997 年 11 月 6 日）

书法家严重过剩？

在 3 月 1 日《文汇报》看到一个大标题《当前各地书法家严重过剩》，不禁吃了一惊——难道中国的书法如此发达，连书法家都会严重过剩？读下去，才知道是记者报道书法评论家小舟最近在《书法》杂志上发表的评论。据称，中国书协的会员有 6000 余人，省级书协会员都在 2000 人以上，地市级会员也有 300 人以上，已有洋洋数十万之众。加上县级以上、区级以上、镇级以上的会员，各级书法家协会会员证持有者差不多相当于一个不小国家的全部人口。他还批评"展览之路拥挤不堪"，不少人为了成为"中国书协会员"，追风赶潮，投师访友，进不了国展，进省展、市展、区展、镇展。再批评"各级书协不断注水"，各级书协的副主席、常务理事、理事、委员会名额激增，副主席、常务理事的头衔还被作为礼物送给与书法不相干的企业家和领导干部。

这位评论家对各级书协存在的弊病所作揭露和批评，我完全赞成。但将这一切归咎于想当书法家或成为书协会员的人太多了，以至"书法家严重过剩"，却容易引起读者的误解，我不敢苟同。

是真的书法家多了吗？我看未必。全国和各地够得上称书法家的人究竟有多少？有几个称得上书法大家？有几个有国际或全国性的声誉？有几个能在中国书法史上占一席之地？这样的书法家难道还怕多吗？我的感觉倒是现在一些自称或被称为书法家的水平实在有限，有时见到前人在档案或史料中留下的墨迹，有的不过出于一般抄手，或出于寻常学者，却胜过如今的某些书法家。我们一些该挂上书法作品的场所却没有出现，该用手写的地方往往都是打印，甚至还不如韩国、日本。还有的书法家连基本的文史知识都不懂，我亲眼读到评论书画的文章中出现"王义庆的《世说新语》"（不知"临川王义庆"是指南朝宋宗室临川王刘义庆），亲眼在上海火车站软席候车室挂着待售的"书法作品"中见到"诗雲"（应为"诗云"，以为"云"字当作繁体）。真的书法家多多益善，怎么谈得上过剩！

是自称书法家的各级书协会员太多了吗？中国有13亿人口，不用说数十万，就是数百上千万，也不到总人口的数十分之一。一个有数千年文明史、至少三千多年文字史和书法史的泱泱大国，有数十分之一的"书协会员"或书法爱好者，何多之有？再说，"业余学校、大专院校，各种函授、培训班的书法学员"多一些，即使学员们都将目光瞄准各级书协，也不是什么坏事。

至于书法展览，我的感觉也不是太多了。试问，在一座大中城市中，经常性的书法展览有多少？其中高水平的展览又有多少？公众是否想参观时就观赏得到？至于商业性展览，更不必担心，真的多了滥了，展品就会贬值以至无人问津，无利可图的商展，无论作者与展商都不会加入的。

其实，应该批评的是目前的"书协"制度。本来，"书协"不过是由爱好书法或书法达到一定造诣的人组成的社会团体，只要依法登记，就能自由活动。无论它发展多少会员，选多少副主席、常务理事，政府和外界都不必干涉，也不用承担责任，更不必承认其相应的社会地位或学术地位。如果要维持自己的声誉和地位，自然会严格入会条件。如果只是自娱自乐，人多些又何妨？如果想牟利，主管部门会依法监管。如果利用团体招摇撞骗，自有法律追究。书协的活动经费应该来自会员，或者自己寻求资助，政府不必补贴，更不必给其负责人或会员予相应的职称、级别、待遇。如果该会从事学术研究或公益活动，可按正常途径申请经费补助。至于它的成员或负责人是否够得上书法家，那是应该由他们的作品及行为来决定的。要是有人被某人名片上的"书协主席"或"书协会员"的头衔吓唬住了，那只能怪你缺乏常识，少见多怪。

所以关键还是要改变各级"书协"非驴非马的怪现象，使它回归社团的本来面目和正常功能，社会各方面也要用平常心看待书协和书协的成员。

（葛剑雄博客 2006 年 3 月 22 日）

真正的遗产是无法普及的

我曾经专门写过文章，质疑那些企图通过普及和改造来保存文化遗产的做法。但最近看到的一些报道使我感到，有些人还是没有走出这一误区，有必要再作说明。

文化遗产之所以成为遗产，之所以需要作为遗产来保护，除了因为它本身的重要性、代表性、独特性以外，无非有两方面的原因：一是这类文化存在的基础已经不复存在，它已经无法靠自然生存而延续，只能由人类给予特殊保护。一是它本身已经濒危，不加以保护就将逐渐消失。如果没有后两个原因，如果它还是人类正常生活的一部分，怎么谈得上是遗产？

比如说中国的传统戏剧、曲艺、民间技艺，凡列为遗产的，都是因为种种原因今天不再流行了。如果听任它们自生自灭，那么要不了多少时间就会消失。如果正在流行，或者活得好好的，无论多么重要，多么高雅，是用不到当遗产来保护的。如果遗产能普及，何乐而不为？等哪一天普及成功了，濒危的帽子就能摘掉，它就能在人类文化中获得一席之地，不必再当遗产。

可惜的是，遗产是普及不了的，它们或者是太高雅、太难学、太需要天才，太脱离现实，或者卖不了钱，叫不了座，成不了商品。像昆曲，连在世的名演员都无法达到当初的水平，不少剧目已经无人能演，一些记录已经失传，这些丧失的演技、剧目和资料能普及吗？能靠普及恢复吗？

正因为如此，对文化遗产，或者某项独门秘技，根本不必害怕普及。相反，如果搞得很神秘，或者故意限制它的流传，发展下去免不了会断绝，到时想当遗产都当不了。如果实际并不难学，又有现实需要，那说明它还不必当遗产，或者没有资格当遗产，就不应当故弄玄虚。比如川剧列为文化遗产，是指它的全部，变脸只是其中一项具体的技艺。如果变脸真的那么重要，那么有文化传统，就应该切实保护，其中最重要的就是如何使这门技艺能够流传下去。否则等"变脸王"演不动了或去世了，岂不就断绝了吗？那么多些人学会有什么不好？会的人多了，才不至于断绝，还有可能发展。反之，变脸技术要真是又难又高，一般人想学也学不会，还怕泄密吗？如果只是简单的魔术手段，连外国人都一学就会，还保什么密？保得住吗？有人说，很多人学的只是形似，是糟蹋，他掌握的才是神似，那就更不必紧张，遗产非他莫属了。

还有粤港澳的凉茶被列入非物质文化遗产，国务院的决定列在"传统手工技艺"一类。顾名思义，要保护的是制作凉茶的传统手工技艺，主要是掌握制作技艺的人和他们掌握的工艺、手工操作时使用的工具。但现在却成了注册商标，当地主管部门规定除了指定的单位和配方外，其他单位生产的凉茶连"凉茶"的名称也不能用。另一方面，凉茶的产量一年之内从 30 万吨扩大到 100 万吨，并且还将迅速扩大。显然主管部门要保护的是商标、配方和经济利益。不过，凉茶普及成中国的"可口可乐"，完全实现现代化大规模生产之日，恐怕也是"传统手工技艺"消亡之时。我不明白，凉茶作为非物质遗产的意义究竟在哪里？

（《新京报》2006 年 6 月 17 日）

也为『当代毕生』致哀

王选逝世后，各界人士纷纷为这位"当代毕昇（升）"致哀。但我在电视新闻中看到，北大布置的灵堂中，居然有一个花圈的挽带上竟然写着"当代毕生"，不禁也要为这种现象致哀。

这不是我小题大做，因为这出现在堂堂北大的灵堂里，而且这是由主流媒体通过电视向全国和全球播放的，我相信看到的不止我一人。

如果这只是某位题写挽带的人一时疏忽，那也是很不应该的。因为毕昇（简体写作"升"，但作人名时最好用原字）是中国历史上一位重要人物，也是世界文化史上的名人，他的名字应该出现在中国的中小学课本上。在中国的四大发明的创造者中，他是唯一留下姓名的人。我不知道此人是不知道"毕昇"两字应如何写而出错，还是一时粗心或贪图方便才写错。即使是后者，也是对中国历史和文化的亵渎。如果是前者，难道不令人悲哀？

问题还在于，当这样一条挽带出现在花圈上，并且供奉在北大的灵堂内时，难道没有人发现吗？如果有人发现了，为什么不及时更改呢？记者在拍摄时，为什么偏偏取这个花圈入镜呢？是因为署了要人的名吗（我没有看清）？如果记者一时没有发现，编辑也没有注意吗？因为如果编辑发现了，本来是可以通过剪辑消除的。

如果看到的人和摄影记者、电视台编辑都不当一回事，或者以为这位古代发明家的名字就是"毕生"，或者误以为"毕昇"可以写成"毕生"，那就更值得悲哀了，但愿事实并非如此！

但无论如何，我还是要为"当代毕生"致哀。我可以断定，在13亿中国人中，并不是应该知道毕昇的人都知道他，他的名声远没有达到应有的程度。"当代毕生"的出现，正是中国历史被忽视的结果。而且，我们以往的历史课本中，往往过多地突出政治斗争、农民起义、英雄人物，对经济、文化、科技重视不够。当然，史书中对毕昇的记载不出沈括《梦溪笔谈》的范围，但这是弥足珍贵的，应该让他家喻户晓，人人皆知。

而且，不了解历史上的毕昇，也就不能深刻理解当代毕昇——王选的伟大贡献。迄今为止，中国是世界上拥有延续记载历史时间最长、内容最丰富、涉及范围最广的国家，除了它本身在自然和人文方面的各种条件以外，还得益于古代的毕昇们——正是发达的造纸和印刷技术才使古代的文献得以保存和流传。当今天我们面对使用王选发明的中文电子排版技术印刷的书籍报刊时，当中文印刷品和信息带着中华民族的历史文化和友谊飞向世界时，我们既要感谢王选，也不应该忘记毕昇。

为了不至于再出现"当代毕生"，为了永远纪念王选，我建议将王选的发明写进中小学课本，并且比较完整地记载中国印刷术的发展过程。

（葛剑雄博客 2006 年 3 月 6 日）

怀疑和想象是创新的
前提

　　人类认识世界——无论是精神的还是物质的——是一个漫长而无限的过程，在此过程中积累了极其丰富的知识，形成了错综复杂的观念和理论。稍有哲学常识的人都明白，这些知识、观念和理论绝不是完美无缺的，其中一部分本身就是谬误，而有的是建立在谬误的基础上的。即使至今仍被认为无懈可击的，至多也只是相对真理，只能在一定的时间和空间中保持其正确性。如果没有人对它们提出怀疑和挑战，是不会进步和完善的。怀疑的内容不一定正确，但排除怀疑的过程却必不可少。如果怀疑被证明为错误，实际上是更巩固了原来的知识、观念或理论。反之，如果怀疑被证实为正确，那就意味着原来的知识、观念或理论存在局部或整体的谬误，或者需要修正或完善，或者必须完全否定或清除。无论如何，都为新的知识、观念或理论的出现提供了条件。我们称某一真理为"颠扑不破"或"战无不胜"，就表明它不害怕被怀疑，经得起怀疑，并且能在不断的怀疑中坚持其主体部分，同时在局部得到经常性的修正与完善。任何不允许怀疑的事物，并不能表明它的正确，恰恰显示了它的虚弱。实际上连它的持有者和拥护者心里都明白，它是经不起怀疑的，更害怕受到挑战。

创新的途径很多，但无非是两个方面：一是否定或破坏旧有的，一是在空白的基础上建立新的。前者不能完全脱离旧有的，后者却能凭空产生崭新的。所谓凭空，并非没有实际基础，或者不符合客观条件，只是人们此前尚未认识或拥有。这就需要想象，想象力越丰富越好。想象力可以来自个人的天赋和灵感，也可以出于对被当作天经地义的规律或真理的突破或颠覆。多数想象一时无法成为现实，甚至永远无法证实。但在想象和求证的过程中却形成了大量新的成果。一部分想象纯属胡思乱想，或者被证实是谬误。但只要有一小部分想象产生效果，就能带来人类社会的飞跃。模仿只能形成量的增加，是一时的捷径或不得已的权宜之计，却只能永远跟在创新者的后面，更不会形成质的变化。实验或实践也是创新的途径，但如果不与想象结合，就只能按部就班，循规蹈矩，新发现往往是成千上万次实验的结果，或者要经过长期的社会实践，甚至要付出惨重的代价才能被证实。何况很多自然现象或客观规律，在可以预见的将来人类还无法通过实践去发现或验证。

春秋战国时代周天子的政治权威名存实亡，天下分裂，战乱不断。当时生产力低下，技术落后，却是百家争鸣，群星灿烂，不仅是学术思想史上少有的辉煌篇章，也是科学技术史上的黄金年代。由于不存在一个公认的学术权威，也没有一位足以掌控全局的君主，各种学派的代表人物都随时会面临其他学派或本派内部的质疑和挑战，而只要不介入政治斗争或行政体系，士人就可以享受充分的思想自由，他们的想象力也特别丰富。庄子"一尺之棰，日截其半，万世不竭"的说法并不需要物质可无限分割的实验，而是出于简单的逻辑推理。邹衍提出了"大九州"学说，认为天下由九个互不相连、为大海所包围的大州构成，中国的九州只占其中的八十一分之一。邹衍的足迹从未离开中原，他的学说纯粹出于想象，却最接近地球上有七大洲的事实。而当儒家经典被专制集权统治者禁止怀疑后，在黄河正源已被发现时，乾隆皇帝还规定必须坚持《禹贡》中的说法——黄河上游先潜入地下，到积石山后再流出地面。

要说今天创新的障碍在哪里，可以找到多方面的原因。但我认为根本性的障碍，就在于我们的科研和教学中非但不鼓励怀疑和想象，限制甚至禁止怀疑，阻碍甚至扼杀想象。无论是基础教育、家庭教育、高等教育、社会风尚、伦理道德、行政制度、科研政策、学术氛围大多不利于怀疑和想象，近年来的学术腐败和学风不正，更助长了模仿、复制甚至抄袭、剽窃等恶习。急功近利的论文竞赛、排名竞争和"山寨文化"，更与创新南辕北辙。

在政治生活、行政管理和社会运作中自然不能滥用怀疑，或者更多需要相信。但在科学研究、学术活动和教育教学中需要充分的思想自由，必须允许并鼓励怀疑。实际上，"宣传有纪律，学术无禁区"，这两方面完全可以并行不悖。但不设置禁区不会自然导致创新，鼓励怀疑和想象才是创新的前提。

（《文汇报》2011 年 2 月 12 日）

学术的生命力在于创新

学术研究的具体目的可以多种多样，但它本身的目的只有一个——创新。离开了这一目的，任何学术研究将毫无意义，因此学术的生命力在于创新。

无论研究的对象是什么，称得上研究性学术工作的一般只有三种类型：

第一，在现有成果之外，取得新的成果。不论其成果大小，都必须是前人所没有创造，或现有的成果中所不存在的。这样的新，当然可以有程度的不同，可以有质的进步，也可以是量的增加；可以是整体性的创新，也可以只是局部的补充和完善，如提供了一种证明或检验的方法，发现了一条新的证据或资料。这一类型的工作是学术研究中最重要，也是最根本的部分。

第二，对现有成果提出疑问，指出存在的问题，发现或纠正现有成果中的错误。这四项工作有程度上的差异，也是递进关系。能够提出疑问，不仅需要对现有成果全面和深入的了解和评价，也必须具备相应的学识，有时还需要具备足够的学术勇气。但质疑的结果可能有两种结果，一是成果本身没有问题，质疑者的意见不正确，或不全面，或缺乏说服力，总之还不足以动摇现有的结论或结果。但只要质疑者不是出于学术以外的目的，没有采用不正当的手段，这类质疑同样是有益的，因为排除疑问的过程就是一个使现有成果的正确性和完美程度得到一次验证，只能使现有成果的地位得到加强。一是成果确实存在问题，那就有可能需要做以下三项工作。当然，也有可能在指出存在的问题后却无法找到真正的原因，或者明知原因所在却因条件所限，目前无法纠正。即使如此，也是在前人的基础上取得了进步，使前进的目标更加明确。

第三，对现有成果进行了鉴定、评价、综述或总结。这类工作尽管没有增加成果的总量，也不直接产生新的成果，但同样有创新作用。随着科学技术和学术的飞速进展，各类成果越来越多，越分越细，仅仅将其中的错误部分剔除还不够，还需要进行鉴定、评价、分类，确定它们的重要程度、运用价值、归属领域，在此基础上作出综述，为使用者提供便利，进而进行总结，为研究者作出指导。这项工作不同于一般的收集资料，不仅需要熟悉学术动态、已有成果和发展趋势，还必须具有正确的见解、敏锐的观察力、严密的逻辑和归纳、恰当的取舍和表达。这项工作往往也是前两项工作的前提，实际上经常由同一研究者完成，在此基础上找出存在的问题，确定努力的目标。多数工具书的编纂也属此类工作，编纂者虽不必也不可能直接进行研究，却必须对现有全部相关成果进行鉴定和分类，并将它们概括为简明的文字。

以上三者密不可分，在任何一项学术研究中都不可或缺。没有对现有成果的充分了解和恰当评价，就不可能发现已经存在的错误和不足，也难以做到自觉地争取新的成果。但如果仅仅只有这两方面，真正的学术进步还是无法实现，所以第一类工作是最根本的，也是最重要的。这三方面的工作可以由不同的人来做，也可以由同一人在不同时间或场合做，不一定体现在同一个人的同一项成果（如著作、论文、报告、评论）之中，每项具体成果可以在这三方面有所侧重，或者仅涉及其中一方面。

　　并非所有的学术工作都具有创新作用，但这并不意味着这些工作没有意义，或者不重要。如一般性的资料收集、分类、保管，编制索引，制作数据库，同样也是学术研究所必需的，研究者往往要亲自动手。特别是资料的收集和保存，有时甚至会对学术的进步和发展起决定性的作用。如在天灾人祸严重或持续时，很多重要的资料或成果往往毁于一旦，无论出于何种原因而得以保存下来的资料自然珍贵异常，前人的学术成果赖以流传，也是人类文明得以延续的重要手段。尽管其意义如此重大，甚至事关某一成果的存亡，但与学术研究毕竟不同，不能与创新相提并论。学术普及也是非常重要的，不同学科间的相互普及尤其重要，并且促进了学科间的交叉融合，推动学术的进步。但学术普及不能算学术研究，只是已有成果的运用和推广，两者还是有本质区别的。

　　由于科学技术和生产力的局限，也由于人类认识世界是一个漫长而复杂的过程，所以现有的知识体系和学术成果本身是不完整的，需要不断地补充和完善。以往正确的结论和成果都只是真理的一部分，只具有相对的正确性，只有不断创新，才能使它们逐渐向绝对真理靠拢。反之，历史上不少谬误的延续，甚至能够长期占据统治地位，就是当时缺乏创新，无法用新成果加以替代的结果。一味维护陈说，没有创新，就很可能产生保守，造成封闭。

　　既然学术研究的根本目的是为了创新，其最基本的规范就应该以保证创新为基础。所以在学术研究中，必须充分了解已有成果的全部内容，包括各项成果的创造者及其有关情况、形成或取得的经过，相关的资料、数据和证据，发表、引用或应用的情况。只有这样，才能有自觉的创新意识，才能知道从哪些方面创新。必须说明自己的成果与已有成果之间的关系，哪些是属于他人的，哪些是属于自己的。而属于自己部分中又有哪些地方做了创新，这些创新有多大的意义。这样的说明不仅可以节约使用者的时间和精力，而且可以让使用者直接了解最新的学术进展和进一步发展的可能性和必要性。必须如实、详细地说明自己的结论是如何得出来的，整个研究过程应该公开。

遵守这些规范是学术创新的基本条件，但实际上却受到不少非学术因素的干扰和影响。

首先是不适当的行政干预，往往使正常的学术研究和学术活动不得不服从行政部门安排或某些领导的个人意志。实际上党对哲学社会科学研究的方针很明确——"学术无禁区，宣传有纪律"，学术研究应该享有充分的自由。即使是对马克思主义的研究，也应该不断创新，才能保持马克思主义理论的生命力。这类干预并不是从正确的政治原则出发，而是根据长官意志或个人好恶，或者只着眼于某项具体的政策或措施，只要符合需要的就一概肯定、表彰，不符合的就予以排斥或批评，即使是富有创新的优秀成果。行政干预的结果必定是空头政治盛行，形式主义泛滥，权力凌驾于学术之上。一方面使一些学者成为唯领导是从，谨小慎微，墨守成规。另一方面，使有些人将空头政治当作终南捷径，甚至以权力换取学术地位和学术声誉。

其次是不切实际的规划和目标。近年来，大学一味追求"世界一流""国际领先"，片面强调"做大做强"，过于注重量化。不考虑实际基础和客观条件，都要建成研究型大学。由于我国大学的实际水平离世界一流相差很远，学术研究也不可能通过"大跃进"取得实质性的进步，于是只能玩数字游戏。如对成果的统计都以"专著"的部数卷数、"论文"的篇数字数为指标，对质量却缺乏相应的评估标准。低水平的文章重复受到保护甚至鼓励，对弄虚作假视而不见，有时还通过玩弄数字游戏来制造虚假的繁荣，而致力于创新的成果却因数量有限而被忽视。

再者，目前的评价体系和标准往往不利于学术创新。例如，对人文学科与社会科学的成果不加区分，都要强调"社会效益"和"经济效益"。大多数人文学科的成果不会产生直接或间接的经济效益，也不可能对学术以外的领域产生什么影响。即使是社会科学的成果，也不是都能产生经济效益的。但如果实事求是地说明，或者根据实际情况评分，这项成果肯定无法获得高分。创新性的成果难免存在争议，学术界的承认和肯定有一个过程，但现在各个奖项的评定一般都限于较短的时间内，甚至刚出版就进入评奖范围，学术界和社会根本还来不及作出评价和反应，而时间稍晚又超过了申报的年限。还有的奖项必须要有书评，或考虑书评的数量，以致本人或出版社求书评，出钱刊登书评，代写书评求名家签名，都已屡见不鲜。而对论著的评论往往采用匿名方式，因为有的评论的作者就是被评论者本人。

另外，现有的人文社会科学基金的导向和评审办法在一定程度上也妨碍了学术创新。一是时间太短，执行项目的时间一般都不超过三年。以往有"十年磨一剑"的说法，实际上一些重大的创新性项目需要花费的时间远不止十年，有的论著要花费学者一辈子的精力。先师谭其骧先生主编的《中国历史地图集》，从1955年底开始，至1979年才出齐内部本，至1988年才正式出版。即使除去政治运动等因素的影响，至少也需要一二十年的时间。我主编的《中国移民史》《中国人口史》实际研究和撰写的时间都在十年以上，但根据基金的要求都应该在三年内完成。对于已经有一定学术基础和地位的人来说，还可以通过事先积累，不同基金相互调剂，甚至拖几年结项等办法，但对于年轻的学者，急于评定职称的人就无计可施，逼得他们只能申报"短平快"的项目，而不会冒学术创新必定带来的不确定因素和风险。

实行科研经费提成，对学术创新来说更是雪上加霜。由于经费的多少与个人收益直接挂钩，申请人不仅要保证自己的项目获得通过，还要尽可能争取更多的经费。于是千方百计将项目做大，从论文扩大为著作，由单卷膨胀到多卷，将资料汇编说成专著，翻译加上例子当作新作，目的就是为了增加经费，以便多得提成，名利双收。如果本单位实行经费配套奖励，更是喜上加喜。

　　所以，坚持学术创新已经不单是学术规范、学术界的学风和个人操守问题。当然，学者本人应该坚持原则，守住学术规范的底线。但主管部门、整个学术界和全社会也应该为学者创造有利条件，至少不要起相反作用。

（本文收录于《学术规范与学风建设论坛》，高等教育出版社 2005 年版）

思勉原创奖的启示

由华东师大设立的"思勉原创奖"虽然还只评了三届，却已经以它独特的追求和严谨的程序而产生巨大的影响。我有幸参与其中两届的活动，当过一届评委，深感这绝非偶然。

改革开放以来，虽然还没有设立国家级的人文社会科学奖，但省部级的、专业性的、民间的奖项已经有不少，我既参与过评奖，也已被评到过一些奖项。除了我获得的首届"郭沫若中国古代史奖"和国家图书馆的"文津图书奖"不是由我自己申报的以外，其他都是自己填表格、备材料，按规定的手续在规定的时间内申报的。"五个一工程"入选作品奖和"中国图书奖"虽不是由我自己申报，却是由出版社报的，因为这主要是评出版单位，实际也属自报。"思勉原创奖"从一开始就规定了严格的推荐程序：每届由20名专家推荐委员负责推荐优秀成果参评，由35名评审专家评选。每项参评成果由全国范围内随机产生的100位二级学科同行学者进行测评，每项成果由 5—10 位同学科专家进行评审。也就是说，在评选过程中，作者本人不能参与，也起不了任何作用，结果无疑更具客观性。

两种办法相比，高下立显。如果以本人申报为参评的前提，绝大多数作者都不会放弃这样的机会。申报就得作自我评价，一般作者的自我评价都会偏高，为了增加获奖机会，至少要扬长避短，突出优点，回避或隐瞒缺点。有参评经验的人还会预作准备，如论著一出版就争取有书评发表，甚至与出版机构一起制造名家书评，并在重要刊物或主流媒体发表。又如，申报表中都有"社会影响"一项，有的还要求打分。如果说老实话，刚出版一两年的人文著作是不可能有什么社会影响的，要打分的话十分中有一两分就不错了。但如果如实写、如实打分，那还申报干什么？即使有自知之明，也会心存侥幸，或许其他申报者比我更差，何必浪费这次机会？而且，所有官方认可的奖项和奖级都直接联系着职称、奖金（本奖项以外的，例如各级单位的配套）、工资级别、申报或获得项目的资格、当博导或硕导的条件、所在单位的地位和资格（能否进 211、985、各级重点）、单位领导的政绩，一度还是分配住房的条件，除非自己完全没有这些需要同时又能对抗领导的压力，否则总会明知不可为而为之。

如果实行限额申报，倒霉的往往是本单位本系统的弱者、新者、少者、有争议者，因为负责人、学术权威、长者、稳健者必须保证或尽量出线。即使初评者或领导完全出于公心，为了增加获奖的可能性也会这样做。如果存在权力运作、利益驱动或腐败因素，限额再紧，出线的也只能是权势者。另一方面，如果同一单位的确具备数量较多的优秀成果，其中一部分从一开始就失去了竞争的资格。这一过程在以后的评选中，无论会有多少轮，会一再重演，就算没有学术以外因素的干扰（一般说来是不可能的），最终评出的往往是作者"德高望重"，所在单位重中之重，成果卷帙浩大，已经有领导肯定或学术权威书评的，却未必属最高学术水平，也未必属原创或创新。因为都是由个人申报并经单位认可或推荐，一般还得注意单位间、地区间、学科间的平衡。有时主办单位还明确规定要帮助某地实现"零的突破",向某某"倾斜"。

由于中国的人文学科长期处于奖励饥渴,而奖的作用又如此之大,在知识分子收入低下的年代,奖金还是改善生活的重要来源,所以不仅奖项越设越多,评奖的周期也越来越短。普通一点的奖都是一两年一评,重大的奖项也是三五年一评。为了缓解过于激烈的竞争,一般都规定只能评上一次评奖以后发表的论著,它们问世的时间至多三五年、一两年,甚至还只有样书、校样,根本不可能得到学术界和同行的正常回应,更谈不上时间的检验。但如果不申报,在这个奖项中从此就失去了参评的机会。

一种论著的质量和价值如何,是否具有原创性,既需要学术界的充分批评和估价,同类成果的比较竞争,还需要经得起时间的检验,它对本学科以外学术界的影响和学术之外的社会影响也需要长期积累。"思勉原创奖"虽然是两年一评,但对入选作品的时限规定为"改革开放以来",已经获奖的作品大多是出版多年后才被推荐的。如首届评出的裘锡圭的《文字学概要》第一版出版于1988年,田余庆的《东晋门制度》第一版出版于1989年,项楚的《王志诗校注》出版于1991年,第三届获奖的茅海建的《天朝的崩溃》是2005年出版的,傅璇琮的《唐代科举与文学》是2003年出版的。

评奖的主体是谁?或者说谁来决定评选的结果?理论上或规则上说当然非评委莫属,实际却并非如此。我当过多次评委,有实例可以提供。一些全国性的奖项大多采取票决,由分组评委对入选作品一一投票,并当场公布计票结果,严格按得票多少确定获得不同奖项的对象。但这并非最终结果,因为在分组评委上面还有一个"领导小组"或主办单位的领导,必须由他们审定或调整,因此最终公布的结果往往与投票结果不同,有的奖级被调整了,已经入围的对象消失了,而已经被淘汰,甚至根本没有按正常程序申报的却出现在获奖名单中,而这一过程并不需要投票,连程序都不必公开,更不需要作具体解释。

到后来,连这样的程序都守不住了。有一次我当某一全国性奖项的评委，各评委分别审读，写出意见，填好选票，交给会务人员就可以回家了。至于这些选票如何统计，结果如何，直到评选结果公布，作为评委的我都一无所知。有的评选过程更等而下之，尽管也开评委会，实际已改投票为"协商"，让评委按主办单位事先确定的名单表个态就可以了。为了掩人耳目，有时还将"协商"结果折成若干票，让评委签字认可。

在参加第二届"思勉原创奖"评委会时，我真正行使了评委完全的职责。在投票前不仅有充分的讨论，而且还有向被评对象的提问和答辩，并向全校同步转播，完全公开。更出乎意料的是，在投票结果产生后，根本用不着征求管理委员会或华东师大领导的意见，直接由评委主任通过广播向全校公布了，会后在媒体发布的公告内容也完全一致。

"思勉原创奖"值得称道和推广之处还不少，例如对原创精神的追求，实名推荐和评审"海选"对象，提名的专业性与随机性的结合，保密与公开的合理安排。"思勉原创奖"也启示我们不得不面对中国大多数奖项不尽如人意甚或泛滥成灾的事实，所以必须认真反思：

人文学科评奖的意义究竟是什么？

人文学科的奖究竟应该怎样评？

我们应该如何参与评奖和被评奖？

评奖能给人文学科和学者带来什么？

（本文曾以《急功近利的评奖体制：人文学术评奖之痛》为题，
发表于《探索与争鸣》2016 年第 3 期）

仰望星空　依托大地

我有过两次极佳的机会仰望星空，一次是在国外摩洛哥南部撒哈拉沙漠的边缘，在行进的越野车上；一次是在国内西藏阿里高原，躺在帐篷旁的草原上。虽然都是前所未见的壮观，但后者更是空前绝后。不仅是因为地处近 5000 米高原，空气纯净而稀薄，周围百里之内没有任何光源，而且我是躺在草地上观察欣赏，依托大地，随心所欲，可尽目力所及，更可引发无限的遐想。

在学生会学术部"星空讲坛"向我索稿时，我忽然想起仰望星空的往事，因为我觉得对"星空讲坛"的听众来说，不也是如此吗？

这个讲坛的名称反映了同学们对知识、信息和精神财富的渴求，就像仰望星空那样，希望在这一过程中得到展望、启示、鼓舞、升华。讲坛为大家汇聚了灿烂的群星，但还是要依托大地才能获得最佳效果。

大地，就是扎实的知识基础。讲坛传播的大多是最新的信息、最浓缩的知识、最前缘的学科动态、最深刻的经验教训、最生动的人生感悟、最不易到达的境界、最吸引人的目标，但要是不具备基础知识，没有必要的前期准备和后续研习，不阅读基本的文献资料，不经过自己的思考、质疑和理解，那就只能停留在课余兴趣的层面，甚至与一般的"追星"无异。

大地，就是必要的科学实验和社会实践。现在绝大多数同学都是从学校到学校，从家门到校门，很少接触社会，更谈不上深入了解。即使是纯粹的科学研究和人文思辨，也不能完全脱离社会，因为其研究成果之是否有意义，是否取得进步，最终还是要应用于社会或为社会所检验的。对于人文社会科学来说，社会实践更是任何书本和间接经验所能替代的。很多信息和知识永远不会被客观、如实地记录在文献中，只能靠自己了解和体会。而且对同样的文字记载，包括音频、视频记录，不同的经验积累和社会实践的人完全可能具有不同的价值，结果自然也会不同。

求知和实践都要有长远的眼光和稳健的步伐。在知识爆炸和社会瞬息万变的今天，任何人都免不了有所选择，有所侧重，而不能再当百科全书，也不能事必亲历。但对已被多数人的经验证明了的必要的知识结构和实践能力还是应该尊重，努力具备。有些知识和能力或许今后的确没有应用的机会，但学习和掌握的过程实际已经构成了一个人整体素质的一部分，或者已经起了潜移默化的作用，终身受益无穷。

在"星空讲坛"创立五年、开讲四百余期之际，我希望星空会更加灿烂，也希望每一位听众始终依托着大地。

（本文是 2006 年在复旦大学星空讲坛创办五周年纪念会上的讲话稿）

9月2日，教育部副部长张保庆在接受采访时说："教育部历来是坚决反对教育产业化的，因为教育是一个要体现社会公平的最重要的部门，教育是一种崇高的公益事业，对凡是能够接受教育的人都要提供教育，所以将教育产业化违背了我们的办学宗旨，也违背了我们的办学方针，也直接违背了人民群众的利益。可以说，直接违背了我们社会主义制度的一个根本原则。所以产业化的问题，我们教育部是坚决反对的，是绝对不能把教育产业化的，教育产业化了，就毁掉教育事业了。"作为国家主管教育的官员，他的说法无疑代表了国家的教育政策。正因为如此，我认为对这种说法应该做更全面的解释。

如果把产业化理解为将现有的教育机构和设施全部改为产业，将现行的教育全部改为产业化，这当然应该坚决反对，并严格予以禁止。但是世界上任何一个国家，包括最发达、最富裕的国家，也不可能由政府用纳税人的钱来包办全部教育。一方面，义务教育或免费教育总是有限度的，不可能覆盖终身。另一方面，个人或企业、团体对教育有不同的要求，不可能也不应该完全由政府包办。更何况一个国家的教育对象并不限于本国国民，还应该包括愿意来接受教育的外国人，适当收费在所难免，即使以盈利为目的也未尝不可。

我国的现状是，"对凡是能够接受教育的人都要提供教育"的目的还远未达到，即使是在义务教育阶段，也还没有真正做到免费。在义务教育以外的阶段，由政府举办的各级各类学校远远不能满足能够接受教育的人的需要，而真正的民办学校还很少，投入教育事业的社会财富更是少得可怜。即使现行的义务教育能由政府全部包下来，实行免费，义务教育以外的教育怎么办？是坐等政府拨款的增加，从而使广大青少年和民众长期等待，还是在大力发展公办教育的同时允许和鼓励民办教育？既然是民办教育，就得允许投资人获得适当的回报，这既有法律根据，也符合目前国情。由于我国尚未形成包括征收遗产税、赠予税在内的捐赠制度，愿意并有能力捐资办学的人数还有限，不能指望把民办学校都办成慈善机构。

改革开放以来，中国已形成一个总数不小的富裕阶层，广大民众的生活也有了很大改善，有能力在子女的教育和自身素质的提高上花钱的人越来越多，他们已不满足于义务教育所提供的条件，也希望在非义务教育阶段获得更好的教育或特殊教育。如果有合适的民办学校或教育产业，就能使他们获得受教育的机会或更好的教育条件。它们为政府分担一部分教育任务，也能使政府有限的教育经费用于更需要的地方，或者使公办学校的条件得到改善。富裕家庭愿意将钱花在教育上，富人愿意自己花钱受教育，总比将钱花在其他方面要好。贫富差距是客观存在，即使因差距过大而需要调节，也不能靠限制富人消费，何况是消费于教育！

还有更多的人虽然并不富裕，或者刚进入小康，但他们为了提高自己的文化素质，或学习更多的知识和技艺，以谋求更重要的职位，获得更高的收入，也需要更多更灵活有效的教育途径。随着中国的日益强盛，中国文化在世界的传播，希望来中国接受教育或在外国接受中国文化教育的人越来越多。如果完全依赖公办学校，就只能将这部分人拒之门外，或者白白浪费了有限的教育经费。这类教育为什么不能产业化？不让这些人拿钱买教育服务，难道还得花纳税人的钱？英国的英语教育就是一个很大的产业，不仅让英国人挣了钱，也在世界上普及和提高了英语水平。

中国的学校还包揽了不少本来应该由社会承担的服务，以往的高校往往是除了殡仪馆以外什么都办的小社会，连一些中小学也得自办食堂、宿舍和教工福利。将这些服务部门从学校剥离出来，或者交给社会办成产业，是给学校减负，是提高服务效率。事实证明，学校后勤的社会化和产业化是可行的，也能节约教育经费，并使师生受益。现在的问题是那些部门不愿失去既得利益，不愿进入市场竞争，换牌子不换机制。解决的办法是办成真正的产业，而不是倒退。

至于将乱收费和公办学校随意改制算在产业化的账上，是不公正的，恰恰掩盖了教育部门的腐败。实际上，大多数乱收费的单位并不是民办学校，也没有实行"产业化"。如果产业化必定乱收费，那么教育以外的第三产业岂不都能乱收费吗？除了主管政府部门和教育机构本身，谁还能将承担义务制教育的公办学校改为民办？即使有民办学校乱收费或质量不符合要求，物价部门可以查处，教育主管部门可以取消其办学资格，也不必因噎废食，更不应殃及无辜。

所以，中国的教育固然不能全部产业化，但并不意味着不能办教育产业。目前存在的问题不是数量有限的教育产业造成的，而应该从教育体制本身找原因，通过改革找出路。

（本文写于 2004 年）

中国学术规范的传统与前景

一些年轻的朋友以为中国古代没有学术规范，所以我们没有学术规范的传统，只能从西方引进。这种看法不符合历史事实。

由于学术环境和社会环境等各方面的差异，中国古代的学术规范的确与今天有很大的不同，不少今天已经习以为常的规范当时还不存在，这是很自然的。

例如，由于书籍的流传相当困难，特别是在印刷术普及以前，古代学者对前人的著作或研究成果往往只能依靠记忆和背诵，所以他们在引用前人著作或别人的成果时常常无法逐字逐句地直接引用，而只能取其大意，一般都是间接引用。他们大多不习惯于注明出处，往往将前人的话与自己的话混在一起，或者完全按自己的意思改写了。用今天的眼光，我们可以指责这种做法是剽窃，是掠人之美，或者是侵犯了别人的署名权和著作权。但如果了解了当时的情况，我们就不难理解古人的苦衷：在书写很困难的条件下，或者完全靠记忆和背诵时，自然越简单越好；用自己的话更容易记住，更便于表达自己的意思。本来就不存在署名权或著作权，引用时当然不会有这样的概念。

又如，古人为了做学问或学习的方便，也为了克服找书和读书的困难，经常从看到的书籍和资料中摘录出有用的内容，分门别类编为类书。这些类书，有的是为自己用的，有的是为别人编的，或者是奉皇帝命令用公费开馆编纂的。很多类书的资料来源和引文都不注明出处，除了一些现成的诗文或整段资料有时会提一下作者或书名外，一般就按内容编入不同的类别。但要知道，这种类书的编纂，无论是因公还是因私，都不会有什么著作权，更拿不到稿费，所以只要编得重量高，编得实用，就会博得"嘉惠学林"的赞誉，就是被引用的人也不以为忤，而只着眼于知识或成果的传播。还有一个实际困难，就是一些资料或成果经过无数次的传播，原作者是谁已经无法弄清，并且早已面目全非。

古代还有一种故意作伪的现象，将自己或别人的作品假托为古代或当代的名人，如先秦的不少作品都冠以大禹、周公、孔子，文章要假托历史上名人，诗词的作者都写上唐宋大家。但除了极少数人是出于政治或经济目的外，这类作伪者大多是很可怜的。因为无钱无势无名，即使他们的作品很有价值也无法流传，而一旦托名于古代圣贤或当今名流，就有可能被刻成碑，印成书，传诵一世，流传千古。尽管绝大多数真正的作者依然默默无闻，但他们的自我价值还是得到了一定程度的满足。这是专制集权社会的学术悲剧，我们应该予以理解和同情。

这些并不意味着中国古代没有学术规范，相反，在一些重大的学术问题上，从先秦开始就存在着严格的规范。例如，儒家典籍和学说的传承与解释，不仅流派分明，次序严密，而且任何注或疏都署明作者，原文与注释、注释者和传播者绝不相混。在《汉书·儒林传》中，对儒家不同流派的传承过程和人物有明确的记载，其中多数人并没有留下自己的著作，但他们对传播儒家学说的贡献得到充分的肯定。一些重要的历史、地理著作也有这样的传统，如对《史记》《汉书》作注释的学者代有才人，但对有价值的注释，后世学者无不尊重作者的署名，即使有些作者名不见经传，甚至有名无姓，也都一一注明。如唐朝的颜师古为《汉书》作注时，就本着"凡旧注是者，则无间然，具而存之，以示不隐"（《汉书叙例》，见中华书局版《汉书》第一册）的原则，收录了 23 位前人的注释，其中既有应劭、郭璞、崔浩这样的著名学者，也有像李斐、项昭那样不知道籍贯的人，甚至有像郑氏、臣瓒那样连姓名都不全的人，但他们的成果都得到了颜师古和后世学人的尊重。

《水经注》研究史上有一场延续至今的学术公案，那就是戴震在四库全书馆中校勘《水经注》时究竟有没有袭用赵一清的《水经注释》。本来，全祖望和赵一清的研究成果完成在前，戴震要加以引用或采用是顺理成章的事，但在戴震校定的殿本《水经注》中，他完全没有提及全、赵等人的本子，而将一切重要的判断和改动都归结于当时其他读者看不到的《永乐大典》本。怀疑他的人认为以戴震当时所处的地位，他肯定能看到四库全书馆所征集到的全部本子，包括赵一清的本子在内。支持戴震的人则认为，以戴氏的学术水平，根本没有必要抄袭赵一清，而且大典本《水经注》确实存在，其中不乏戴震校勘的依据。

这场争论或许永远不可能作出双方都能接受的结论，但争论的焦点是事实，即究竟戴震有没有使用赵一清的成果而没有加以说明，而对这一原则——使用别人的研究成果必须注明出处——是毫无疑义的。所以，包括戴震的学生在内的支持他的人极力证明戴氏校勘本与赵氏《水经注释》的相同之处纯粹是出于巧合，真正的原因是大典本与赵氏本来就相同。要是大典本不存在或不是如此，那么他们就百口莫辩了。

可见中国并不缺少学术规范的传统，我们今天面临的问题是如何继承这样的传统，建立起适应现代学术发展需要的新规范。20 世纪西学的大规模传入，特别是改革开放以来，中国传统的学术规范面临着新的挑战，但由于历史的原因，中国的学者能够平等地、自主地考虑如何适应国际学术规范的时间并不长，很多问题自然还来不及解决。从上面的论述不难看出，中国的传统学术规范与西方及国际通行的学术规范之间并没有什么本质上的差异，所不同的只是具体做法、方式和程度。

于是有人认为，既然如此，我们何必要学外国的学术规范，为什么要与国际接轨？我想，这取决于我们的目的。如果我们的学术成果既不愿意让外国了解，也不希望与外国交流，那么当然不必考虑别人的要求，甚至完全不必用外文发表论著或者将论著译成外语。但我们今天的学术发展离不开国际交流，不能自外于世界潮流。源于国外、传入中国的学问不必说，就是中国的传统文化、纯粹的国学（实际上也并非未受到过外来影响）也不能固步自封，闭门称雄，同样需要吸收国外的优秀成果和经验，面向世界，走向世界。再说，学术规范与国际接轨或国际化并不是一味学外国，或者非采用外国的标准，也可以向外国推广中国行之有效、具有国际先进水平的学术规范，在一些富有中国特色或传统的学科领域内尤其可以做到。

（《科学中国人》2003 年第 3 期）

师风与学风

　　清华国学院只有一个，即使在当时，这也是一个特例——它的存在只有4年，此后清华没有续办，其他学校也没有再办。梁启超、王国维、陈寅恪、赵元任这"四大导师"能够聚在一起，这也是清华在其他时间或其他大学所办不到的。所以清华国学院的成功空前绝后，是天时、地利、人和的完美结合，也是各种必然或偶然因素的综合作用。正因为如此，它的经验虽重要，虽宝贵，却无法复制，也难以仿效。

　　清华国学院只有一个，不能因为有了它，就不要其他模式的系、所、院。但也不能因为有了其他，就使它失去存在的价值。梁启超向校长推荐陈寅恪的例子，就很能说明问题。当梁启超向曹校长推荐陈寅恪时，曹问："陈先生是哪一国的博士？"梁回答："既不是博士，也不是硕士。"曹又问："有没有著作？"梁回答："没有著作。"曹说："既不是博士，又没有著作，那怎么行呢？"梁说："我也算是著作等身了，却没有陈先生寥寥数百字有价值。"曹校长要了解陈寅恪是哪国博士，有没有著作，说明当时清华对一般教师的要求，并不是不重视学位和著作。但因为是梁启超推荐的，校长最终同意聘用既无学位又无著作的陈寅恪当国学院的导师，说明清华容许特例，可以破例。

事实证明，梁启超的态度是真诚的，他的判断力是正确的。但是大学中遇到的其他大量推荐者，谁能保证他们具有梁启超式的真诚和正确呢？必要的考试考核和相关的指标还是必不可少。事实也证明，曹校长开始时坚持要学位和著作是必要的，但他完全信任梁启超的人格和能力，破例作出的决定也是适当的。但面对大量的推荐，要是没有制度，没有集体决策，校长都能那样知人善任吗？所以不能仅仅根据梁启超成功地推荐陈寅恪的例子，就认为正常的选拔制度和用人标准都错了。不能因为清华国学院在特殊条件下取得的成功，就认为其他单位都失败、都该淘汰了。这种普遍与特殊的矛盾，从来都是如此，处理得好，完全可以并行不悖。

清华国学院只有一个，时过境迁，今天更不会有第二个。人的创造力并不一定是一代胜过一代，像"四大导师"这样的人是可遇而不可求的。所以再良好的愿望，再完善的制度、再充足的经费都不可能制造出一个新的"清华国学院"，或者复刻出当年的清华国学院来。但只要我们始终明白这一道理，就可能为各种特殊人才、特殊现象、特殊机构留下存在的空间和发展的余地，"五百年必有王者兴"或许能成为事实。

（2005 年在清华研究院八十周年上的讲话）

学术，科普，还是明星出场？

　　据报道，昨天有超过 6000 人在人民大会堂万人报告厅参加国际弦理论会议，听霍金讲述"宇宙的起源"，创下国际物理学史学术讲演会听众人数之最。与此同时，另一项"之最"也产生了：当主持人邱成桐宣布霍金将要出现时，几百人手持照相机迅速冲向台前，主席台立刻被围个严严实实，瞬间一片闪光，令人眼花缭乱。邱成桐用英文叫大家不要拍照，不要用闪光灯。劝说了约有三分钟，人群却丝毫没有减少。他又改用中文大喊："请你们赶快离开，闪光灯会给霍金教授带来不适！"这样持续数分钟仍不起作用，丘成桐大怒，喊道："香港的媒体记者比你们要礼貌得多！请你们赶快回到座位，不然我们要请出保安了！"这样，人群才逐渐散去。

　　我不禁想起 1998 年 7 月 15 日傍晚我在剑桥邂逅霍金时的情景。这是他每天的"散步"时间，剑河边的小道上繁忙而宁静，这是一年、一天中最好的时光。他坐的电动轮椅车在自动缓慢移动，照料他的老护士也不靠近他的轮椅，只是默默相随。无论相识还是不相识，路人都按自己的速度和方向行进，游客们也没有任何异样，至多只是投出一个崇敬友善的目光，尽管大家都知道他就是大名鼎鼎的霍金。我的手曾下意识地摸住照相机，但始终没有拿出来的勇气，看着他从我身边经过，又目送他的背景消失在剑河边。

这几百人都是记者吗？如果是，他们供职的媒体都与霍金、物理学、弦理论有关吗？他们的读者或受众都对学术感兴趣吗？莫非他们将霍金的报告当成王菲产女，当成超女出场？莫非他们都成了"狗仔队"，并且都不懂得记者起码的职业道德，都不懂得应该尊重一位享誉国际的科学家、一位罕见的高度残障者，以至连对他必要的保护都顾不得了！这些拍照者中都是记者吗？有没有以听报告为名的好事之徒，所谓的"发烧友""粉丝"？邱成桐的愤怒可以理解，但会议的组织者事先就没有相应的准备？例如对录像拍照作出限制？从有些报道的正面描述看，莫非这正是会议主办者希望出现的空前盛况？

我还有想不明白的地方。弦理论不是谁都能懂的知识，也不是迫切需要向公众普及的内容。霍金的个人魅力虽然很强，但他的探索属高深的科学前沿，风险很大，质疑颇多，并非科普的最佳内容。如果仅仅是为了让公众瞻仰一下霍金的形象，或者为了满足科普活动的需要，完全不必动劳他和大批随员浩浩荡荡作长途跋涉。无论为了科学进步，还是为了爱护霍金，都不应该如此浪费他的时间和精力。

如果这是霍金一次私人旅行，那完全可以让他在一种轻松的气氛中低调进行。或许这是霍金自愿的商业活动，那就要看价值如何。这类学术会议不可能获得什么商业赞助，非要摆那么大的排场，搞成那么大的规模干吗？还不是政府拨款，纳税人付钱？但结果是什么呢？证明中国已是物理或弦理论大国、强国？证明中国已有霍金理论最多的听众？使中国的科学水准提高了一步？

有感于杨振宁
在扬州大学报告的报道

在新浪网上看到《扬子晚报》题为《杨振宁称中国科学家 20 年内必拿诺贝尔奖》的报道，对此我毫无新鲜感，因为杨先生在其他场合已讲过不止一次。国人自然希望杨氏的预言早日实现，但在这一天来到之前，任何评论都没有意义。

令我感叹的倒是报道中提到的其他两点。

一是杨氏批评顾颉刚："自己曾经在北京保利博物馆看到一件 3000 多年前西周时期的铜器，表面铭文上有'国王禹治水，施行德政'的文字。""这些文字既说明了中国古代的'德文化'，还批驳了现代著名历史学家顾颉刚先生的一个说法。作为历史学权威的顾颉刚认为，中国古代历史有很多是不可靠的，大禹治水就是个民间传说，根本就没有禹这个人。而这件铜器，就可以佐证顾的说法是不正确的。"这件铜器既然是西周时期的，距今至多 3000 余年，而大禹治水的事（如果确实存在的话）发生在 4000 余年前，一千年后有这样的记载，怎么就能肯定实有其事呢？这件铜器上的铭文至多能证明，在大禹后一千年已经有了这样的传说。按照杨氏的逻辑，今人对公元 11 世纪的记载如能传到后世，就都可以作为宋代确有其事的证据了。即使顾颉刚的说法完全错误，杨氏的论据也说明不了问题。

一是有关杨夫人翁帆的报道，无疑已喧宾夺主。据称："想一睹杨博士及其夫人风采的大学生和市民太多"，"原本设置上千个座位的礼堂'挤'进了近两千人，走道里站满了'粉丝'"。从后面的报道内容看，显然，大学生与市民想睹的还是杨夫人的风采，"粉丝"中自然也以杨夫人的居多。果然："昨天上午 9:50，杨振宁和翁帆下车后，手拉手走向演讲礼堂，翁帆一头短发，一袭黑衣，显得清爽干练。行走时翁帆和杨振宁十指紧扣，大大的眼睛含着笑意，风度优雅，不时引起大学生的惊呼。演讲前，主持人介绍起翁帆时，听众爆发出的掌声'长'过了主角杨振宁。"堂堂诺贝尔奖得主、著名科学家完全成了太太的配角，只要隐去杨氏的名字，这段文字完全可以用之于当红明星出场。而大学生惊呼的是翁帆"好年轻，好有气质"，却不是杨氏的老当益壮或科学家的气度。

这也难怪年轻学子如此疯狂，因为翁帆再年轻（33 岁，至少大于绝大多数大学生），再有风度和气质，也是因为旁边有了杨氏。但在这样的场合，杨氏既没有表现出中国传统文化应有的礼仪，也显示不了西方现代文明的绅士风度，有的只是与翁帆手拉手"十指紧扣"的老夫少妻公开表演，想象力再丰富的年轻人也联系不到科学与传统文化，只能当作明星出场。

不过这样一来，杨氏有关中国人获诺贝尔奖的预测与对大学生的创新教导总得打些折扣了。

（《今晚报》2009 年 5 月 2 日）

有感于『原副省长主动回校执教』

报纸上看到一条消息，某省一位"原副省长主动回校执教"，称这位刚卸任的副省长回到某大学执教。这自然是值得称道的好事，与那些离任或退职后还整天打着"原××长""前××长"称号活动而不愿回归本业本职的人，或下台后非要谋一个"级别"相当的位置的人相比，自然泾渭分明。但报道中也提到，他自20世纪80年代走上政坛，先后任某市长、省计委副主任、省财政厅长，直到副省长，"从政之余，一直没有放弃教学科研"；我却不以为然。我认为政府应该制定法规，担任政府官员后，不得再兼任其他职务，包括大学的教职。如果今后实行人大常委的专职化后，常委也应比照官员，必须辞去原来的职务。

第一条理由是，既然当了政府官员，做了纳税人的公仆，就得全心全意做好本职工作，兼任其他工作必定要分散精力，或者徒有其名，无法兼顾。报道说那位原副省长，从1988年起，一直在某大学兼课，先后为本科生、研究生主讲多门课程，独立或合作完成科研项目180余项，还要出版专著，主编出版近 60 万字的书。上一门课，即使不算备课时间，每周至少要花两个小时，而且时间不便更动。15 年间平均每月要完成一个科研项目，要都是亲自参加简直不可思议。即使只是合作，总得花些时间吧。写专著或编书或许能用业余时间，但身为副省长，还能有多少"从政之余"？即使只是从爱护领导干部的健康出发，也以不兼职为好。

第二条理由是，这样的双重或多重身份，不利于保持政风的公正廉明，也不利于清除学术腐败。谁都知道，科研项目既有经费，又有更大的获奖可能，还是衡量个人与单位学术地位的重要标准，近年来项目之争已愈演愈烈。就是一位全职的教授、博导、院士、校长，谁能连续 15 年平均每年主持或参加 12 个项目？究竟是因为有了厅长、副省长之尊才能获此殊遇，还是原单位或别人要借重厅长、副省长的地位以获得项目？无论是哪一种，都有损政风学风，也有损于官员本身的形象。报道还提到他的项目荣获全国性"特别奖"和某全国研究会"一等奖"，这就不得不使人对这类奖项的含金量表示怀疑，究竟是对副省长降低了获奖的标准，还是副省长占据了本应由其他人获得的荣誉？据说他主编的《国际××学》是这门新学科正式创立的标志，但同一篇报道中又说他现在"先要认真学习计算机，以前没有时间好好学，要补上自己缺乏的现代知识"。或许他过于谦虚，但我不禁要问，连计算机都没有很好掌握，或者缺乏现代知识，如何能创立一门"国际××学"？要不是有人给他乱抬轿子，就是真正的主编另有人在。再说，他保留教职的大学就在他任职的省内，无论他分管哪一方面的工作，显然都不可能完全回避，处理政务时如何保证公正，又如何使别人相信做到了公正？

第三条理由是，这种做法既给某些官员的腐败打开了缺口，也为某些单位非法获取利益提供了便利。有些学者当了政府官员，由于还保留原单位的职务，心安理得地拿双份待遇、奖金、津贴，或者"从高不从低"，哪里好处多往哪里靠。在教授面前是高官，在官员中是院士、博导、教授，左右逢源。既能凭挂名的"学术成就"申报博导、院士，从官员退职退休后还能享受终身学术尊荣。此风一开，原来与学术或教学科研毫无关系的长官也要弄个兼职教授、兼职博导，甚至兼任院长、所长、中心主任等实职，至少要"在职攻读"个硕士、博士。有的官员还心安理得地拿一份"兼职津贴"，名利双收。而一些大学或研究机构为了眼前的、小团体的利益，也热衷于拉高官兼职，送教授、博导头衔，或拿硕士、博士学位做交易。有的学校明文规定没有博士学位的人不得提升教授，可是却聘只有大专学历的主管官员为兼职教授。至于由此而影响到的财政拨款、项目审批、学术评价、职务职称提升的公正，更是有目共睹，甚至已成痼疾。

或者以为兼职有利于官员保持本色，了解实际，但这也不成其为理由。以往强调"当官不像官"，不能"脱离劳动"，实际是相当片面的。当了官就得像官，应该成为全民的公仆，而不是代表哪一个阶层或群体。官员的公务也是劳动，不必再继续做原来的工作。了解实际则完全可以通过其他途径，并非只能靠兼职解决。官员真有在业余时间著书立说，或继续从事科学研究的能力，不兼职又有什么影响？当然，行政制度也得保证官员在退职后重返原职原岗的权利，对官员因从政而不再适应教职的，应另行安排合适的职位，或者让他们体面退休，消除他们的后顾之忧。

我丝毫没有贬低那位原副省长的意思，上面批评涉及的现象完全是现行制度造成的，不应归咎于个人。

（《东方早报》2004 年 7 月 11 日）

旧话重提——有感于原四川省副省长李达昌被捕

四川省前副省长李达昌因涉嫌挪用公款，已被省检察院逮捕。说来凑巧，去年7月我曾就当时媒体吹捧这位"原副省长主动回校执教"一事发表过意见（载《东方早报》2004年7月11日第A2版），忍不住要旧话重提。

当时我对报道中称他"从政之余，一直没有放弃教学科研"提出疑问。因为据说他从1988年起，一直在西南财大兼课，先后为本科生、研究生主讲多门课程，独立或合作完成科研项目180余项，还要出版专著，主编出版近60万字的书。我说："上一门课，即使不算备课时间，每周至少要花两个小时"；"就是一位全职的教授、博导、院士、校长，谁能连续15年平均每年主持或参加12个项目？究竟是因为有了厅长、副省长之尊才能获此殊遇，还是原单位或别人要借重厅长、副省长的地位以获得项目？"

报道还提到他的项目荣获全国性"特别奖"和某全国研究会"一等

奖"，也引起了我的怀疑："究竟是对副省长降低了获奖的标准，还是副省长占据了本应由其他人获得的荣誉？"据说他主编的《国际××学》是这门新学科正式创立的标志，但同一篇报道中又说他现在"先要认真学习计算机，以前没有时间好好学，要补上自己缺乏的现代知识"。我质问：连计算机都没有很好掌握，或者缺乏现代知识，如何能创立一门"国际××学"？我推测：要不是有人给他乱抬轿子，就是真正的主编另有人在。

不过我当时对李达昌"回西南财大当博士生导师"一事还是肯定的，特别声明"我丝毫没有贬低那位原副省长的意思，上面批评涉及的现象完全是现行制度造成的，不应归咎于个人"。现在看来，我还是太天真了。因为据《第一财经日报》记者霍朗报道（见 1 月 19 日该报第 A7 版）：李达昌所在的西南财大财税学院教师张明称，2003 年来，已退休的李达昌教授从未在西财办公，也没有固定办公室。很明显，当博导云云只是说说而已，或者也像他当官时的"学术研究"一样，挂名而不做事，却坐享博导的尊荣。要是他真的已在 2003 年退休，到 2004 年怎么还会有他当博导的报道？

如果再深究一步，李达昌从 1984 年就从政，当时他 41 岁，他的最高学位是硕士。中国的第一批博士生导师是 1981 年才评定的，数量极少，显然李达昌的博导也是他从政后才获得的，与真正的博导自然不会是同样标准。

李达昌是否犯罪，要由法院审理。我当时写那篇文章，绝不是有什么先见之明，而是有感于现行制度中存在的某些弊病，给官学不分，以官代学，以官乱学开了方便之门。但到了今天，我不禁再问几句：为什么面对这样一种不正常的现象，媒体却要大肆吹捧？熟悉李达昌的官员、学者、同行、同事是不愿说明真相，还是没有地方说？如果不是东窗事发，李达昌的博导是否还会当下去？

（《新京报》2005 年 2 月 4 日）

请查一下王益博士的来历

据报道，国家开发银行副行长王益被双规了。结果如何，这是党纪部门的事，我们只能拭目以待。我关注的是这位部级官员的另一重身份——经济学博士，虽然在如今的部级官员中已经相当普遍。

根据报道提供的学历，王益于 1984 年 2 月毕业于北京大学历史系，先后获历史学学士和硕士学位。1985 年至 1992 年在中顾委办公厅工作，1992 年 10 月至 1995 年 10 月任国务院证券办公室副主任，1995 年 11 月至 1999 年 2 月任中国证监会副主任。也就是在他任证券办公室副主任期间的 1994 年 9 月，他成为西南财经大学经济系的博士生。两年后，在他升任证监会副主任一年时，又获得经济学博士学位。王益虽然原来拥有硕士文凭，具备在职攻读博士学位的基本条件，但他原来的专业是历史。除非他有先见之明，一般来说，总得待他调任证券办公室后，才会有改学经济的打算。至多经过两年自学就能考上热门的经济系博士研究生，已经很不简单。而在不可能不繁忙的公务中，他又能在两年内修完经济学博士的课程，考试合格，再写成学位论文，或者还要先发表若干篇学术论文，通过答辩，不是天才，也肯定是杰出人才。

王益任职的单位在北京，西南财经大学在成都。从理论上说，要修完一门课程就得定期到成都去听讲并参加考试，学校不可能派人上北京为王益单独上课，或单独命题考试。王益担任的职位和工作，也不是什么闲职，他哪来那么多的时间？王益从1978年起就在北京读书和工作，对北京很熟悉，北京并不缺经济学科的博士点，是什么原因使他舍近求远，选择西南财经大学呢？在正常情况下，在校的博士生也得有三年时间方能拿到学位，在职的研究生往往需要延长时间，王益却能比正常研究生还快，究竟是他有特异功能，还是校方提供了额外的教辅呢？还有，王益读博士的钱，是自费，还是公费？如果他真的按规定上课，参加论文撰写和答辩的各个环节，就得每周往返于北京和成都之间，旅费是自己出的，还是花了纳税人的钱呢？

作为一名大学教授，负有指导博士生之责的教师，我深知，要在职获得博士学位，即使原来有良好的基础，也并非易事。而就我见闻所及，那些在高官位置上获得的博士学位，很少不含水分，甚至少不了权力或金钱的介入。但即使疑云重重，却谁也无法弄清真相。即使当事人东窗事发，一般也追究不到这一方面。目前每年新增的五万名博士中，这样的高官博士究竟占多少，还是一个未知数。

能否请教育部、国务院学位委员会查一下王益这顶博士帽的来历，从中发现一些研究生和学位工作中的弊病，以便采取切实的防范和改进措施。

（葛剑雄博客2008年7月19日）

钱永健与钱学森

我对国际科学界的人物了解甚少，钱永健的名字是前几天刚听到的。我想，绝大多数中国人大概与我差不多。但第一次听到钱永健的名字——当时报道他很有可能获得今年的诺贝尔化学奖——就与钱学森连在一起，将他称为"钱学森堂侄"。到了今天，诺贝尔化学奖的评选结果正式发布，国内媒体也毫无例外地给他冠以"钱学森堂侄"的称号，有的还要给钱学森加上"中国导弹之父"的头衔。

看了钱永健的经历，方得知钱学森这位堂侄出生于美国纽约，一直在美国生活、求学和工作。钱学森是1955年回国的，那时钱永健才3岁。而且钱学森回国前已受美方监禁限制，显然不会对这位堂侄有什么影响。回国后，钱学森从学的是绝密的国防科研，加上中美之间的特殊关系，与这位堂侄之间更不会有一般叔侄间的交往。所以，从他们的直接关系来说，中国的导弹之父与钱永健的获奖风马牛不相及。

据报道，钱学森与钱永健的父亲是同一位祖父的堂兄弟，并且都毕业于交通大学。在中国旧时的大家族中，这样的亲族关系不知有多少。强调这样的关系能说明什么呢？无非证明钱氏是一个非同寻常的家族，或说明钱永健具有优良的遗传基因。但真想达到这样的目的，也不能拿钱学森做文章，而应追溯钱永健的祖父、曾祖、先人。这样一来，只能说明钱氏的祖先了不得，不仅钱永健，就是钱学森，也是沾了优秀血统的光。

我实在不明白，面对这样一条严肃的科学新闻，为什么要在"钱学森堂侄"上做文章，并且乐此不疲。难道钱永健的成就与他获得诺贝尔奖的事实还不足以引起公众的重视吗？难道钱永健非得与钱学森联系在一起才有价值，才能为中国人所知吗？

（《南方都市报》2008 年 10 月 13 日）

奉劝李院士反躬自问

　　曾经见到过报道，某市委常委兼宣传部长家中失窃，却不敢报案。后小偷被抓，巨额赃物暴露了常委家的不义之财，常委因此东窗事发，最终受到法律制裁。报道发表后，虽有人戏言应给小偷颁奖，却并没有人认为小偷"偷机"不纯，或蓄意陷害领导干部。就是那位常委本人，大概最多自认晦气，绝不敢公然指责小偷别有用心。因为无论如何，常委的贪赃枉法是事实。

　　可是近日却看到了不同的例子。事涉在国际学术刊物上发表造假、剽窃论文事件的中国工程院院士李连达却指责打假者祝国光"动机不纯"，称："祝国光此次不遗余力地打假，根本原因出在自己一项即将公布的研究成果威胁到了祝国光所服务公司的商业利益，该研究结果表明该公司生产的用于冠心病治疗的某药物的实际疗效与宣传效果不符，于是该公司试图收买李连达不成，便出现了祝国光的举报事件。"（浙江在线2月5日报道）

其实，祝国光动机纯不纯与他揭露的结果毫无关系，事实证明他揭露的内容准确无误。特别是作为当事人之一的李院士，在这种情况下只应反躬自问，完全没有资格指责对方，更不应该将此事与商业利益联系起来。

如果相关报道无误，请问李院士：既然你的研究成果还没有正式公布，对方是怎么知道的呢？既然该公司曾经出价一两百万元收买你，是明显的违法行为，为什么不向司法部门或主管部门举报，不公开揭露呢？既然你的研究已经完成，准备什么时候发表呢？将尚未正式发表的研究成果，透露给非学术专业的媒体，用以证明别人的商业利益，这符合科学道德和学术规范吗？现在该公司披露你是另一家生产同类药品的公司的首席科学家，并接受那家公司的经费资助，你作何解释呢？

至于说，在祝国光之前，已有人揭发，浙大已进行调查和处理，因此祝国光再予揭露就是别有用心，那更说明李院士至今尚未认识到所涉错误的严重性。造假、抄袭的论文是在国际刊物上公开发表的，自然应该公开揭露和纠正。而且此事所造成的负面影响不止涉及当事人和李院士，也关系到浙大、中国工程院和中国整个学术界。我相信，在调查和处理结束后，浙大肯定也会公开的。难道李院士认为，这样的事可以内部了结吗？要是不公开，李院士会主动公开承认自己"疏于管理"吗？

现在，被李院士指责的那家公司已宣布要追究李院士的法律责任。据报道，中国工程院也将调查此事。我相信，如果李院士是清白的，法律将还他以尊严。即便如此，李院士仍无法推卸他必须承担的学术、管理和道义上的责任。如果李院士希望继续进行药品研究，还是不要与同类药品的生产厂商发生任何利益关系为宜。

（《南方都市报》2009 年 2 月 7 日）

教授的底线

昨天中午，与上海史学会的几位友人在餐桌闲谈，忽然听说《东方早报》刊登了清华大学王某某教授在台湾讲学期间的劣行，不禁大吃一惊。回家在网上一查，原来早已闹得沸沸扬扬，嬉笑怒骂，皆成文章。王某某正当盛年，获博士学位后，由扬州而上海，而北京，荣任清华与社科院教授，跻身一流学者，在同辈中可谓出类拔萃。这次赴台任教，本该展现学术水准与名校风范，却干出这种事来，于其本人固然是咎由自取，也实在有辱斯文，令学界蒙羞。

不过一些媒体一味突出他的清华身份、学术地位，强调他是台湾清华"高薪"聘请；或者以台湾清华教授中连爆丑闻为由，探究他是故态复萌，还是当地风气使然；诸如此类，却并无必要。道理很简单，哪怕是一位普通教师，其行为也不能突破底线。

大学教授也是公民，在法律面前没有什么特权。如果报道属实，王某某的确已经承认犯有对女博士生的猥亵，已属违法，只是程度轻重而已。

至于受害人是否予以原谅，是否要提出诉讼，这只是具体处理问题，不会改变事实和本质。

但大学教授还应有一条道德的底线，因为教授不仅应该为人师表，而且是教师中最高的层次，一些知名教授还是公众人物，在学术界和社会上具有广泛影响。对学生来说，教授不仅是学问方面的老师，还应该是为人的楷模。而且在师生关系中，教授无论在哪一方面都处于强势，在两性关系上的任何非礼或越轨，都有利用职权的可能，与一般的人际关系不可同日而语。正因为如此，学校当局或教授自治团体对此都会从严处理，或者迫使本人知趣请辞。即使是在两性关系相当自由的国家，双方自愿上床是一回事，性骚扰或性侵犯就是另一回事，利用职权干这种事更属不可原谅，前不久一位能干的联合国高官被辞退就是明证。

网上有自称"王某某女儿"的文字，称他在治学与对待女性的态度上无可挑剔，我看大可不必。即使真是他女儿，从爱护自己的父亲出发，此时也应尊重事实，促使他认识错误为宜。另一些人称他为"惯犯""技痒"，如果没有充分的事实，也有失公允，因为他并非没有初犯或偶犯的可能性。我以为，到了今天这般地步，王某某不应再保持沉默，应该老老实实向公众承认所犯错误的事实，公开道歉，深刻反省，方有可能得到谅解。

近年来，教授中不时传出些丑闻，名校名人也未幸免。虽然涉及的只是个别人，但足以引为警戒。应该承认，随着教授数量的迅速扩大，整体素质也有下降的趋势，这不仅反映在学术风气方面，也已表现在教授的行为上。但相关的主管部门和学校当局往往一味姑息，甚至为了本部门的声誉，对外曲意回护，对内不了了之，希望对王某某事件不致如此。

（《南方都市报》2006 年 1 月 14 日）

画家与博士

　　读了画家陈丹青辞去清华大学特聘教授、博士生导师的报道，我认为他作出了明智的选择，对清华大学也是一件好事，双方都得到了解脱。

　　大学与学位制度能够培养大部分人才，但不能培养某些特殊人才。一定要将这些特殊人才的培养纳入大学与学位制度，只能削足适履。像画家，更多是依靠个人的天赋、灵感和技艺，而不是靠理论、知识和规范。陈丹青的苦恼不仅在于招不到理想的学生，就是招到了，在整个培养过程中也会随时遇到两种不同理念和方法的冲突，最后还得按照某一学科和专业的硕士或博士学位培养目标来进行课程（包括必不可少的政治理论和外语）考试和论文答辩，报道中提到的"论文必须超过8万字"是很多规定中不太重要的一条，只是因为"量化"了，所以成为一项容易掌握的硬指标。这样的规定对培养艺术理论或艺术史的研究人才是必须的，却培养不出优秀的艺术家。因此，陈丹青看中的学生进不了研究生院的门，勉强进了也无法毕业，拿不到学位，而成绩合格、论文通过的研究生又不可能成为陈丹青的得意门生或传人。但大学、研究生院也有难处，因为在艺术类硕士和博士学位的专业系列中并没有画家，不能培养一个"画家硕士"或"画家博士"，而只能是美术学硕士或美术学博士。既然要称为"美术学"，当然就不能只会画画，只懂技法，还应该掌握必要的理论和知识。即使学校可以为个别突出人才破例，也无法在整体上改变。一位名画家可以完全不学外语，但一位美术学博士总得懂一点。根据中国国情，一位美术学博士总不能不学政治理论。

问题是，为什么想当画家的人非要进清华美术学院，非要拿硕士、博士学位？原因之一，是除了进大学、研究生院外没有其他途径。本来，画家可以是专业的或业余的，可以在其他单位工作，也可以是自由职业，想学画的人可以直接拜他们为师，或直接受他们指导，但现在似乎非进大学不可，否则拿不到文凭，而没有文凭是万万不能的。原因之二，是全社会对学位的盲目崇拜，以致有了美术专科或本科的文凭还不够，非得有个硕士或博士学位不可。我不知道世界上有几位名画家是由研究生院培养出来，是有博士学位的，但中国老一辈的名画家中并没有听说有美术学博士，就是留过洋的、学西洋画的也不是以博士著名。自从1981年实施学位制度以来，美术学硕士、博士中出了几位名画家？好像没有听说过。陈丹青本人也没有获得学位，但并不影响他成为名画家。如果画家可以留在体制外，可以由体制外来培养，可以不必考虑文凭或学位，陈丹青和他的学生就不会再受清华大学制度的约束。

不过，陈丹青与清华大学都应该吸取教训。陈丹青不能想当然地认为自己能够适应体制内，在没有充分了解大学和学位制度的情况下贸然当教授。清华大学也不应该只看陈丹青的艺术成就和名声，而不考虑他是否适应承担全面指导研究生的任务就聘为教授、博士生导师。现在不少大学竞聘名人当教授、博导、院长，一些名人、作家、画家、演员纷纷应聘，还是现实些、冷静点为好。

（本文曾以《陈丹青与清华都有教训吸取》为题，刊发于《新京报》2005年3月30日）

蜜月过后是烦恼

去年陈丹青辞去在清华大学的教职时，我曾写过一篇短文，认为陈丹青与清华大学都有教训吸取（载《新京报》2005 年 3 月 30 日）。今天读了《新京报》有关同济大学生命科学院院长杨杰被免职一事的详细报道，又产生了同样的看法。

近几年间，为了迅速提升本校的学术地位，填补学科或专业空白，或想取得重大突破，或要与兄弟单位一决高低，或企图跻身国际一流水准，或者就是为了达到某一不便明说的目的，几乎所有的大学都已经或正在引进"一流""顶尖"人才——从院士、国内外名牌大学或研究机构的学术骨干、学科带头人、学科评议组成员，到学术新星、海归博士、青年才俊，给予的地位有副校长、院长、实验室主任、系主任、长江学者、特聘教授、学科带头人、博导，至少也是教授或过渡性的副教授，提供的条件则有数以百万至千万计的科研经费、数万至百万的津贴或年薪、专用实验室、专车、秘书、助手、几房几厅的住房或购房津贴、安家费，甚至还包括家属子女的工作安排、代付对方的违约金、重制档案以及常人连想也想不到的优待，但对他们的期望或给他们订下的"军令状"、硬指标也迫切而具体——成为院士、获得国家大奖、建成国家重点实验室、达到国际一流或国内领先、在 NATURE 或 SCIENCE 等国际权威刊物上发表若干篇文章，至少也要建成博士点，就差没有列入获得诺贝尔奖（或许也有而未公开）。而人才们为了各种各样的原因，或许他们根本没有弄清自己的权利和义务，或许他们并没有将这些当真，或许他们以为自己具备这样的能力，总而言之，他们或接受了任命，或领取了薪水与津贴，或签订了协议。于是双方进入了"蜜月"时期，媒体的报道更使这一切都显得喜气洋洋，前程似锦。

此时即使有不识时务的"方舟子"们质疑或揭发，双方都会不予理睬，或者直截了当发表"辟谣声明"。例如 2004 年 9 月，当杨杰应聘就任同济大学生命科学院院长时，校方曾在《解放日报》宣称是从全球招聘来的"掌门人"，并将引进"世界水平的团队"，在相关报道中称他为美国科罗拉多大学的"终身教授"。方舟子因没有从该校的网站上查到这位"终身教授"，并且只查到发表过两篇论文，因而在网上发难。现在事实证明，一方面杨杰在英文的履历表中只填写了 Tenure-track（终身制助理教授）的职称，并的确在国际权威刊物上发表过论文，另一方面他也将自己获得博士学位的时间由 1998 年误填为 1993 年。如果当初校方或杨杰本人正面回应方舟子，所谓杨杰"伪造履历"的真相早已大白，完全不必在一年多后再翻老账。但处于蜜月中的校方和杨杰都错过了最好的时机，直到最近杨杰本人才在布告栏中公布自己的资料。

现在杨杰被校方免职了，双方的说法却大相径庭。校方说他的工作没有达到预期目标，他却说另有隐情。校方认为没有义务向外界公布有关情况，我们自然应该尊重校方的权利。在不了解具体情况的前提下，更不应随意指责哪一方。但从双方的分歧中，不禁要问一下：难道"蜜月"竟是建立在双方没有充分了解的基础上吗？校方聘任他、宣传他的时候，究竟有多少把握？而杨杰应聘时，对自己的责、权、利究竟是否明确？万——一方爽约，另一方又能采取什么措施？

但愿这只是一个偶然事例，但愿"蜜月"之后不是烦恼，否则不仅伤害了双方，还使中国的高校蒙羞，也浪费了纳税人的钱。

（葛剑雄博客 2006 年 5 月 28 日）

　　我理解的经济学家，就是在经济方面有专长的人。专长有程度之别，经济学家自然也有大小高低之分，大可至誉满全球，影响世界，小或只是从事经济工作的专业人士。既然经济学家只是一种学术身份或专业职务，就不必对他们有什么特殊的要求，只要不违反国家法律，不有悖于社会公德和学术道德，他们完全有选择从事什么工作、接受什么聘任的自由，包括当企业的代言人。既然演艺和体育明星可以当，作家和社会名流可以当，经济学家为什么就不能当？就是为企业所雇佣，成为企业的专职经济学家又有无不可？

　　不过，经济学家不仅有大小高低之分，还有公私之别。在我国，真正称得上私的经济学家数量不多，无非是完全的自由职业者，非公有企业或机构的专职人员，其他大多数还是属于公的。对他们来说，能否当企业代言人就得因人因事而异了。

　　有的经济学家本身就是党政官员，或者就是党政所属研究机构的负责人或专职研究人员，还有人大专门委员会的组成人员或专职委员等。这类经济学家是党政部门的一分子，或者完全由党政部门所任用，他们的研究经费和工资津贴都是纳税人负担的，他们所做的一切都应该对全体纳税人负责，具体说就都得服从所在部门的安排，当然不应该也不允许他们当企业的代言人。即使是公营企业，其利益也不能等同于国家利益，难免与国家利益发生冲突，也应在禁止之列。而且这类经济学家或参与党政决策，或掌握国家机密，或对舆论有重大影响，所以很难将他们的个人行为或个人观点与党政部门区别开来，当他们为企业代言时，肯定会产生政府支持的社会印象。他们接受哪家企业或基金的研究资助，担任哪家企业的兼职（包括经济顾问、咨询专家、独立董事等），参加哪家企业的经济或公关活动，接受了酬金，都应经所属部门批准，并且向公众公开。这样才能保证纳税人的权益不受侵犯，才能使他们具有公信力。即使他们退休或离职后，也应有一定的冷却期，以消除他们的"余威"，才能不受原来身份的约束。

更多的经济学家是公办研究机构和院校的研究人员或教师，除了工资津贴来自政府拨款外，研究经费主要也是由国家财政资助的。但他们不同于前者，除其中少数人实际享受党政官员（如有所长、校长身份者往往就是正厅局级官员）或公务员的待遇外，大多数只是在某些方面"比照"，实际是专业研究或教学人员。他们能否当企业代言人，取决于是否已完成本身所承担的科研或教学任务，并已征得所在单位的批准。他们中也有人担任党政部门的智囊团，或有机会了解国家机密，但并不拥有主动权。如果他们泄密，盗用政府名义，或有与自己身份不符的行为，应由相关党政部门追究他们的责任，或解除聘任关系。但若要当一位具有社会公信力的经济学家，若要保持学术独立和思想自由，我相信，他（她）是绝不会去当某一企业或某种利益的代言人的。

还应该注意，所谓"代言人"有其特定含义，一般是指完全按照企业的利益或要求发表言论或采取行动，并非泛指与企业发生关系或有经济来往。如接受企业委托从事某项研究或咨询，担任企业顾问，接受企业公益性的研究经费、奖金或津贴，参加企业公关活动，并在正常范围内接受酬金或礼品，一般不能算当了"代言人"。但经济学家切忌参加得过多过滥，避免敏感企业，并向所在部门或公众公开。

（《新京报》2005 年 11 月 28 日）

老专家请自重

这些年不少地方在争夺历史名人的祖籍、出生地、活动地、坟墓所在地时，少不了要请一些名气大、地位高的老专家到场"考察论证"。不过在一般情况下，由于年代久远，是考察不出什么东西来的。而仅有的史料往往语焉不详，或者自相矛盾，甚至根本没有可靠的史料，只有民间口头传说，所以老专家纵有广博知识、高明见解，也是得不出什么结论的。但有的老专家乐此不疲，有请必到，并经常见于有关的报道，如经某教授等论证，确定某古代名人确实出生于甲县某村。如果说这不过是逢场作戏，随波逐流，或者是因主人盛情招待，不便拒绝的话，那么另一类情况就更加不像话了。不久往往会看到其他报道，同一位老专家又在别处参加考察论证，证明那位古代名人应该出生于乙县某处。且慢为老专家勇于改正错误、从善如流喝彩——以后甲县为那位古代名人重修"故居"时，老专家又出现在仪式中。

这些年国内不时有一些有争议的学术问题或具体方案，某一结论或决定发表时，往往能在鉴定组或评委中见到某位老专家的名字，或者有某位老专家支持性的言论。但一旦出现新的争议，同一位老专家却会发表完全相反的意见，或者也出现在反对一方的名单之中，却一点不提自己曾经支持过的理由，当然也未声明原来的报道有误。这就使人百思不得其解。

前年我到南方某村，村里人领我看了几处门楼上的石雕和木雕，说"这可是全国少有的精品呀。"我很惊奇，告诉他们像这样的石雕和木雕其他地方有的是，所以虽然值得保护，但算不上国内一流，不信你们可以到江南或徽州的古民居中去看看。但他们却不听，并且振振有词地说："这不是我们说的，某老来过，他说这样的精品国内已经很少了。他老人家见多识广，难道会错吗？"我当时根本不相信某老会到此村去过，以为是乡愚胡说，或者是别人假冒，但以后听说某老真的去过，自然无话可说了。

新一批国家重点文物名单公布后，某权威老专家发表谈话，称此次国家文物局十分重视对少数民族文物的保护，如将客家土楼列为全国重点保护文物。我真怀疑是记者写错了，但报纸坚称报道没有问题。客家人是汉族的一支是民族学的常识，在中国 56 个民族中并无客家一族，如果连中国有哪些少数民族都不了解，误将汉族当成少数民族，又如何能指导有关部门重视保护少数民族文物呢？而且我在福建当地看到，土楼并非全部为客家人所建所有，正确的说法应该是福建土楼。

珍贵书画，包括国宝级书画的鉴定离不开几位权威的老专家。但这些年来，已经不止一次听说某老专家鉴定为真品的书画，却被另外的老专家斥为赝品。如果是学术上的不同意见，那完全可以理解。有时要鉴别书画的真伪的确并非易事，有的赝品足以乱真，当年张大千的作伪曾经混过了不少名家的法眼。但连一些不难发现的低级错误都看不出来，就不能不使人联想到学术和经验以外的原因了。

我提出这些疑问，绝不是轻视或怀疑老专家的作用。上面举到的例子，毕竟只是老专家中的极少数。老专家德高望重，本身就是学界泰斗、国之瑰宝，也是我们的老师、后辈的楷模。正因为如此，即使其中的个别现象也会在学术界和社会上造成不良影响。尤其是一些权威老专家在各自的领域起着举足轻重的作用，一言九鼎，即使偶然失察失言，也会产生严重后果。实际上，有的老专家年事已高，精力不济；有的虽有高深造诣，但已无法了解实际情况；有的虽然有丰富经验，但已不适应新的发展。对他们难免出现的失误我们自然不能苛求，但无论如何，也得请老专家自重。

现在有些个人或部门名义上重视老专家，实际上却是将老专家当枪使，当挡箭牌，也不尊重老专家的真实意见，甚至不顾他们的健康状况，让他们参加力不能及的繁多活动。更为恶劣的是，提供错误信息，或设下圈套，误导老专家，以便利用他们的名义和声望营私。有的老专家已完全丧失了工作能力和正常思维，却被继续拥戴为某一领域的领袖，还有人为之欢呼雀跃。这就不能不使人怀疑他们的真正目的，究竟想利用老专家做什么？这种现象一时无法杜绝，为此，只能再次请老专家自重。

（《文汇报》2003 年 8 月 8 日）

「真风水」就有权评定吗？

据《东方早报》驻浙江记者陈周锡报道（载《东方早报》10 月 27 日 A16 版），针对杭州开发商以"风水房"推销楼盘的现象，建设部中国建筑文化中心建筑风水文化专家委员会副秘书长徐韶彬和"国际易学文化研究会首席顾问、浙江大学博士褚良才"声称："目前绝大部分宣称建筑风水文化的楼盘，实际上只是开发商、中介公司作为推销楼盘的卖点而已"；"所谓风水大师借'伪风水'进行商定炒作助推而来"。他们认为，"伪风水"将重创建筑文化。

报道又引徐韶彬的话，"建筑风水评定是一项繁琐的工作，作为我国唯一的建筑风水评定机构建设部中国建筑文化中心建筑风水文化专家委员会，至今没有为任何一个建筑项目鉴定报告"。在另一处，"专家"也自称此机构是"国内唯一建筑风水评定权威机构"。

这不能不使我感到非常奇怪，因为不久前，就有这位徐韶彬副秘书长宣称，建设部中国建筑文化中心委托南京大学易学研究所开展"建筑风水文化"认证培训、考核,合格者将由中心颁发证书。为此,我在报上发表文章,要求建设部明确表态,建设部直属的中国建筑文化中心是否有权开展这项认证培训并颁发证书?这样的证书具有什么效力?建设部是否同意并授权该中心举办这项活动?是否承认这种证书的合法性?

稍后,建设部某负责人称,建设部从来没有授权任何单位或个人开展有关"建筑风水师"认证培训并颁发证书的行为。(见9月15日人民网)南京大学和该校哲学系又否认与此项活动有任何关系。但据有的媒体报道,这位徐副秘书长又与国际易学联合会合作,将培训班转到北京,还声称要用"变通"的办法来处理证书的难题。不过,既然建设部已声明没有授权,那就是徐副秘书长的个人行为或民间性质,只要有人愿意要,又不涉及欺诈和违法,自然与旁人无干。

但这次徐副秘书长的说法却不同,因为他又打出了建设部的旗号,又是"唯一",又是"权威",因此我不得不再次请建设部或徐先生明确表态:是哪一个政府部门授权"建设部中国建筑文化中心风水文化专家委员会"为"国内唯一风水评定权威机构"的?如果是建设部,为什么不正式公布?连该部的官方网站上也查不到。如果是其他政府部门,为什么越俎代庖,授权给其他部直属机构的一个"学术委员会"。顾名思义,学术委员会只能管学术方面的事,岂能成为全国唯一的评定机构?如果是徐副秘书长自封的,那么也请他公开说明自己的理由,并且从今以后不要再打官方的旗号。否则,与徐先生斥责的"伪风水"又有什么两样?建设部应该追究他的责任,在全国范围内消除其不良影响。建设部直属的中国建筑文化中心负责人也应该向公众说明,这个专家委员会的性质和这位徐副秘书长的职权究竟是什么。

我一直认为,风水或与此相关的方面作为中国传统文化的一部分,在中国地理学史上有其相应的地位,是值得重视和研究的。照理说,建设部直属机构中已经成立专家委员会,去年还在人民大会堂隆重开会,要人或到会，或致贺，媒体纷纷报道，足见政府重视，条件优渥，徐先生等专家完全可以潜心研究，堂堂正正发表意见，为什么一而再，再而三要干这些令人费解的事？如果这次再不说个明白，连我也要怀疑你们这个"建筑风水"的真伪了。

（《南方都市报》2005 年 10 月 31 日）

专家应摆正自己的位置

不时可以在媒体上见到专家的意见，这既是改革开放以来言路大开的明证，也是专家的意见越来越为公众重视的表现。但近来也经常看到一些专家以特殊的身份发表意见，如某某课题组、某某项目，甚至代表某政府部门或权威人士，以致引起公众的过分关注，我不以为然。

其实，各方面专家的优势是在于他们的学术或专业地位，正是从自己的学术研究领域出发，专家才能对某一方面的问题发表负责任的、独特的见解，贡献于公众，服务于社会。专家意见当然只能代表个人或者一个团队，所以只要不违反法律和社会公德，都可以自由发表，也只能由自己负责。

但现在有些专家却不是那样，动辄以某代表、某委员、某顾问、某首席专家、某项目组、某课题组的名义说话，或者有意无意地强调某种特殊关系或特殊身份。无论是出于媒体炒作，还是他们自己故作姿态，本来能对舆论起积极作用的专家意见，却因此而变味，而贬值了。

　　这些身份未必全是真的，例如有时故意漏了一个"前"，而这个过去时态可能已是一二十年前。有时少用了一个"副"，而副与正的比例大于10。有的项目组、课题组完全是自封的，或者早已结束。如果这是媒体炒作或误报，又涉及重大或敏感问题，专家本人应该及时纠正。即使是百分之百真的身份，是否就能给自己的意见增加分量呢？这正是某些专家所希望的，甚至巴不得公众将他的意见看成政府的主张或即将实施的法律法规、政策措施。尤其是在某些敏感领域，往往就此引发一场风波，造成一起人为的震荡，使个人或某些利益集团获利。或许有的专家只是为了提高个人的声誉，实际却损害了公众利益，或者影响了政府的公信力和形象。

　　近年来，在一些重大事件或社会新闻中不乏两院院士的声音，而且他们的声音一般都具有很大分量，得到政府部门和社会各方面的普遍重视。但有时也会发现，某些院士同时拥有"董事长""总经理""总工程师"这一类身份，有的就属于当事一方，或者代表了当事方的利益。当然，在这种情况下院士也可以发表意见，表明态度，但必须公开自己的另一重身份，并依照国家法律，遵循社会公德，该回避的时候就回避。例如，在杭州地铁施工塌陷事故发生后，媒体曾报道一位被称为"中国地下工程权威"的工程院院士的意见。但不久就有媒体透露，这位院士还是施工方中铁隧道集团的副总工程师。那么这位院士为什么不在一开始就亮出自己的双重身份，或者以施工方的代表说话呢？如果意识到自己应该回避，为什么不请其他更合适的专家作判断呢？

　　其实，院士也罢，教授、专家、学术权威也罢，在真理和事实面前的地位都是相同的，在法律面前都是公民。在以自己的知识、经验、见解赢得公众尊重的同时，也承担了更重大的责任。请摆正自己的位置！

　　　　　　　　　　　　　　　　（《南方都市报》2008 年 12 月 15 日）

这样参加『国际会议』该让徐霞自己掏钱

　　第一次看到"徐霞事件"的报道时，我就觉得她去夏威夷参加"国际会议"的事有些蹊跷。看了新华社记者杨金志、李明 2 月 18 日的报道《借国际会议之名，组织出境游获利》，果然这是国内一些人借国际会议之名，利用商务旅游签证组团出境旅游，从中获利。报道中提到的当事人徐霞似乎是误入陷阱，之后是身不由己。但即使根据报道的内容，徐霞也不该去参加这样的"国际会议"，既然主要是为了旅游，就得自己掏钱。

　　这几年，类似的"国际会议"邀请函我不知要收到多少，来自夏威夷的也有好几份，时间大多在冬天。这类会议的名称当然很"国际"，不是"国际第 ×× 次"，就是"全球 ××"，或者"×× 论坛"，但是只要看一下内容，谁都会明白这类会议是怎么一回事。一个共同的特点就是根本不需要提交论文，或者对所谓"论文"没有任何要求，来者不拒。而且"会期"一般较长，有的干脆写明正式会议一天，其他时间可自由安排，并代办旅游。主办者或联系人往往是华人或有华人背景，所以不必担心语言不通。并且对方熟悉国内财务制度和报销手续，既能根据参加者的要求提供邀请函，又能开出经得起审计的发票。

作为一位已经获得博士学位的博士后人员，徐霞难道一点都不知道国际会议的规矩？如果真想参加国际会议，为什么不通过所在的交通大学或专业所属的学会联系申请？报道称学通信专业的徐霞并不知道有这样一个学术会议，而介绍人甄某退休前是建筑系教师，即使自称为这个国际会议的"亚太总理事"，难道徐霞没有一点鉴别能力？即使事先不知道，等了解同行的"代表"没有一个人是去开会时总该明白了吧！当甄某拿出旅游线路图让她选择，并按照行程收取费用时，她不是交了五百美元吗？这总不是开会费用吧！

可惜甄某心太狠了点，也没有照"行规"办事（这是根据报道上徐霞的说法，而甄某至今没有表态，如有出入恕我无法负责），没有给徐霞可以回来报销的发票，以致引出以后的事。如果徐霞拿到了发票，肯定不会计较机票和旅馆费的多少，反正回来报销，由公费开支。到博士后出站时，徐霞还能在表格上填上出席过"太平洋地区通信学会年会"，在国际会议上发表过什么论文。甄某自然不会白辛苦，至少能按人头或按实际消费额得到佣金，结果就皆大欢喜。倒霉的是纳税人的钱：5600元机票，500美元的"会议注册费"或"学术考察费"，加上公费出国每天50美元的伙食费，若干零花钱，或许还加上签证费、国内交通费、论文打印费，至少13000元就这样给她花了。

有的会议服务周到，再交一笔"会费"，能给个"理事"或"委员"的名义。有的会议还能发一张印刷精美的证明，证明参加者发表了什么论文，上面签上某国际会议或某学会主席的大名。不过稍了解美国制度的人一定知道，这类学会只要办个登记手续，不必审批，会长、主席完全自封。幸而"太平洋地区通讯学会年会"没有提供这类服务，否则报销额会更高。

近年来高校和科研部门的经费有了较大幅度的增长，特别是一些重大自然科学、工程技术项目，数百上千万都不在话下。掌握经费的"老板"大笔一挥，什么费都能报销。靠上大项目的"老板"，连博士后、研究生都能在分配到的份额中报销各种名目的开支（当然也有将他们当廉价劳动力，一毛不拔的）。有些人不是经费不足，而是苦于不能在规定的年限内将钱花完，以便拿到新的拨款，于是参加"国际会议"或出国进行"学术考察"成了一些人及时完成花钱任务的手段。我在国外参加国际会议时，就遇到过从来不到会场的"代表"，还在非洲的名胜遇到过去另一个国家出席"国际会议"的人，当然到第三国旅游的手续是由旅行社包办的，开的发票上也不会留下破绽。我估计徐霞本人或她的"老板"手头经费不少，所以才能私自花一万多元干这种事。

按规定，徐霞出国参加国际会议是要向所在单位申请，由省部级主管部门（或被授权单位）批准的，在此前提下才能报销旅费和会议开支。如果按报道的说法，她完全走的是私人门路，是因私出国旅游，那就该由她自己掏钱。如果单位还没有放寒假，事先又没有请假，还得按旷工扣除工资或津贴，并给予相应的处分。

或许有人会说，徐霞已经挨打被关，遭受不幸，还得去美国应诉，这样做岂不过分？我认为桥归桥，路归路，这是性质完全不同的两回事。对她的遭遇，我国政府和相关方面已在关注，美国当局也已表态，待事实查清后必定能得到正确处理。如果她的确受到伤害和侮辱，我国政府一定会保障国民的权益，为她讨回公道，获得赔偿，公众也会表示同情，给予支持。但不能因此就让她巧立名目，用公费出国旅游。试问，如果我国哪位游客在国外遇到类似事件，难道还让纳税人给他付旅游费吗？

（本文写于 2005 年）

中国的教授为什么「申请科研基金很勇敢」

最近，著名数学家丘成桐在中山大学的一次演讲中批评中国的教授"申请科研基金很勇敢"，这的确是事实。两三年前，我也是其中之一。为什么中国的教授会形成这样一种特色呢？曾几何时，绝大多数中国教授还不知基金为何物。我是在1984年申请去美国哈佛燕京学社当访问学者时，才知道这是一项基金长期资助的项目。至于自己在中国申请基金，是在1987年申报设立不久的国家社会科学基金。一种行为能成普遍的社会现象，肯定不是少数人所能左右，必定存在着制度或社会方面的原因。

本来，基金的设立应该是为了达到某种目的而对某些人或某些方向的特殊资助，或是对某些特殊人才的锦上添花，或是对某些项目的雪中送炭，而不是为了解决研究部门或高校的日常开支和人员的生活津贴。但在中国，几项主要的基金，如国家自然科学基金、国家哲学社会科学基金以及教育部的211、985项目，都是在正常的科研与教育经费极少、科研和教学人员工资极低的条件下设立和运行的。近年来科研和教育经费虽有增加，科研和教学人员的待遇虽有提高，但这些提高部分往往都与基金或项目经费联系在一起，这种情况到今天也没有根本性的改变。离开了各种基金和项目经费，研究部门和高校的正常维持都成问题，相关人员除了依然不高的基本工资以外就得不到任何津贴。记得十来年前，中科院某研究所的朋友告诉我，由于使用办公室必须从自己的经费中付费，他们没有项目的人已经没有立足之地，每次只能提着包在走廊里转一圈就回家，也进不了收费更高的实验室或机房。某高校一度设立"终身教授"，但他们的待遇取决于手里有多少经费，否则就与退休人员没有什么区别。一句话，对科研人员来说，申请不到基金就意味着失业下岗，或者只能依靠单位的怜悯和别人的救济生存。

不仅如此，获得经费的多少和相关基金的等级，已经成为对单位和个人进行评估、晋升最重要的指标。当然获奖更重要，但毕竟数量有限，多数人是得不到的。在任何评估中，经费多少是不可或缺的指标，而国家级与省部级的基金，照例可以获得加权指数。至少获得一项省部级以上的基金，往往是晋升称职的必需条件。即使个人清心寡欲，或者他从事的研究并不需要额外经费，单位也会尽全力促使甚至逼迫他申报。于是地方政府、上级部门、所在单位纷纷出台配套措施——至少按一比一配套，还有名目繁多的优惠。甚至只要参与申请，即使一无所获，也能得到若干经费的鼓励。对基金会人员和评委的公关工作也双管齐下，单位会全力以赴，比个人还积极主动。除了在基金设立之初已经功成名就的人以外，现在的院士、博导、教授，有几个不是一项项基金或项目申请下来的？在这样的体制下，单位或个人都欲罢不能，欲退不能。我曾经因为某项基金在评审中的不公正做法而决定不再申报，但当时我作为所长，还得促使同仁努力申报，还得为他们争取。我有一个申请到的项目，由于情况变化，我发现已无法按原计划完成，于是申请退回全部经费，希望予以撤销。但各方面都不希望在统计中出现这一类型，至今尚未得到批准。而我现在之所以能超脱于基金，是因为我已不再担任所长，卸下了统计评估的负担。也因为学校不再每年对我考核，而我手里还有几个大的项目，足以做到退休。要是我还等待晋升，还主管一个科研单位，还在等米下锅，我敢吗？

　　尽管国家与省部级的基金都在大幅度增长，但在这种体制下，本来根本不需要或没有资格申报的人无不加入申报者行列。特别是随着高校教师和地方科研人员数量的不断扩大，一窝蜂地要办"研究型大学"，争"世界一流"，申报者越来越庞大，使基金永远处于粥少僧多的状态。加上基金评审本身存在的缺陷和社会普遍的腐败作风，种种怪现象就在所难免。

　　所以，要使中国的教授勇于献身科研和教学，而不仅仅表现为"申请基金很勇敢"，除了教授本身的自律外，关键还是要在体制上进行改革。首先要大幅度提高国家正常的科研和教育经费，使之与基金保持合理的比例，使基金的功能回归本位，改变"全民申报"的局面。其次在各种评估指标中，要将科研和教学的实际成果放在首位，而不是看有多少项目和多少钱。再者，必须将个人的收入与基金的多少脱钩。改善科研人员和教师的待遇应该通过增加工资和津贴实现，对优秀的科研人员可以发奖金，而不能通过科研经费提成。

　　　　　　　　　　　　　　　　　　　　　　（《南方都市报》2009 年 3 月 30 日）

请尊重教师和课堂的尊严

近日在上海的新闻广播中经常听到一条插播的广告:

一位女教师教学生念"How Much",有学生却念成"好麦琪"。同学纠正他,他还是这样念,原来是指某食品厂这一牌子的蛋糕,接着就是一串广告词。最后女教师居然说:"下课后我也跟你去买好麦琪。"

我不得不感到愤怒和悲哀。以往有"有钱能使鬼推磨"的说法,难道厂商肯出钱,就能使广告商将脑筋动到教师和课堂上来? 媒体就能容许这类广告播放?

广告设计的场景很明白,是在英语课堂上。奇怪的是,那位女教师听到小学生故意将 How Much 念成"好麦琪"后,非但不加纠正,还容许他滔滔不绝赞扬这蛋糕如何好。更不能容忍的是,女教师在耐心听完后,不仅没有批评这种明显违反课堂纪律的行为,居然还要学生在下课后带她去买好麦琪蛋糕!

在这里,小学生的形象成了商品推销员,甚至比推销员更"敬业",

可以不顾学校纪律在课堂上推销。而女教师成了商品的俘虏，会迫不及待让学生推销员带领去购买。

或许有人会说，广告词无非是要引人注意，耸人听闻，何必太认真？

但我以为，任何广告都应该遵守法律，尊重社会公德，不能违背事实。既不能对所推销的商品说假话，也不能对广告涉及的内容和形式进行歪曲和损害。对广告的最低标准也应该是无害。而像上述广告，已经明显歪曲和损害了教师和课堂的形象，对儿童起了误导作用。请广告设计者、广告商、厂商们设想一下，如果你们的孩子听了这样的广告，他们今后会不会在课堂上念广告词？会不会在英语课或语文课上将老师教的发音念成广告的谐音？会不会让老师下课后跟自己去买喜欢的商品？他们心目中的老师会是怎样的形象？如果老师真像广告中那样，不制止学生违反纪律的行为，反而会对购买商品感兴趣，你们会放心地将孩子交给他（她）们吗？

老实说，这几年这类奇奇怪怪的广告已经不少，有些广告中的谐音和对成语的改变已经影响到中小学生的语文教学，但如此明目张胆地打教师和课堂的主意也还少见。马路上的广告还能避免，广播中的广告却很容易传入孩子们的耳朵。

中国人历来有尊师重教的传统，措施之一，就是维护教师和课堂的尊严。一位合格的教师也会十分注意自己的形象，在课堂上和学生面前，绝不能有与教师身份不符的表现。因为对学生来说，特别是对小学生来说，教师的一言一行、一举一动都是他们模仿的对象。在社会急剧的变动中，在商品大潮的冲击下，少数教师和课堂已经不那么纯洁了，千万不要让这类广告再增加污染。

尽管这则广告未必违反相关法律，我还是希望有关各方自动停播。为了教师，为了课堂，为了孩子，也为了我们自己，少赚一点钱还是值得的。

（《东方早报》2005 年 4 月 12 日）

致一群年轻的教师

我与你们邂逅在虹桥机场的候机室，从你们的互相称呼中得知你们是我的同行。你们是那么年轻，多数人不会超过三十岁，最小的不过二十来岁，正是我三十多年前成为教师时的年龄。

那是一个晴朗的夏日清晨，你们兴高采烈，即将登上飞机去旅游。我羡慕你们的年轻，更羡慕你们的幸福。在我刚做教师时，就连最富有"资产阶级思想"的梦想中也不会出现坐飞机，暑假中最经常性的活动是下乡参加"双抢"劳动或政治运动。当我在三十五岁时第一次乘飞机，还是因为作为我导师的助手的特殊需要。

但在你们通过安全检查时，我却发现你们对那条黄色的一米线全都视而不见，甚至几个人一起拥到了检查员前。我真想走过来提醒一声，又怕伤了你们的自尊心。但几天过后，我一直懊悔没有这样做，所以我决定写下这些话。我应该作这样的弥补，因为你们都是教师。

也许你们会说："我们是第一次乘飞机，不知道应该站在一米线后。"

但我有理由批评你们，难道你们从来不听广播、不看报纸吗？因为上海的传媒早已不止一次地做过在机场等公共场所设置一米线的报道。难道你们没有看到，就在你们进入安检口前，墙上写着请站在一米线后的告示？难道你们没有注意到，就在你们的左右，尽管只是少数人，毕竟有一些人自觉地站在一米线之后？

或许你们那天过于兴奋，以致没有注意本来应该注意的事情，但文明的程度更多地体现在一个人的非正常状态，体现在喜怒哀乐之中。在你们未来的道路上免不了会有更令人激动的时刻，希望你们始终能保持现代中国人应有的文明。

或许你们是出于对一个陌生环境的新奇，但"入境问俗"是我们的优良传统，在一个飞速进步的社会，随时随地都可能遭遇新鲜事物。在你们未来的人生中肯定会面临无数新的问题，希望你们永远保持着年轻人的好学态度和虚心精神。

你们想过没有：如果那天你们是带学生出行，会给幼小的心灵留下什么影响？也许你们会说："那我们肯定会注意到告示的内容，教育他们遵守规定。"既然如此，为什么在没有学生时就不能约束自己的言行？

的确多数人还没有遵守一米线的规定，但请不要忘记，你们都是教师，无论你们多么年轻。

（《文汇报》1997 年 8 月 21 日）

树立优良学风，研究生阶段是关键

最近，接连被揭发的学术丑闻，几位研究生都充当了不光彩的主角——据调查结果，他们都背着导师，将自己抄袭、剽窃的"论文"发表，并擅自署上导师的名字。他们不仅害了自己，也影响了导师和学校的声誉，还没有来得及正式进入学术界和研究领域，就已被列入"黑名单"。或许有人会为他们抱不平，认为他们做了导师的替罪羊。即使如此，他们参与了抄袭、剽窃，又不愿或不敢揭发事实真相，责任也是无法逃脱的。

当然，大学和学术界普遍存在的不正之风、研究生培养制度的不合理规定和某些导师的"上梁不正"的确起了诱发、怂恿或驱使的作用。例如，硬性规定在研究生期间必须在规定的刊物（如核心刊物，甚至"权威刊物"）上发表若干篇论文，个别导师惯于将自己的名字署在学生前面。尽管如此，多数研究生还是能够洁身自爱，保持优良的学风，所以关键还在于自己如何正确对待。

无论是毕业后继续从事学习和研究，或者从事具体工作，研究生阶段都是树立优良学风的关键阶段。

现在学术界存在的种种不良现象，大多属于学风不正、学术不端，主要原因还是在大学本科或研究生阶段没有打好基础，其中研究生阶段尤其重要。以撰写论文为例，本科的毕业论文往往不够规范，研究生论文如果再不严格要求，就会习惯成自然。有人到写博士论文时还不知道要先写学术史，在充分尊重和肯定前人成果的基础上，方能提出自己的研究方案。这固然与导师缺乏指导有关，但如果留心学习，这样的基本规范是不难掌握的。又如不引用或核对原始资料，将别人论著中的引文注释当作自己的发现，既违背了学术道德，又存在很大的风险。如果原来的引文不当，或者注释有误，或者纯粹是伪注，那就不仅会将错就错，而且会暴露出抄袭的本质。我曾根据《汉书》中的户口数制了一张表格，其中有的数字是我计算出来的，并不是史料的原文。有人抄了这张表格，注释中却不引我的书，依然注为《汉书》。还有人在引用一个外国地名时用了错误的翻译，却将出处注为原文。这类错误虽小，但一经揭露，抄袭的本质立时显现。有些人习惯于在运用别人的成果时不注明出处，还以古人论著中往往如此为理由。要知道，古人的不少论著当时都只是自己的笔记或摘抄，并不准备公开发表，而且那时书写条件差，所以能省则省。不过，这些不规范行为都不难纠正，特别是近年来已有多种学术规范出版，有不明白的地方照着办就是了。

真正令人担忧的，是不少同学已经见怪不怪，习以为常。毋庸讳言，社会上的腐败现象、家庭的不正之风已经侵入学校，造成相当严重的后果。例如有些同学习惯于平时抄作业，考试时作弊，写论文时上网找现成材料，甚至靠抄袭剽窃发表论文。一旦被发现，能赖则赖，赖不了就敷衍检讨，不是认识错误，而是怨运气不好，怪自己手段不高明。有的同学对个别导师或领导的不正之风非但不能抵制或躲避，还主动迎合，推波助澜，结成不正当的利益关系。

对这些同学我不想讲多少道理，其实他们并非不懂，而是迷信现实，贪图所谓"实惠"。我只能劝他们眼光看得稍微远一些，腐败终究是要清除的，不正之风毕竟不会一直刮下去。"少小不努力，老大徒伤悲""一失足成千古恨"，是多少人用失败与痛苦换来的教训。世界上大多数国家、中国大多数年代对学术舞弊的谴责和惩处是相当严厉的，即使再有才华，再有成就，因此而被清除出学术界的人并不少见。韩国的黄禹锡因造假而从学术顶峰跌落，还可能沦为罪犯，可谓一位典型的反面教员！

但愿是我过虑，将问题看得太严重了。如果事实证明我错了，到时愿向大家郑重道歉。

（本文写于 2009 年 8 月 25 日）

学风建设是培养和造就创新型科技人才的根本

在两院院士大会上的讲话中，胡锦涛指出："必须坚持人才资源是第一资源。"他希望两院院士要在建设创新型国家中大显身手，体现了党和国家对院士的殷切期望，也显示出人才资源对建设创新型国家的重要性。

正如胡锦涛所指出的，要培养和造就创新型科技人才，要完善培养体系，不拘一格选用人才，完善制度和政策保障，进行开放式培养，营造鼓励科技创新的社会氛围。这些措施涉及不少部门和方面，但都离不开一点——如何加强学风建设，树立科学道德，确立学术规范。

如果说，去年发生在韩国的黄禹锡事件给我们提供了一个反面典型的话，刚发表的中山大学朱熹平教授等破解"世纪数学难题"庞加莱猜想的成就为我们树立了学习的榜样。

首先，任何科技成就都必须经过严格的检验，是否达到国际先进水平必须由国际一流的专家确定，要实事求是，恰如其分地作出评价。据报道，朱熹平与曹怀东的论文完成后，丘成桐用了半年时间组织对论文的评审和答辩，他们两人每周用三小时的时间与一批国际顶级的数学家讨论，接受他们的质询。在肯定他们对解决这项世纪难题起了"封顶"作用的同时，丘成桐高度评价此前美国和俄罗斯科学家开创性的贡献，而杨乐认为中国科学家的贡献在 30% 左右，并指出"在这样一个世纪性、世界性的重大难题中，中国人能发挥三成的作用，绝非易事，是很大的贡献"。

而黄禹锡却通过以假乱真、篡改数据、违背学术道德等不正当手段，有关刊物也未加严格审查，匆匆忙忙发表了这样一篇论文。国内某些一度被称为"国际领先"的成果也如出一辙，有的连必要的检测都未作过，有的虽有院士领衔鉴定，却连明显的漏洞都发现不了。"国内首创""国际领先""世界一流""填补空白"等评语早已成为随便贴的标签。相比之下，丘成桐与杨乐的评价简直"吝啬"到了极点，却正是我们所需要的。

其次，要为科技人员提供自由宽松的学术环境，让他们安心从事科研，而不是驱使他们打着"为国争光"的旗号，去为小团体或个人争名逐利，或者为了"抢占"山头，紧跟潮流，甚至只是为了项目、经费、市场。据曹怀东说，当初曾动员北京专家做这项课题，但没有人做，而朱熹平从 1997 年一直坚持到现在。（《新华社每日电讯》6 月 5 日第 3 版）为了给他以学术为生存方式的杰出人才宽松的环境，中山大学近年来免除了对他的考核。在朱熹平专心致志攻克难题的过程中，有四五年时间几乎没有发表过论文，但他始终得到国家和学校的大力支持，获得充足的经费和相称的荣誉，并且与同事、学生组成很好的团队。

黄禹锡也曾是一位才华横溢的科学家，但在政治、道义、民族荣誉的巨大压力下，在迅速膨胀的名利诱惑下，从急于求成演变为弄虚作假，不惜违背科学道德和学术良心，最终成为科学罪人。国内学术界个别人的造假行为之所以得逞，也与某些领导不顾实际条件，片面追求成果和论文的数量、等级，也和本单位的名誉地位有关。

当然，科技人员自身素质的提高是关键所在。胡锦涛同志希望两院院士"做拼搏奉献的楷模，带头弘扬追求真理、实事求是的科学精神，积极实践以'八荣八耻'为主要内容的社会主义荣辱观，承担起向社会示范创新行为、展示创新成果、传播创新文化的责任"。这些既是对院士们的要求，也是科研界、学术界的努力方向。无论是院士、杰出科学家，还是学术新星、青年学者；无论科研成果多大，学术地位多高，在科学道德、学术规范面前一律平等，谁也不能做特殊公民。院士是一种学术称号，是终身学术荣誉，不能异化为名利阶梯，更不能膨胀为无所不能的偶像。在总结经验的基础上，继续完善院士制度的过程中，要重视近年来个别院士身上暴露出来的学风方面的问题。

还应该看到，近代中国经历了剧烈的变革，改革开放不过二十多年时间，优秀的传统文化如何继承，社会主义的新风如何建立，"八荣八耻"的荣辱观如何树立，不仅是全社会面临的任务，也是科技界、学术界不可回避的课题。年轻一代更要注意弥补思想和人文方面的不足，在学术进步的同时完善人格，担当起创新重任。

（本文曾以《创新型人才需要宽松环境》为题，

发表于《第一财经日报》2006年6月7日）

校园与社会

择校与「学区房」

　　择校的意思就是选择学校，但在当今中国，主要是指在中小学阶段为子女选择学校。由于不想"输在起跑线上"，如今的择校已提前到选择幼儿园。

　　只要学校之间存在差距，选择较好的学校是人之常情，贩夫走卒，达官显贵，毫无例外。中国人择校，外国人同样择校。所不同的是，不是所有的人想择就择得了。有些人要费九牛二虎之力，甚至为之倾家荡产，最终也未必如愿。有人却不必亲自过问，就能随心所欲。当关系、权力的作用受限时，买"学区房"就成了不二法门。一旦教育行政部门要改变规则，已购的学区房不能通向中意的学校，自然会引起有关的和无关的家庭的恐慌和愤怒。

　　择校并非中国特有，只是在中国更有特色而已。哪些国家、什么时候不再需要择校呢？无非要两方面条件：一是公立学校之间差距很小，不值得刻意选择；一是家长和学生相当理性，选择真正适合自己的学校。这两点恰恰是中国目前最缺乏的。

中国现在实现九年义务制教育，小学、中学都属这一阶段。义务制教育是免费的，花的都是纳税人的钱，理应公平，各校的条件设施、师资水准、教学质量等应该大致相同。但实际上，城乡之间、地区之间、各校之间相距很大，名校、重点学校、实验学校与普通学校间往往有悬殊之别。所以，我在多年前就建议国家制定并公布义务制教育的最低标准，各地各校必须达到，又建议将义务制教育的均衡发展放在首位。在均衡化还没有实现前，先采取一些措施缩小校际差距。如可以将名校、重点学校与周围若干其他学校划为一个学区，所有超出标准的设施在学区内共享，向其他学校开放；特级、一级教师在学区内流动，使每所学校都有他们开的课程；各校课余的兴趣班、辅导班、讲座、竞赛向全学区开放。与此同时，要将义务制教育的最低标准不断提高，完全淘汰那些长期无法达标的学校。如果绝大多数中小学都能达到高水平的均衡，择校的意愿和动力就会大大减少。

与此同时，国家应该允许并鼓励发展民办教育，包括允许民间资本办营利性的学校。在义务制教育阶段当然应该以公办为主，但只要国家规定的标准和质量能得到保证，即使学校是以营利为目的也未尝不可。家长选择这类学校完全是自愿付费，也减轻了义务制学校的压力，对其他学生无害有益。现在那些小留学生将成百亿的钱送到外国，却未必能得到良好教育，为什么不能让他们在当地就能获得优质教育资源，把这些钱花在国内呢？

家庭方面也要学会理性择校，而不是一味追求名校。如果学校之间的差距缩小了，总体质量相差不大，就能显示出自己的特色。家长应该根据孩子的特点、兴趣和家庭的实际情况，为他们选择最合适的学校。当中国成为发达国家时，估计也只需要一半大学毕业的人力资源，没有必要、也不可能使每个孩子都将考大学、考名牌大学作为目标，所以为孩子选择学校时还应考虑考试成绩及智育以外的因素。一般来说，越是名校竞争越激烈，但并非每个孩子都适合激烈的竞争，也并非竞争越激烈机会越多。52年前我在一所重点中学实习，所教的初一一个班级中有二十多位同学在小学当过大队干部，进了中学有的连小队长也当不上，也显不出什么优势。第二年我到一所新建的普通中学工作，当初一的班主任，全班学生中没有一个在小学当过大队干部，只找到一个当过中队委员的同学，只能找一位当过小队长的当中队长，后来他当了大队委员，能力很强。如果当初他的父母让他硬挤进重点中学，恐怕只能垫底，反而不利他的成长。

　　至于现在已经存在的"学区房"，虽然大多出于民众自发，但政府也负有一定的责任。当这种现象出现并愈演愈烈时，教育主管部门并没有及时发出警示，也没有对可能调整入学办法的方案和时间表进行公示，至少是默许了学区房的存在，并在实际上保证了学区房与进入特定学校挂钩。另一方面，政府部门也没有对房产商炒作"学区房"进行干预，或者明确宣布房产商的"学区房"品种属非法广告，完全无效，提醒民众不要上当。有些地方甚至是官商一体，在新开发区、拆迁、棚改项目中大打"学区房"牌，以"学区房"引诱民众搬迁，或接受不平等条款。既然政府和教育部门负有一定责任，就不能说变就变，损害这部分民众的利益。同时应该有明确的时间界限，避免学区房继续延续。家长要学会自我保护，在没有政府明确承诺或有法律效力的合同的保障下，不要再冒险购买学区房。

　　家庭购房、租房时总得考虑孩子就近入学或有其他就学的便利条件，为此而多花些钱是值得的。如果这类房屋也可称为"学区房"的话，那么在任何国家都会存在，是完全正常的。

（《凤凰品城市》2016 年 5 月）

为了孩子，也为了自己

没有人不想让自己的孩子成才，没有人不想有晚年的幸福，但总有些人不能如愿。当然有客观原因，于是有人感叹命运，其实不如靠自己努力。

以前流行一句话："天才出于勤奋。"不少人深信不疑，不仅自己照着办，还用来教育下一代。但这句话其实是不完整的，后面至少应该加上一句："如果本来具备的话。"也就是说，如果本来就没有天才，再勤奋也是争取不到的。如果将天才解释为天赋，那么的确每个人都可能有某一方面的天赋，即在某一方面比其他人强一些。所以，作为父母或教师的一项最重要的职责，就是要发现孩子具有哪一方面的天赋，然后激励他（她）充分发挥出来，为这种发挥创造尽可能好的条件。有时孩子有某一方面的天赋，却缺乏这方面的兴趣，就要耐心引导，逐渐培养。但如果孩子根本没有那一方面的天赋，硬要通过"勤奋"来培养，或者逼着孩子做他毫无兴趣的事，不仅不可能成功，还会给孩子的成长造成障碍，给两代人的关系带来隔阂。

　　某些天赋可能遗传，但并不是所有的天赋都能遗传，所以父母不要期望下一代都与自己有同样的爱好，从事同样的工作。何况科技突飞猛进，社会日益进步，观念不断改变，下一代的机会比父母多得多，成长的条件也好得多，选择的范围也广得多。即使他们与父母的天赋相同，也完全可能向不同的方向发展，能够有更精彩的成绩，父母完全不必勉强。

　　社会需要的人才是多样的，天赋的发挥也是各方面的，并不一定高学历、高地位才是人才。如果当年比尔·盖茨的父母逼着他把大学念完，或者一定要再攻读硕士、博士，说不定就没有今天的比尔·盖茨和微软王国了。现在大家往往什么热门就让孩子学那门，却不懂得人才以稀为贵，某种特殊天赋如能得到圆满的培养就可能造就稀有人才，其作用自然更大。随着社会的进步，脑力和体力劳动之间、职业之间在经济和社会地位上的差距会越来越小，而简单劳动与复杂劳动之间的差别却会相应扩大。今天在发达国家，一个熟练技工的收入不会比拥有博士学位的白领低，歌星、球星的酬金会超过总统、部长的好多倍，社会地位也不会有什么高下，而某些高收入的职位往往伴随着高强度的智力或体力劳动，伴随着高风险。所以今天的父母们千万不要凭着你们自己的价值观念和判断能力去随意塑造自己的子女，还是顺其自然为好。

　　随着社会保障体系的健全和生活水准的提高，赡养关系不再会是维系家庭关系的纽带，父母与子女之间最需要的不是金钱和物质，而是感情，这是一个幸福家庭的基础，也是做父母的晚年幸福的基础。但感情不是来自血缘，不会与生俱来，而是靠共同的生活和密切的接触。无论地位再高、金钱再多、事业再成功、工作再忙，千万不要让子女从小就疏远甚至离开你们。即使你不得不将子女托付给老一辈、教师、阿姨、保姆，也不要忘记利用一切机会培养和增强两代人的感情，为了一个美满的家庭和自己幸福的晚年，也为了一个富裕而和谐的社会。

（本文收录于《冷眼热言——葛剑雄时评自选集》，长春出版社 2007 年版）

禁止择校的前提是学校普遍达标

最近，市教育主管部门作出了小学就近入学，公办学校不得择校的规定，是完全必要的。这不仅有利于义务教育的全面实行，也将扭转近年来愈演愈烈的有偿择校风。但是如果不是以所有公办学校普遍达标，并且逐步消除学校之间的悬殊差距为宗旨，真正的就近入学未必能做到，变相择校会以新的形式出现。

义务教育既应该是免费的，也是带有强制性的。一方面，政府为适龄儿童提供免费入学的条件，另一方面适龄儿童必须接受教育部门的安排，到指定的学校上学，或者在容许的范围内作一定的选择，而不能完全按自己的意愿挑选。道理很简单，教育经费来自纳税人，政府应该公正分配，每位适龄儿童能享受到的教育权应该是同样的。因此，所有的学校都必须达到教育部门确定的基本标准。

绝大多数家长择校的主要原因，无非是学校的基本条件和办学能力。尽管近年来择校的标准往往受到升学率的影响，但一般说来，是与学校的整体水平一致的。我们当然不可能要求每一所学校都达到高水平，或者完全消除各所学校的特色，但作为公办学校，必须达到政府确定并经当地公民认可的办学标准。在整个行政区域内，这个标准应该统一，并且随着当地经济文化的发展而不断提高。这个标准应该具体公布，如一所学校使用的建筑面积和标准，操场有多大，配哪些设备，教室与辅助设施的标准，校长与教师的配备，师生比例，每个班级的人数，提供的课本、文具和教具的标准，课外活动的条件，等等。这些标准必须接受家长、学生和社会各方面的监督。如果学校不达标，义务教育的对象和监护人有权拒绝入学，并要求教育部门提供合格的学校，赔偿由此产生的损失。

记得 20 年前，我的女儿在美国上小学，我发现供她们几位亚裔学生上课的小教室的墙壁上有几根很大的暖气管通过，就向校方提出存在安全隐患，不符合州政府规定的标准，校长立即道歉，并换了教室。开校不久，双语教学的中文课本还没有到，学校表示无能为力。我打电话给地区督学，他答应尽快解决，在课本未到前由教师印发教材。但我们现在并没有向家长和社会公开学校的标准，就是教育部门内部的标准也没有那么具体，或者有很大的弹性，或者有了标准却没有认真执行。

应该承认，在旧城区、城乡接合部，在某些新开发地区、郊区农村，还有些学校并没有达标，在就近入学的原则下，家长和学生往往只能接受现实。还有些地方，学校距离过远，或者交通不便，理论上"就近"的学校并不方便。还有的家长为了就近照顾、上下班顺路，希望将子女安排在自己工作单位附近。这些问题的解决，一方面还是应该强制这些学校限期达标，否则就只能停办或撤销。另一方面，应该规定"就近"的条件，如步行时间不超过多少分钟，或者有便利的公交线路，且不必换乘。如果学生居住地的学校配置达不到"就近"标准，就应提供校车免费接送。没有条件供餐的学校也应提供相应的补偿办法。如果没有后顾之忧，家长也就可以安心让子女就近入学了。

由于历史的原因，某些学校的标准大大高于基本标准，这些年锦上添花式的发展，少数重点学校、样板学校的标准令人叹为观止，完全可与发达国家比美。例如，有的小学连放乒乓桌的房间也没有，附近的学校却拥有室内体育馆、游泳馆，如此悬殊的差距，谁不想上条件好的？还有些家长和学生是针对学校的特色，如数学、外语、音乐、文艺、体育等。而且学生的兴趣和天赋的确不同，如果让一位具有音乐天赋和基础的学生上一所以体育见长的学校确实不那么合理。但是必须明确，义务教育只能免费提供基本的条件，以往那种将义务教育与特色教育、精英教育混同起来的做法是错误的。在义务教育还没有充分实施的条件下，将财力和人力用于少数学校是违反教育法的。有些地方为了满足党政官员的需要，为他们的子女建设高标准的学校，更是一种应该追究的腐败。

因此，今后除了私人捐赠以外，政府不能再向公办学校提供超标准的经费，财力有余时应该用于普遍性的提高。现有学校的超标准设施，应该向其他学校或社会开放。特色教育的设施和师资，也可以供一个学区或几所相近的学校共享。有些特殊的、耗费大的项目应该收费，以免占用义务教育经费。

与此同时，政府要鼓励私立学校来满足一部分富裕家庭或有特殊需要的学生。这些学校完全可以提高标准，按质收费。富人愿意自己负担子女的教育费用，应该得到鼓励，这既有利于提高富人与他们后代的素质，也减轻了义务教育的负担。广大民众要乐观其成，而不要产生不平衡心态，更不要盲目攀比，不顾自己的经济条件和子女的能力，非让他们上"贵族学校""精英学校"不可。

至于对一些确有天赋特长或品学兼优的贫困家庭子女的特别培养，对贫穷家庭子女的特别照顾，可以通过专项奖学金和慈善公益基金来解决。如有些国家规定小学的义务教育不包括下班以后和节假日，家长需要学校提供额外服务，如放学后留校活动等，就得付费。贫穷家庭可申请救助基金的支持。有些国家设有不同目的的奖学金或基金，资助公办学校学生的课外活动或特长教育。

（《东方早报》2005 年 12 月 27 日）

冷眼看排名
冷静找差距

上海交大高等教育研究中心公布了 2008 年"世界大学学术排名 500 强"排行榜，中国内地共有 18 所高校进入 500 强榜单，但无一跻身百强，排名均在 200 名之后。据称，该中心自 2003 年发布第一份排行榜以来，"目前已得到国际社会广泛认可"。

近年来，我们已看到不止一个世界大学排行榜，中国的大学排行榜就更多了，但同一所大学，在不同榜单上的排名往往相差悬殊，即使在国内也是如此，更不用说在世界了。有人批评这些排行榜是自我炒作，因为发布者所在大学的排名大多比外界心目中的位置更高。还有人更关注这类排名的背景，怀疑学术以外的因素在起作用。我认为不必要，也不应该这样看。

中国的大学当然要了解自己在世界大学中的地位，特别是应该了解经过这些年的发展，进步了多少。其实，你不排，人家也在排；不公开排，也在暗中排。所以，有比没有好，有中国自己的比只有外国的好，公布比不公布好，适当多几家更好。不止一家，才好比较，逐渐优胜劣汰，产生中国公认的权威大学排行榜。今天世界上各种各样的排行榜不胜枚举，同类排行榜发布完全不同的结果不足为奇，但得到广泛认可并被运用的也就那么几家。

其实，一个公正权威的排行榜在公布结果的同时，必须公布评选标准、资料或数据的来源。有了这些，我们就不难发现，尽管评选者见仁见智在所难免，但更主要的原因还在于不同排行榜的评选标准。

例如，交大榜的排名指标包括四个方面。其中，反映教育质量的获诺贝尔奖和菲尔兹奖的校友折合数（占10%）；体现教师质量的获诺贝尔奖和菲尔兹奖的教师折合数（占20%）。（据《新民晚报》8月13日报道）这30分内地大学都拿不到，或者因杨振宁、李政道出自西南联大、清华能得几分。但一所大学即使现在的教育质量已经非常之高，它的毕业生要得诺奖或菲奖也得在多年以后，所以对目前的排名毫无作用，何况教育质量并不仅反映在校友获这两项奖上。又如，对人文社会科学的成就而言，在这份排行榜中唯一被采用的指标是社会科学引文索引（SSCI）收录的论文数，与科学引文索引（SCIE）收录的论文数合计为20%相比，至多只占10%。对综合性大学的学术排名而言，人文社会科学只占几个百分点，自然是难以显示其合理地位的。而且，以SSCI作为评价人文社会科学的唯一指标，即使在西方的大学也未必行得通。

但是，各类排行榜对单项指标的统计数，还是比较客观地反映了国内大学与世界先进大学之间的巨大差距，这是不争的事实。而近年来大学所取得的成就，只要对比历年的同类同标准排行榜就可以看出。

对排行榜不妨冷眼相看，但对中国大学或本单位与先进水平大学存在的差距必须冷静对待，老老实实承认，切切实实改进，除非你想搞个假排行榜自娱自乐。

（本文写于2009年5月2日）

不能向高考中的迷信让步

每年高考前后都会出现一些迷信活动，流行一些莫名其妙的禁忌，但今年已经泛滥到惊人的地步，如果听之任之，无论对应考学生、家长还是全社会都会造成持续的不良影响，并将扩大到其他方面，必须认真对待。

高考前后都有大批学生家长到寺庙烧香许愿，现在已扩大到各种与科举、文人、文化有关的人物纪念地和场所，这些单位无视国家法令和自己的身份，趁机敛财。据报道，哈尔滨双城魁星楼出售外包装印有"金榜题名"字样的"高香"，价格从 66 元到 99 元不等。还专门设立向魁星"捎话"业务，将学生的姓名、学校、志愿写在一张印有魁星大印的表格上，送到香炉焚烧，就能"通报"给魁星。当然，每一步骤都得另交服务费。四川眉山三苏祠博物馆公然树起一面面杏黄旗，以"拜三苏前程似锦""拜三苏学业有成"相招揽，还编造拜三苏后考上大学的"灵验"故事，以便推销每炷 68 元的"学业有成"香。吉林市文庙博物馆竟在大成殿前贴出告示，烧清晨第一炷香收费 9999 元。

《宪法》规定公民有宗教信仰自由，正常的宗教活动受法律保护。但这些行为根本不属于宗教活动，与宗教信仰也没有关系。值得注意的是，上述单位都不是寺庙、道观、教堂等宗教活动场所，大多是政府所属的文博单位，如其中的三苏祠是 1980 年确定的四川省重点文物保护单位，并于 1984 年设立三苏博物馆。在博物馆中大搞迷信，影响正常业务，对公众造成不良影响，非法敛财，主管部门完全应该作出严肃处理，没收非法所得，课以罚款。

一般公民去寺庙烧香，求神问卦，当然有他们的自由。但现在一些共产党员、共青团员也这样做，难道为了子女或自己能考上大学，就可以不遵守《党章》《团章》？有关的党团组织就可以不闻不问，默许甚至赞成？其中有的党员正在接受保持先进性教育，这样的行动相称吗？至于一些党政官员动用公车公款为子女高考烧香拜佛，许愿还愿，更应受到纪检和司法部门查处。

禁忌的花样不断翻新，范围越来越广。如上海考生乘出租车，车牌不能带"0、4、6"，因为"0"等于零分，"4"的谐音是死，"6"与落同音，意味着落榜。有的女生吃避孕药，只是为了图个吉利，因为避孕是"必赢"的谐音。据报道，上海各大出租车公司无不主动照顾这些禁忌，在派车时倍加小心。我倒担心，如此迁就这类禁忌，开了不正当的先例，以后如何收场？10 个数字中不吉利的数字已占 3 个，显然比以往增加了。如果再加上"13"一类两位数禁忌，不能用的数字就更多了。如果又有人提出，"1"会联想到"一无所有"，"2"可能会"两手空空"，"3"意味着"名落孙山"，"7"等于"七上八下"，那还有多少数字可用？出租车公司有多少车好派？如果继续蔓延，说不定明年就要扩大到一切有关号码，如准考证号、座位号、教室号、考场的门牌号码，有关部门是否也准备照顾家长与考生的"需要"呢？

这类迷信、禁忌之风表面看是出于家长和社会对应考学生的关心，其实却有百害而无一利。会让一部分考生增加心理压力，使他们疑神疑鬼，将一些偶然因素或小小的挫折看得过于严重，影响正常发挥。也会使一些考生盲目乐观，以为有天佑神助，或者放松了努力，或者定下不切实际的目标。还有些考生会将失利的原因归咎于没有求神拜佛，或许的愿太小，花的钱太少，或以为触犯了什么禁忌，或以为命中注定，却不去找真正的原因，丧失信心，甚至从此改变他们人生的道路。

有人说，这是由于高考压力太大，实际并非如此。前些年的录取比例要比现在低得多，压力应该更大，而现在上海的录取率已接近80%，为什么该类现象反而愈演愈烈？我的看法恰恰相反，倒是从家长到学生，从学校到社会，到政府各部门，将高考抬高到了不应有的位置，对考生的照顾无以复加，以致对迷信、禁忌也一味迁就，甚至迎合。

因此，政府主管部门对那些利用高考搞迷信，非法敛财的单位应该明令禁止。宗教活动场所也应该遵守国家法律法规，律己爱人，真正为考生与家长着想。出租车公司在坚持优质服务的同时，不必迎合不合理的要求。为了缓解考生和家长的心理压力，可以多设些专业的心理辅导和咨询站，以科学取代迷信和禁忌。

总之，对迷信不能让步，即使是为了高考。

（《文汇报》2005 年 6 月 14 日）

作文与真话

由北大的考题想到

我女儿三岁多时，我带她到复旦大学校园去，那天正好下雨，她忽然问我："爸爸，为什么毛主席不撑伞，他不怕雨淋湿吗？"原来她看到了雨中的毛泽东塑像。后来，我又发现她将我去图书馆称为去"大水管"，并且显得很困惑。当时不明白是为什么，等她长大上了学才知道，由于她讲的是普通话，而我与太太之间往往讲上海话，上海话"图书馆"的发音与"大水管"很像，当时她又不知道图书馆是什么东西，自然只会想象比家里的自来水管更大的"大水管"。但她怎么也想不明白，我为什么经常要去"大水管"。小学时她曾将这个例子写成一篇小作文，得到语文老师赞赏，以为童趣十足。我想主要是因为写得真实，没有这样的亲身经历，无论如何是编不出来的。

可惜学生表达真人、真事、真想法的作文机会实在太少，相反作文成了训练他们说假话、大话、空话的手段。明明是生活中一件小事、普通不过的事，非要启发甚至强制他们联系政治，要宣传"五讲四美三热爱"，或者要表达什么感情。小学生写"迎奥运"的作文，说了"为国争光"还不够，一定要提高到"让世界了解中国""和平崛起"。其实，小孩子如果想到开奥运会时可以不上课，趁机玩个痛快，不是也很真实有趣吗？但如果这样写了，能得到好成绩吗？所以我曾经极而言之，儿童从开始做作文，就要学会说假话。听说据某地语文考试的作文内容统计，考生中父母一方不幸去世，患绝症，遭遇意外的竟占多数，原来学生以为不如此写不足以显示爱心，表达自强。有些被教师推荐的范文，读后真不敢相信是出于中学生之手。

所以当我听说北大以《贪官检讨》为入学考试的作文题时，并不感到奇怪，只是有几点担忧。

一是担心此例一开，高中的作文模拟题又要扩大了。既然北大以贪官为题，闻风而动者安知不会让学生当一次渎职者、挪用公款者、受贿者、惯犯、小偷、吸毒者、皮条客？反正都是凭空想象，说不定能出奇制胜。

二是担心学生们如何应对。让他们写些"假大空"还不难找到参考或范本，编些日常生活中的故事，像生病、撞车、遭劫、父母离异之类还可能听过见过，接触贪官的机会可不多，对贪官有所了解更无可能。试想，即使学生的父母至亲正是贪官，难道会让他了解真实想法吗？

三是担心教师如何评分，用什么标准。我不知道阅卷的教师是否对贪官有所了解，看到过几份真正的贪官检讨？是看文通句顺，看想象力丰富？还是看谁会吹牛胡说？

当然这一点我肯定是多虑了，相信出题者早已成竹在胸，不妨指点一二。

（《南方都市报》2006 年 1 月 9 日）

公办高校必须严格控制规模

最近，教育部副部长张保庆在多种场合批评高校乱收费，他指出，高校乱收费主要是高校的责任，高校的领导在变相乱收费。他认为，"高校收费确确实实是高校补充财源的重要方面。这是对政府投入补充，但绝对不能代替政府对教育正常投入。现在恰恰变成了许多地方以收费代替政府对教育的投入"。可是张副部长却没有列出另一个重要的原因——公办高校的超常扩张。实际上，如果不严格控制高校的规模，高校乱收费的现象非但无法消除，甚至会愈演愈烈。

正如张副部长所说，高校的经费主要应该来自政府的拨款，高校自己收费只能作为补充。也就是说，培养一个大学生，大部分钱是政府出的，学生自己交的学费，即使学校有多收、乱收，也只是其中的小部分。如果高校严格按照政府投入的经费招生，那么每位学生只要交需要补充的小部分学费。但一旦高校招生超过政府的指标，多招的学生就得全部负担自己的学费，即按成本交费。即使高校从上到下都极其清廉，没有浪费一点政府的经费，也不得不向学生多收费，才能完成扩招。由于那些"自费生"实际上也没有能力按成本付学费，往往不得不将其中一部分摊到众人头上，或者寻找其他名目，如提高住宿费、教材费等。

扩招的压力是多方面的，既出于各地政府，也来自学生和家长。地方政府将大学的扩大和大学生的增加当作政绩工程，往往提出不切实际的指标。学生和家长为了进大学，也会不顾经济条件和学生的实际水平，主动要求降分录取为自费生。也有些成绩差却家境富裕的学生愿意交更高的学费，只要能进大学就行。在这种情况下，学校能不乱收费，肯不乱收费吗？

而且大学还面临着在质量上"扩招"的压力，连设立不久的地方院校也要争"国内一流"甚至"世界一流"，于是大学城越建越大，越建越豪华，"亚洲第一"的校门、"国内首创"的设施、"五十年不落后"的体育馆、"世界一流"的实验室，如此等等的纪录不断被刷新。花的都是银行贷款，有的当时就没有想过如何付清本息，有的本来就打着"收费还贷"的如意算盘。有的官员在逼学校贷款时气壮如牛，要还贷时就无声无息了，听说有的大学连账号也给银行冻结了。如此扩张，不乱收费行吗？

所以，教育部必须严格控制高校的规模，既不能随意增加招生人数，也不许盲目扩大范围，提高设施标准，这样才能保证国家的教育经费能负担学生的大部分学费，自费部分才不至于水涨船高，节节攀升。

与此同时，还是应该鼓励民办大学的发展和壮大，使之成为公办高校的补充。目前政府还不能给民办大学多少补贴，就应允许他们按成本或略有盈利的原则收费，不应任意限制，以满足较富裕家庭的需要。

（《新京报》2005 年 10 月 2 日）

讨论问题
不能脱离实际情况

拙文（指《重点大学为什么要多招本地生》）发表以后，童大焕先生和孟昌先生提出不同意见，这无疑有益于讨论的深入，我非常欢迎。而且，拙文只是根据现状，对产生像复旦这样的重点大学招收本地生源比例增加的现象作出解释，并不认为这种现象应该长期存在下去，更不是说现行招生名额分配办法不需要改革。从这一点上说，我与两位先生的出发点并无二致。童先生提出这种倾斜应该公开进行，我完全赞成。这似乎不成什么问题，各校并没有刻意隐瞒，每年招生的名额都是公开的，否则媒体上这些百分比是从哪里来的？

但讨论问题不能脱离实际情况，不能想当然，对招生名额这样一个具体问题仅仅强调应该这样做是不够的，还必须考虑怎样才能做到。我想，除了个别腐败分子或贪官以外，没有哪位大学校长不想在全国范围，甚至全世界范围内广招优秀学生；在中央政府保证教育经费并下达明确政令的前提下，没有哪一位会以增加本地生源的手段去讨好地方政府。

改革开放以来，我国的财政体制已有很大变化，像上海这样的省市级单位实行"财政包干"已有多年，国税与地税也已有明确划分，除非地方政府自愿，作为中央政府部门的教育部是无法让地方政府无条件地为部属重点大学多支付经费的。地方政府的钱是当地纳税人交纳的，不能不顾及当地民众利益这个"本位"。这是"985"实行"共建"的基础，实际上，非重点大学所在地的政府都愿意参加共建，有的在签了约以后也没有按时或完全支付允诺的经费。在孟先生看来"很划算"的事，居然有些地方政府还不愿做。童先生说这些经费是原来基础上的追加，我不知有什么根据。但据我所知，在共建之前，上海是不给复旦经费的，其他省市也都如此，何来追加？按两位先生的算法，复旦原来那么值钱，而上海市政府的投入只占那么低的比例，作为复旦一名教师，我岂不欢欣鼓舞！可惜教育部与上海市政府都不是这样算的，而校长在这几年办学中又离不开这仅相当于"206万"的真金白银，看来这种现象还得延续下去。而且这并非复旦一所大学，从童文所引各校所招本地生的百分比看，北京以外的重点大学普遍高于45%。这就不是如何计算各地的投入比例，或者应该怎样做，而是必须由中央政府来统筹解决的问题。

至于孟先生文章的大部分内容谈的是大学本身应该如何办，与该不该多招本地生源显然没有关系。孟先生有"长期观察和在高校的经验"，但在有些方面未免以偏概全。例如说几乎所有名校都热衷于挣钱的项目，用国家投入的优质资源倾斜到MBA等赚大钱的项目上。实际上各校在MBA等项目上并没有给予优质资源的倾斜，不仅得由它们自己解决经费、师资、用房，还得将一部分收入交给学校。另外，大学的经费的确存在浪费和使用不当的问题，但经费严重不足也是事实，而这几年间一些重点学科取得的成绩，很大程度上就是得到了重点资助的结果。这方面，我或许比孟先生有更直接的经验。1996年我担任复旦大学中国历史地理研究所所长时，每年能使用的经费是8000元，但实施"211"和"985"项目以来，每年的经费都超过100万。10年来我们单位始终坚持"三不"（不创收、不办班、不招自费生），并能保持国家重点学科，建立教育部重点研究基地和国家哲学社会科学创新基地，开展国际合作，取得世界一流的成果，要没有国家的重点支持，是根本不可能的。我这样说，并不是完全否定孟先生对大学中存在的弊病的批评，但具体情况只有具体分析，才能找到解决的办法。

（葛剑雄博客 2006 年 5 月 15 日）

香港「抢生源」是好事，无奈内地高校难撼动

据《南方都市报》报道，近日香港各高校纷纷增加内地招生名额，并提供优厚的奖学金，最高全额奖学金达 50 多万港元，有的还以毕业后留港工作可获月薪万元，三年能取得香港居民身份相招徕，这的确吸引了不少家长和学生。

香港高校为什么要这样做呢？其实也是理所当然。据我所知，当初香港某大学校长提出到内地招生的建议时，曾遭到教师一致反对，因为他们不相信内地的教学质量，特别是怀疑学生的英文水平。但是短短几年时间，来自内地的学生就令香港师生刮目相看，绝大多数人不仅成绩好、英文棒，连粤语都说得不错。有些大学已将来自内地的本科生或研究生单独编班，否则本地生会跟不上。加上一批由海外应聘到香港高校的内地学人，不少学科的带头人都已易主。而在香港，最好的高中毕业生往往会报考美国、英国的大学，加上又被本地两三所大学招走了，其他高校的生源实在已没有多少挑选的余地。而改革开放的内地教育取得长足进步，有如

此充沛的生源，即使百里挑一、千里挑一，也不愁招不到理想的学生。为了提高生源质量，也为了自身的生存和发展，香港高校扩大内地招生名额是势所必然，今后还会继续扩大。

对考生和家长来说，这当然是一件好事，无论如何也多了一条升学渠道，增加了一种选择性。但作出具体决定时，还是应该从自己的实际情况出发，权衡利弊，理性选择。例如，香港高校开出 50 万港元的全额奖学金固然很高，但除去 40 多万元的学费和住宿费，剩下的也只是四年的生活费。如果考生的确成绩优异，表现出众，在发达国家的大学也能拿到这样的奖学金，有的甚至会更高。但毕竟只有个别人才有可能获此殊遇，多数学生还得交比内地上学高得多的学费，负担较贵的生活费。至于毕业后月薪万元，工作满三年后取得香港居民身份，这只是一种可能性，并不能保证给每位毕业生，既取决于自己的努力，还得看当时香港的经济形势。何况内地大学毕业生月薪万元的也并非个别，优秀毕业生的前途并不比在香港差。当然，对于希望在香港定居或将香港当作跳板迁往外国的人来说，在香港上大学无疑更合适，香港高校的国际化程度也远比内地大学高。不过香港的天地毕竟有限，系科专业的门类并不齐全，其中居世界前列的并不多，实力强并有志于深造的学生完全可以在世界更多的名校中选择。

正因为如此，面对香港高校的强势扩招，内地大学可谓波澜不惊。由于近年来外国大学直接来内地招生或推销已成惯例，再加上香港也不至于影响内地大学的生源。特别是几所全国重点大学，早已用多种方法锁定优秀生源。而且一流生源大多有自己的主见，往往非北大、清华不上，不会因香港的诱惑而变心。至于其他大学，这两年早已使出浑身解数争夺生源，对优秀生开出的奖学金尽管不像香港那么高，但在内地也够吸引人了。当然也有想去香港而去不了的——分数到不了录取线，或负担不了高额学费的。对于这些学生，内地高校也不会有多少兴趣。

香港高校的举措会不会促使内地大学在招生等方面的改革呢？看来

可能性微乎其微。最近复旦大学和上海交大的自主招生试点还有待消化，国务院对控制招生规模已有明确指示，扩招后的毕业生面临就业压力，大学的办学经费依然紧张，显然都远比香港高校扩招内地生的因素重要。

（本文写于 2006 年 5 月 16 日）

何必圆此『剑桥梦』

　　见到某报 8 月 5 日的报道："20 岁的宁波姑娘程烨，日前以优异的成绩被英国剑桥大学电子信息工程专业录取为本科生。但是 4 年近百万元的学习、生活费用，如同一座高山，横亘在她迈向剑桥大学的路上。"我禁不住要劝一下程烨同学，也要劝一下支持她的热心人，何必圆此"剑桥梦"！

　　首先，英国的名牌大学大多以高收费闻名于世，不用说像程烨这样"出生军人家庭"，"家境并不富裕"的中国学生负担不了，就是一般英国家庭也只能望而却步。世界上可供选择的名校不少，申报前就应该了解入学的条件，包括需要多少费用，是否能提供奖学金，不应贸然申请，造成不必要的损失。英国一向将教育视为产业，近年来扩大对中国的招生，包括报道中提到的剑桥大学首次直接在中国招收高中毕业生，更多的是从经济利益上考虑。如果认为剑桥大学完全是出于重视中国生源，或者由此认为中国的高中毕业生特别优秀，实在是太天真了。程烨能够成为 5 名被录取的中国学生和浙江省唯一被录取者,固然是成绩优异,但也是形势使然。这样的机会今后还会更多,考生应该量力而行才是。

其次,名牌大学并非在各方面都领先。据我所知,电子信息工程专业并非剑桥大学的强项。如果从专业出发,也可以选择其他国家的其他学校,而不必付那么高的学费和生活费。再说,程烨既然已经是复旦大学一年级的学生,完全可以读完本科后再出国求学。如果她能在复旦取得优异成绩,完全可能获得世界名牌大学的全额奖学金。即使再申请去剑桥大学读硕士生,也不必花那么多的钱。由于英国允许硕士生有一定的打工时间,还能自己解决一部分生活费用,到那时再圆"剑桥梦"至少会更容易。如果只是为了学习专业知识,那么只要选择这方面水平领先的大学,也不是非剑桥不可。

报道中提到国内相关基金会没有面向本科生的项目,我以为并无不妥。在国内的大学完全有能力培养高水平的本科生的情况下,除了个别特殊专业或特殊情况外,国家和相关的基金会不应将钱花在资助本科生出国留学上面。让企业花这么多的钱来培养一位本科生,除非有特殊需要,一般也是得不偿失的。

至于程烨希望与企业签订协议,由企业每年资助一定费用,助她完成学业;她则为企业提供服务,如担任形象大使,扩大企业影响,树立企业形象;为企业提供国外的先进技术和市场信息,介绍外贸业务,为企业在国外的发展牵线搭桥;学成回国后,到企业工作等,虽然不失为一种良好的愿望和设想,但也是不现实的。根据我五年前在剑桥的经验,以一个本科留学生的身份和能力,要在英国起这样的作用绝非易事。剑桥是一个很小的城市,连一些已有多年工作经历的博士生也找不到合适的工作,往往只能在中国餐馆洗碗打杂。现在英国的中国留学生更多,获得博士学位后都很难找工作,一个在校的本科生很难有发挥如此大作用的机会。总之,我劝程烨不要轻易作出承诺。

程烨已经走上了宽广的成才之路，何必一定要为了圆"剑桥梦"而去攀这座百万元学费的高峰？社会舆论、所在学校、教师和家长应该对她作正确引导，才是对她真正的帮助。

（本文曾以《难圆的"剑桥梦"》为题，发表于《人民日报》华东版 2003 年 8 月 5 日）

范进中举与高考状元

《范进中举》一文曾选入初中语文课本，以后我又在《儒林外史》中看过，当时对范进中举后的际遇一直不能理解，为什么那么多人要主动给他送钱，送礼，送地，甚至自愿投奔他当奴仆？后来学了历史，才明白其中原因。一旦成了举人，范进就能拥有很多有形或无形的特权，如大门前可以竖一根旗杆，显示主人的身份；可以比较容易地见地方官，反映民意舆情，递状子，打官司，影响司法；本人享受免除赋役和苛捐杂税的优待，家属仆佣都能分享；如此等等，不一而足。所以那些上门送好处的人其实都是各有所图：今天送了钱，送了礼物，明天就可以有所请托。将土地送给范进，这些地就能因为属于举人老爷的家产而不再向官府纳税。送地的人成了范进的佃户，交的租一般比官府的赋税要轻，这是当时一种惯例。对无业者来说，当奴仆也是就业。如果投到一个好主人，从此衣食无忧。如果主子升官发财，奴仆同样沾光。明朝有些地方每户平均有一二十口，就是因为一个有地位的家庭要庇护不少非家庭成员。一句话，都是利之所趋，各有各的算盘，无论是范进、张进、李进，被利用的只是举人带来的利益和资源。

近年来各地对高考状元的报道速度之快、篇幅之大、声势之广实属空前，而对高考状元的各种奖励优待也水涨船高。尽管有些地方的主管部门已宣布不公布状元名单，但媒体还是各显神通，状元们还是难逃各方面的追逐。为什么那些非亲非故的人对高考状元如此热情呢？原来他们将状元们当成当代范进。学校宣扬本校出了哪名状元、几名状元，无疑是最好的招生广告。如果是公办，从此生源不愁，择校费就能看涨；如果是民办，身价立即提高，学费再高也物有所值。地方官和教育主管部门对状元"金榜"题名，设"琼林宴"，颁重奖，实际是对政绩的自我嘉奖。电视台请状元亮相，看中的是收视率，或者就是令广告商满意。商家看中的是状元对同龄人的示范效应，恨不得让状元从头到脚，从里到外，举手投足，一言一行，都成为广告。各种电子产品、文具、娱乐用品、补品药品、衣饰鞋帽，经状元一穿一用，一吃一玩，就都成了高考法宝、夺魁利器，生意兴隆，财源滚滚。就连内裤，经状元一穿，也能产生意想不到的奇效。

在对高考状元的算计屡禁不绝，且不断翻新的情况下，我们只能希望状元们与他们的家长保持清醒的头脑，并且能自尊自爱。难道你们真的愿意被当成范进？其实范进也是到此为止，并无前途。当你们手持某种产品，或者穿上某种内裤，按广告商的要求摆出一个姿势，念上一句什么话时，难道能心安理得吗？

（葛剑雄博客 2010 年 7 月 9 日）

大学追星丧失了什么

近来一些大学的"追星"现象愈演愈烈,如几所大学纷纷聘周星驰为教授,已在社会上引起关注。实际上,这种现象以往也有,如有些大学聘高官、名流、企业家、作家、名演员、体育明星为教授,作博导,当院长,或授予学位,或破格录取。有的加上"名誉""顾问",有的称为"兼职",但有的却是正式的,同样拿工资,占编制。当然,其中一部分人的确不低于高校专职人员的水平,有的本来就是专家学者,但也有一部分人与授予的职称和学位差距很大,甚至完全名不符实。我不想全面讨论这种"追星"现象对高校的得失,但必须指出,它至少使高校蒙受两方面的损失——学术尊严和程序公正。

我国绝大多数是公办大学,职称和学位是一定学术水平的标志,有的是国家制定的,如各种学位;有的是学校自己确定的,如各种职称和职位。对于前者,学校只能根据国家主管部门(如教育部、国务院学位委员会)的授权颁发,擅自降低标准就是违法。对于后者,事关学校的学术声誉，如果滥聘乱赠，就会在教育界、学术界和全社会丧失自己的学术尊严。有的学校以为请明星、名流当教授就能增加知名度，实际是毁誉参半，而在教育界和学术界的地位只会下降，甚至为学术界所不齿。

正因为如此，有自尊、自信心，维护学术尊严的校长和教授绝不会降低本校的聘任和授予标准，即使是荣誉性质的称号也不例外，而且会更加看重。"名誉博士""名誉教授"的社会声望和学术地位绝对要比本校的博士和教授高。基辛格去白宫前只能辞去哈佛大学的教职，从此只能称"基辛格博士"。即使贵为总统安全顾问、国务卿，哈佛也不会给他什么兼职教授。哈佛大学筹备三百五十周年校庆时，有意请里根总统在庆典发表讲话，白宫示意里根希望能获得哈佛的名誉博士，但哈佛予以拒绝，并不再考虑邀请。几年前，菲律宾大学校长陪我会见当地首富，首富曾多次表示愿意为学校捐款，但校长不愿接受，因为他惟恐首富会提出名誉博士的要求，而他绝不愿、也不敢因此而降低标准。

金庸在浙大当博导，大家都以为总是文学专业的，实际却是隋唐史和中外交流史，显然和他以前的创作成就风马牛不相及。他连续两年招不到学生，自称是因为要求高，考生不够格。我想有志学历史的考生是不会投在他门下的，因为如果同学同行得知是向金庸学习隋唐史和中外交流史，一定会作为笑柄，绝不会提高自己的身价。后来他招到学生，但从媒体报道看，显然已经改招文学专业了，就博导的指导方向而言，已经名实不符。当时报道他盛赞此学生素质高，十分看好，但最近的报道称金庸认为学生水平差，表示今后不再招生。总之，无论金庸名气多大，文学成就多高，在当博导与招博士生这一方面丝毫没有提高浙大的学术地位，只能损害浙大的声誉。

某校为了奖励刘翔，决定给他硕博连读的资格。我本以为刘翔攻读的专业与体育有关，或许他平时的训练或比赛就是学业的一部分，那么他还有一定的优势。后来得知他读的是法学，就很为这所学校担忧。刘翔自己都承认不可能花多少时间读书，只能学到多少算多少，显然要达到法学硕士的标准也勉强。现在校方让他硕博连读，意味着他不必写硕士论文，只要修满课程并合格，就能直接写博士论文进行答辩。问题是，到 2008 年下届奥运会召开前正是刘翔紧张训练和比赛的阶段，肯定不可能完全通过课程考试，更难写出法学博士论文。到时学校如果不给学位，还不如不奖励他硕博连读；如果给了，那该校的博士水平又在哪里？作为体育世界冠军，有没有法学博士学位有什么影响？博士学位能当成奖励吗？

稍为留意一下各校聘任名人的过程，就不难发现，往往没有经过正常的程序，或者完全出于长官意志，根本不需要什么程序。

例如，根据国务院学位委员会的规定，申报博导的基本条件是已经担任教授，发表过高水平的专著和论文，并且必须完整地指导过至少一届硕士生，或者在国内外大学中承担过指导博士生的工作。即使将韦小宝的故事解释为中外交流史的一部分，金庸在隋唐史方面也没有发表过一篇论文，或有任何学术研究成绩。即使不考虑完整指导过一届硕士生，也没有听说他在哪所大学指导过博士生（承浙大有关教授相告，当时的申报材料中的确没有说明），但浙大学位委员会却通过了他的博导资格。改变或扩大招生专业和方向也应该由学校批准，但在浙大网站"在岗博导"名录下，查良镛（金庸）依然列在"中国古代史"。

不少大学、特别是重点大学都规定，申报教授必须具有博士学位，逼得一些没有学位的教授、系主任、院长纷纷在职攻读，惟恐将来当不成教授。可是连学士也不是的名人，照样被这些学校聘为兼职甚至专职教授。各校对教授的基本要求是开课，一般是给本科生，以研究为主的教授也应为研究生开课。但对名人、明星，往往只要作一次讲座，或者随便说上几句，就能聘为教授了。当然对有特殊成就和社会贡献的人可以不求全面，但如果连一门课都不能开，为什么要给予教授的职称呢？难道不能授予其他非学术性的荣誉称号吗？

还应该指出两点：大学的每一项举措，都显示了一种价值观念和社会导向，尤其是那些著名大学、重点大学。大学的做法不仅会影响大学生，还可能被社会各界、包括中小学所效仿。公办大学属于国家，花着全体纳税人的钱，学校的学术声誉也属于国家，关系纳税人的利益，并非校长的私产，不能听任丧失。

我们不应该一概反对大学聘名人，但必须有利于维护学校的学术声誉和程序公正，请校方务必慎重。

（《东方早报》2004 年 12 月 30 日）

中国需要怎样的
大学城

近年来，建设"大学城"的热浪席卷全国，从南到北，从东部沿海到西南、西北，几乎都能见到已建成的大学城，在建的就更多。有些地方刚由各高校建成了新校区，又有了建大学城的计划。不止一个地方宣称要建"中国最大"，以至为了保持第一，规划一次次扩大。但根据我到过的几个大学城，以及了解到的在建的大学城的情况，总觉得都不像是真正的大学城，不过是一些巨大的大学校区，或者是几所大学校区的混合体。

我认为，所谓大学城并不是大学范围或面积的扩大，而是一所或若干所大学与一座城市或城镇融为一体，或者一座城市或城镇依托大学发展而成。因此，大学可以充分利用城市的一切功能，不必事事都自己来办，既可以集中财力人力于教学科研，又能享受城市提供的便利和舒适条件。而城市依托于大学，不仅因此而获得稳定的居民、纳税对象、消费者、市场、客源，还提升了城市的文化品位，形成自己的特色和吸引力。这样的大学城的形成无非有两种途径：一是大学办在（或迁入）一座合适的小城市；

新的小城市依托一座或几座相近的大学发展起来。这类大学城的规模一般不会很大，而且比较稳定，不会不断膨胀。与大学有关的人口占居民的比例较高，但至少有一部分居民与大学无关。像英国的剑桥、牛津，美国的哈佛（位于麻省剑桥）都是如此。又如德国的埃兰根大学，所在城市人口中大学占三分之一，西门子公司占三分之一，其余三分之一为当地居民。

这样的大学城的好处显而易见。学校不必自办除专业以外的服务系统，师生与家属的衣食住行都可在城市解决。师生从外地往返于大学，一般都能利用城市的公共运输系统。如果城市的服务设施满足不了大学的需要，在市场经济的调节下，必定会吸引来更多的商家或服务机构。学校除了有少量宿舍和招待所外，师生的住房大多租用当地民居，有的办公室、研究用房也是租用的。特别是一些临时性机构或依靠基金资助的项目，都视需要租房。城市为学生打工或实习提供了大量岗位，而相对低廉的工资降低了成本，餐馆、商店能为学生供应价廉物美的商品。学生生活在城市之中，在校期间就了解社会。学校的图书馆、博物馆、体育馆、艺术馆等设施都向社会开放，城市的公共设施也向师生开放，都提高了效率，满足了多数人的需要。大学除有几处比较集中的场所外，大多分散在城市各地，真正成为没有围墙的学校，与城市融为一体。在大学浓郁的书香和人文精神的熏陶下，加上城市人口中不少人长期直接为大学服务，居民的素质也不断提高，与大学师生的关系相当融洽。

反观我们的大学城，无不是在城郊或农村圈地新建，与周围完全隔离。即使不筑围墙，附近也只有农田、荒野或少量居民。以前说大学是一个小社会，除了殡仪馆，什么都得自办，现在的大学城居然又是一个更大的"小社会"。尽管学校已在教学和科研以外投入巨资，建造大量宿舍和生活设施，但这个小社会却连师生的衣食住行都解决不好，更不用说为学生打工、实习提供便利。教师大多住在原来的校区，即使愿意另购住房，大学城附近往往无房可买，除非学校自建或给予补贴。一般情况下只能安排班车接送，不仅每年花费数百千万，而且教师来回奔波，为了赶上班车，下课后也不能久留。学生与教师接触时间有限，名教授更难见到。大学城远离城市，学生听讲座、参加学术活动、欣赏文化艺术、参加公共活动的机会很少，外来学者去访问或作讲座也感不便。除了假日离校，学生整天生活在小社会中，与大社会近乎隔绝。而学校附近的居民和聚落，与大学本来就有巨大的反差，有的还因征地或拆迁的原因与学校存在矛盾，很难建立融洽的关系。

由于都是圈地而建，贪大求全，一味追求高标准、大手笔，有的请来洋人设计，以便"与国际接轨"，还有的大学城预留大量土地，很多年还消化不了。这样的大学城无不花费巨资，基建费高达一二十亿，日常维护和交通费也动辄数千万，政府正常的教育经费根本不够，主要靠银行贷款。但政府拨款不可能再大幅度增加，有的学校连付利息的钱也没有，根本没有考虑过如何还本。有的学校还因此而提高学费，增加名目繁多的收费。现在教育部三令五申，禁止学校乱收费，不知这些大学城今后如何维持？

有的大学已有近百年的历史，在原校区积累了丰富的人文景观，在社会上有知名度。但到了拔地而起的大学城，除了新建筑外一无所有，一切从头开始，连家长也不认同。某重点大学就发生过这样的事，家长发现学生到新校区报到，坚决与校方交涉：我们的孩子考分那么高，交的学费也不少，为什么不能进正规大学（指原来的校区），却让他到这里来。经再三解释，他们还将信将疑，不相信这就是那所重点大学。显然，家长心目中看重的并不是高楼大厦的新建筑，而是大学的优良传统和声誉，是学校长期形成的无形资产。

中国需要怎样的大学城？是真正的大学城，还是像城一样大而全的大学？

无论如何，不能再按目前那样建大学城了，已经建成和在建的大学城也应认真考虑自己的前途，及时作出必要的调整，避免不必要的损失，少浪费些纳税人的钱。

（《东方早报》2004 年 11 月 27 日）

大学与大楼

近年来在评价大学时，论者往往会引用原清华大学校长梅贻琦的话："所谓大学者，非谓有大楼之谓也，有大师之谓也。"并且大多是用此话来批评当今的大学纷纷建大楼。不过梅贻琦此话的本意，只是强调大师对于一所大学的重要性，就轻重缓急而言，大师应放在最优先的位置，大楼一时没有还可以克服，而要是没有大师，就不成其大学了。但他并没有将大师与大楼完全对立起来，更不意味着大学有了大楼就不能出大师，或者将大楼拆了大师就应运而生。

实际上，在梅贻琦当校长期间清华大学就有了很好的大楼。20世纪80年代初我去清华图书馆查古籍，第一次走进老图书馆；以后又有机会在小礼堂作讲座，在老建筑中录制节目；不禁惊叹清华的"大楼"竟有那么高雅，那么宽敞，而那时的清华才二千多学生。这更证明，将大师与大楼对立起来，绝非梅贻琦的本意，更不是中国大学的传统。相反，只要稍有条件，中国的大学就会兴建或改善"大楼"——校园、校舍和各种设施，毕竟这是学校安身立命的场所，也是师生须臾不可或缺的条件。

但此"大楼"不是彼"大楼"，不是贵族的府邸、巨贾的豪宅、名流的雅舍，更不是帝王的宫殿、宗教的神坛、官僚的衙署，也有别于喧腾的市廛、闭塞的村落、摩天的高楼，而是一座与"大学"这个名字相称的真正的"大楼"，有自己的功能、自己的特色，更有自己的风骨。

这些"大楼"都称得上大，无不气度恢宏。前些年去武汉大学，看到复建的校门，突出在校园之外，以为这就是原来校园的范围。后来才知道，20世纪30年代建校就规划的校园比这范围更大。我一直抱怨我们复旦大学校园的拥挤局促，有一次在讨论学校规划时得知，国权路、政肃路一带原来都是学校已购置的土地，到了"大跃进"时才用来支援生产队养猪、搞生产，让居民建住房。不少老大学都是在上世纪前期规划建设的，有些大学还是私立的，学校师生数量不多，初创时往往少得可怜，那时的中国很穷，却舍得为大学花钱，花大钱，还留下那么大的发展余地！

这些"大楼"充分体现尊师重教，以人为本的宗旨。国立大学、教会大学，甚至省立大学，在学校的建筑、设施和功能方面大多以一流为目标，直追欧美苏，以充分满足师生教学、科研、实验、实习、体育、娱乐、生活各方面的需要。如燕京大学画栋雕梁、曲径小院的仿古建筑内，电灯、电话、暖气、热水、浴缸、抽水马桶等当时最先进的设施一应齐全。清华、燕京等校当时的教师宿舍至今令教授追忆或艳羡。复旦在1956年建了一批教师宿舍，先师季龙（谭其骧）先生时年45岁，迁入了一套四大一小，带厨房、浴室、走廊、阳台的教授房。为陈望道校长和两位副校长建的是独用小楼，校方还宣布今后将为教授们建与副校长住所类似的小楼。陈寅恪在中山大学有宽敞的住宅，助手可以来家工作，也可在家为青年教师讲课。为了让双目几近失明的他能在甬道散步，还专门漆成白色。

这些"大楼"并不追求豪华辉煌，却为体现人文、传承文化、适应环境而刻意求工，中外建筑师由此创造了很多不朽的建筑。燕京大学的校舍校园是美国著名建筑师墨菲设计的，一座座殿堂院落在湖光山色、古树名木中错落有致，宛然当初皇家园林。连一座现代水塔，也以宝塔造型成为画龙点睛的重要景观。即使一些完全西式的校舍校园，也不显得突兀张扬，在异国情调中融入了中国元素。

中国近代和当代的大师，相当一部分就曾经在这些"大楼"中工作和生活，作出了他们学术生涯中最重要的贡献，度过了他们一生中最美好的时光。从这些大楼中走出的莘莘学子，已经成为国家栋梁、社会中坚、专家学者、教授、院士、学术大师、诺贝尔奖得主。这些"大楼"是中国大学史、教育史、文化史、社会史的构成部分，是值得珍惜的文化遗产。

岁月流逝，人事沧桑，这些"大楼"或已是风烛残年，或已受到人为破坏，大多已难完好。有的甚至已不复存在，人们只能依靠老照片和回忆录来想象它们当年的风采。所以当我读到顾嘉福先生等主编的《傲然风骨——大学里的老建筑》一书后，情不自禁地写下了这些文字，作为对有心人的感谢，也希望将本书介绍给更多读者。

（本文写于 2013 年 7 月 21 日，为《傲然风骨——大学里的老建筑》序）

大学该不该有这些"围墙"

《大学的围墙不该越筑越高》(见9月22日《北京青年报》"每日评论")一文以上海交大拟限制外来"蹭车族"和一些高校限制"蹭饭族"为例,提出"大学本不该像这样把围墙越筑越高"。作为一位学生,作者希望高校加大开放力度,使学生在校期间能更多接触社会,以便今后能从容应对可能面临的种种困难,这样的愿望是值得肯定的。但将大学正常的、必要的管理措施理解为"围墙",显然是对"没有围墙的大学"的误解,也说明作者不了解国外大学的实际情况。

的确,有些国际著名大学根本没有围墙,有的校园和学校的建筑散处于城镇之间,或者虽有围墙和大门,却"门虽设而常开"。但是也不乏筑有围墙,且不能自由出入的名校,像剑桥大学有的学院不仅不能随意进入,参观者还得付费。但是并没有人指责这类学校或学院不开放,更没有人要求它们拆除围墙。可见"没有围墙"未必指实际的墙,也并不意味着大学不该有必要的管理制度,而是看是否真正对社会实行开放,为公众服务，为师生面向社会提供有利条件。

拿作者所举的停车和吃饭两事来说，据我所知，那些被公认的"没有围墙"的世界名校都是有严格管理的。学校在校园内或学校建筑附近都划定供本校师生专用的停车位，教师、学生必须预先申请并付费，领取停车证。但除了少数校、院主管和特殊教师（如诺贝尔奖得主）有固定的位置外，其他都只能见空就停。记得我 1986 年去芝加哥大学拜访何炳棣教授，他约我见面的时间很早，还向我解释："这样可以将车停在离办公楼最近的地方，要晚了就得走很长的路。"如乱停车，或在临时停车点超时，照样由校警开罚款单，甚至将车拖走。没有停车证的车，即使属于本校师生，也不能使用这些车位。对学生停车往往另有限制。

上海交大徐汇校区紧靠商业中心和高级办公楼，周围停车费很贵，所以一直有人将校园当作免费停车场，而本校教师与来校联系公务的人却往往找不到停车位。这种情况绝不会出现在哈佛或剑桥的校园，因为即使校外无关人员愿意付停车费，也休想在校内随意停车。

世界名校对吃饭的管理就更全面了。对经校方同意设在校内的餐饮店或摊位，自然对校内外人员一视同仁，校长、教师、学生与外来人员一个价。但教师的专用餐厅往往实行会员制，只接待会员或经邀请的客人。有的还得预约登记。而学生公寓内的食堂只供居住者用餐，有的只发固定数量的餐券。由政府或学校补贴的学生食堂只供应学生，如同时接待外来人员，就会采取不同价格。法国巴黎的大学生食堂分散在市内，餐券全市通用。由于享受政府补贴，所以餐券只能凭学生证购买。在法国高等社科院，餐厅实行不同价格，同样一份饭，教授、其他员工按不同的内部价，外来人员按市场价。

控制外来人员在学生食堂用餐，主要还不是为了怕造成食堂拥挤，或增加炊事员的工作量。目前由于食品价格上涨，高校的食堂为了不增加学生负担，都采取补贴。如果让外来人员以同样价格用餐，等于给他们发补贴。中国高校的经费主要来自政府拨款，得由纳税人负担，这类"蹭饭族"增加了，岂不是加重了纳税人的负担？

如果说将对停车、用餐的必要管理看成为大学"围墙"的话，这样的"围墙"是必不可少的。

这样的"围墙"不会影响大学的开放。例如，想到大学旁听课程、讲座，参加学术交流或公共活动，阅读书报，或者参观校园，感受校风学风，完全可以利用公共交通工具，骑自行车或步行。实在需要开车的，为什么不能停在校园外面？或者按规定停在指定的地点，交纳一定的停车费？想体验一下大学的食堂，或者必须在校内用餐，无非是按市价而不是按补贴价付费。谁都知道，那些"蹭饭族"大多并非下岗工人、农民工或来自贫困家庭，只是想省几个钱。他们用餐的目的与上述活动完全无关。至于大学师生参与公益或慈善活动，也应该面向真正需要受援的人。

顺便说一下，即使是世界上最开放的大学，也会有一些完全不开放的地方。当然未必需要高筑围墙，只要放一块提示牌，外人就会自动止步了。

（本文写于 2009 年 5 月 2 日）

由北大校园的开闭之争想到

国庆长假期间的一条新闻，是北京大学的校园停止对游人开放。这本来只是北大内部管理的事，但也引起媒体的关注，还发表了一些不同意见。我无意评论孰是孰非，却想到了争议以外的问题，即如何"与国际接轨"，或者说如何学习外国的经验。

主张北大校园应该无条件开放的理由之一，据说这是国际惯例，世界上名牌大学校园都是对外开放的，外国的大学根本没有围墙，有的还言之凿凿，他曾亲自自由出入某国某大学。其实事实并非那么简单，我到过的外国名牌大学不算多，但至少也有各种不同的情况。有可以自由出入的，甚至可以自由登堂入室的，但也有必须征得同意方能入内，或者须预约方能参观，记得剑桥大学某学院预约参观后还得按惯例"乐捐"几个英镑。而且即使自由到可以登堂入室的大学，也总有一些区域是属于"私人空间"，属于"外人止步，非请莫入"的。要说"没有围墙的大学"，那是象征性的，指学校的开放性，并非真的没有围墙，或者有了围墙非得拆除。

如哈佛大学内著名的"哈佛庭院"（Harward yard）四周都有墙，有的大学虽然没有总的围墙，但内部设施还是有围墙。哈佛庭院不仅有围墙，门口还有警察，只是容许行人自由出入，一般情况下并不干预，但如果有不宜校园的行为或人士进入，我想肯定不会让你自由。学生申请游行的队伍经过时，哪怕没有几个人，都是由警察前后"护送"的。师生的宿舍更不会让你随便出入，以往都得以打电话，或让门房通报，现在都用磁卡控制。有的宿舍还是传统管理，异性不能入内。有的与时俱进，不让同性访客久留，怕有同性恋活动。

说到开放，也不是没有条件的。如从理论上说，一些国家所有的公共财产，包括总统府、国会都应该向公众开放，更不用说公立大学。既然是纳税人花钱建的、养的，纳税人自然应该享有权利。但维护这些机构或建筑物的正常运行也是为了纳税人的整体利益，如果总统或国会受到游客干扰，建筑物被过多的参观者损坏，大学师生的工作和生活不得安宁，岂不也是纳税人的损失？所以开放都有各种限制，如有的每年只开放一天，参观者限额，必须预约，还得接受安全检查，进入后只能走规定线路，限于若干场所等。特别情况还可以申请不开放，只要履行必要的手续，事先公告即可。

我丝毫不怀疑发表那些言论的人的真诚，或许他们只看到了一方面，或许他们只挑选了一方面的例子。但如果我们真的要讲"国际惯例"或强调"与国际接轨"，无论如何得了解真的国际状况，不能以偏概全，或断章取义。

其次也得考虑中国的实际情况。不应否认，一些国人的素质还比较低，往往不能自觉遵守法纪，尊重社会公德。例如在英国，只要在路旁或楼前放块小牌，写上"私人"就可以了，或者在路上拦根绳子，根本不必有人看着，更不必动用保安或警察。试想，如果在北大内部，光放个牌，或拦根绳行吗？不用说普通游客不会理睬，就是高校师生怕也没有那么规矩！所以在剑桥、牛津行得通的办法，如果要在北大实行，恐怕不知要增加多少保安！另外中国的人口庞大，长假期间更是游人如云，连专门接待游客的旅游点也不胜重负，大学如果无条件、无限制地开放，如何承受得了？

再则，目前对名牌高校的盲目崇拜，对学历的盲目追求，已经使不少家长和社会各界对女子和下一代提出了不切实际的目标，一些人对北大等名校的参观欲也由此而生。例如带着还在读小学、上幼儿园的儿童参观，让他们从小立志考上北大、清华，却不顾这些孩子的实际可能。这种缺乏引导的参观不仅于事无补，而且更容易引起教育的偏向。

当然，一所大学该不该对社会开放，如何向社会开放，学校完全可以自由决定。但如果真像报道中所说的那样，北大是在长假期间临时决定停止对外开放，使已到了校门的游人失望而归，在做法上也有欠妥之处。我想，包括北大在内的一些名校已经开放了一段时间了，能否制定一个办法，事先向社会公布，包括时间、范围、办法等，岂不两便！

大学生必须住校的办校模式应该改变

　　一年前教育部通知禁止学生在校外租房住宿，尽管实际并无效果，最近还是明令改变。批评者以朝令夕改为讥，但亡羊补牢总是好事。不过教育部的新通知只是不禁止而已，说明教育主管部门的指导思想，还是认为大学生应该在校内住宿，听说有的学校也准备通过校规的方式使学生"自觉"住校，或者为不在校住宿设置繁琐的手续，如必须由家长签字，双方签学校免责协议等。我倒希望讨论一下，为什么大学生一定要住在学校？这种办学模式是否应该与时俱进，作必要的改变？

　　世界各国的大学生并不一定住校，不少学校根本没有宿舍，学生都是自己解决住宿。中国以前的大学也不一定住校。但从 20 世纪 50 年代开始，特别是院系调整以后，中国的高等院校都配备了能容纳全部学生的宿舍，学生一律住校。管理最严格时，学校像兵营一样，不仅寒暑假都规定离校和报到的时间，每周也规定可以离校的时间，一般星期天晚上就得返回学校。

从当时的实际情况看，这样做既有必要，也完全可能。那时学校政治活动很多，党团组织、政工人员和教师对学生管得很紧，要是学生不住校就没有保证。另一方面，大学生多数来自外地，不住在学校还能住哪里？自50年代末"社会主义改造"后已经没有私房可租，公房是绝不会租给学生的。就是本地学生，多数家庭住房困难，无法提供比学校更好的生活和学习条件。而且在校住宿不收费，经济困难的大学生能领到助学金，60年代大学生的伙食标准比一般人高得多，这样好的食宿条件谁不愿享受？

但现在已经发生很大变化。大学的课余活动以自愿为主，就是临时有什么活动，手机一打，短信一发就通知到了。学校的管理也不像以前，班主任、辅导员并不与学生天天见面，想管也力不从心。学生在课余打工，做家教、实习、求职、创业、社交、娱乐，大多在校外，住在校内未必方便。校内住宿要交费，有的还很贵，而校外租房很容易，合租廉价房再自备伙食，生活费或许比校内还便宜。经济条件好的学生可以找到比校内宿舍更好的房子，准备考研的学生便于自由安排突击时间。本地学生往往在家中有自己独用的房间，有的离学校也不太远。

家长和校方担心学生住在外面不安全，其实是否安全取决于治安管理和学生自律，与校内外无关。马加爵杀人藏尸不就在云南大学的宿舍？那几位被害者不也住在校内吗？再说，就是住在校内，谁能禁止他到校外活动？就是学生整夜不归，又有谁管？最近卫生部将大学生列为艾滋病的高危群体，而到目前为止大学生基本是住在校内的，说明住在校内宿舍也不能保证学生不发生随意的性行为。有些国家规定租给大学生的房子必须具备的基本条件，并要向警察局登记备案，警察作必要的检查和保护，安全性并不比校内差。

我们的大学为了管理方便，一般都按系科、班组安排宿舍，学生几年中都与同专业的同学生活在一起。有的学校连研究生住宿都这样安排，所以有的学生在大学的十来年间很少与其他专业的同学来往，甚至婚嫁都在本专业同学中进行。如果鼓励不同专业间的同学合住，或者允许学生自由结合，让他们在课余增加交流融合的机会，新的方法、学派和学科说不定就能在宿舍中产生。

但校内宿舍再好，不能留住学生一辈子。家长和校方再不放心，总得让学生踏上社会。绝大多数大学生入学时已满 18 足岁，已到法定成年年龄，完全应该并可以对自己的行为负责。如果说他们还缺乏社会经验，那只有在社会实践中，包括生活中才能增加，一直关在校内并不是好办法。大批没有上大学机会的人，不是在这年龄就外出打工，独立谋生了吗？我认识一位从初中至研究生都住校的朋友，他承认缺乏社会经验是他最大的弱点。家长和学校根本没有必要承揽额外的责任，签什么免责协议。法律和社会公德也要支持家长、学校，不要发生了什么事就指责家长和学校没有尽责。

中国的大学曾被称为"除了火葬场什么都有"无所不包的小社会。前些年大学扩大招生时曾采用招走读生的办法，后来又尝试后勤服务系统的社会化，这种状况有所改变。但近年来随着并校迁校和建大学城之风的兴盛，又回到了大而全的老路，并且有过之而无不及。所谓服务社会化，又是换汤不换药，不是将原来的机构人马换成什么公司或中心，就是垄断式的承包。其中一个重要的因素，就是大学一定要建得大，所以非包括大片学生生活区不可。因此新校区必定要迁出城市，远离城市，与原有村镇和居民隔离，大学生不在校内住宿行吗？但教师们却无法迁往新校区，特别是已经购买商品房的教师，所以只能靠班车往返，课外与学生接触的时间越来越少。学生戏称自己是"高四""高五"生，因为从未有机会与教授说话，连学术讲座也听不到。一到晚上或节假日，为数不多的值班教师（以年轻辅导员为主）根本无法管理众多学生和大范围的校园。而且由于校内外的配套设施往往不能按计划完成，学生的学习和生活条件并不理想，花的钱却并不少。有的学校已将学生交的住宿费列入向银行还款的计划；有的按高标准建设，却要按"成本价"收费；学生想不住也不行。

大学难道一定要这样办吗？为什么非要以学生全部住校来规划所有的

新校区呢？

　　香港城市大学的面积和建筑量不过相当于我们一所专科学校，学生都不住校，教室从早到晚周转使用，各类学生达数万人。巴黎很多大学不设餐厅，供大学生公用的餐厅散处市内，使用通用餐券可就近用餐。英国诺丁汉大学规定一年级学生全部住校，此后一律自找住处。不少大学只备少量宿舍，需要住校的学生必须符合申请条件，或者抽签决定。哈佛、剑桥等世界名校的建筑和设施都散布于所在城市间，或根本没有围墙，或墙外就是街市，师生的食宿生活大多靠城市解决，城市的商业、服务业、房地产也得益于大学，形成真正的大学城。

　　从我国的实际出发，我并不是主张立即或全部取消大学生住校，但至少可以改变现在的模式和思路。何况我国的教育经费毕竟有限，农村的中小学教育还嗷嗷待哺！只要有一部分大学生不住校，就能节约大笔建设和维护经费，用于更需要的地方。我相信，大学生的素质不会因不住校而下降。

　　　　　　　　　　　　　　　　　　　　　（《东方早报》2005 年 8 月 8 日）

但愿只是偶然的——有感于山东若干高校因无钱付取暖费而延长寒假

据报道，在山东长清的山东师范大学、山东交通大学、山东轻工业学院等高校，因付不起取暖费，不得不用延长寒假的办法来降低办学成本。在平价气源无法解决，新的财源又不能增加的情况下，自然不失为一项应急措施。但由此造成的影响也是显而易见的，学校的教学工作有自己的计划，还得与社会各方面配合，比如说学生的毕业、就业、入学、课程、实习、考试等，开学一推迟，什么都会乱套，而课时和必要的辅助活动又不能缩短，否则必定会降低质量。这个冬天山东天气冷，降雪多，有点意外，加上长清校区新建不久，但愿这只是一次偶然事件。

但是我担心的却是，看来这不是偶然的。为什么这些问题都出在新校区？为什么各校都遇到同样的困难？

这几年各地建大学新区或者大学城的速度和规模，不仅在中国是空前的，就是在世界上大概也罕有其匹！几乎没有哪一个省级城市没有一两个甚至多个新校区或大学城的，连省会以下的中等城市，往往也有范围很大的大学新区。而且不建则已，建则必有数千上万亩。有的地方一个尚未建完，规模更大的第二个又开工了。一项尚未创造出来的全国、亚洲或世界纪录，可能已经被其他地方的新规划所取代了。当然高校的办学条件是大大改善了，我们做教师的做了一辈子的梦，一两年就实现了，并且大大超出了梦想。但存在的问题也不能忽视：

一是急于求成。限时限刻要建成，规划还没有做完就动工，房还没有盖好就招生，服务设施尚未配套就使用。正常的程序、渠道、时间满足不了需要，只能通过特殊办法，或花高价来完成这类非完成不可的任务。例如，靠领导批示突破正常办事手续，或获得特别优惠，违反施工程序赶进度，用临时线路或渠道解决供电、水、煤、气和交通运输。像长清新校区的供气矛盾显然与此有关。

一是贪大求新、求洋、求高、求全，甚至求豪华、奢侈！一些新校区或大学城的设施和规模不仅超出了实际需要，也超出了国情的许可，甚至高于发达国家的水平。全封闭、中央空调、高速电梯、全监控、智能化、大草坪、大喷泉等设备和系统普遍运用，根本不考虑日常维持费用的来源，结果是建得起，用不起，养不好，不少新设施成了摆设，一些新建筑长期闲置不用，预征或多征的地一片荒芜。随着能源紧张的加剧和价格的上涨，这方面的矛盾只会更加尖锐。

一是舍近求远，舍廉求贵。在老校区并不饱和的情况下，一味建新校区。规划新校区时只图大，不计是否方便，结果仅交通费一项每年就得花几千万，教师往返奔波，学生下课后见不到老师，师生怨声载道。世界上多数大学城都依托一座中小城市，以便充分利用现成的公共设施，节约办学成本，并实现大学与当地的互利互动。而我们的大学城却都爱在田野中平地而起，划地为城，既增加了建设和办学成本，又发挥不了大学城的功能。

一是寅吃卯粮，财源无着。新区与大学城的建设无不依靠银行贷款，但如何归还本息却毫无把握。有的本来就寄希望于到时赖账，或者由政府追加拨款。有的是打扩大招生、提高学费的如意算盘。现在学费不能涨了，扩招也未必能如愿，还款计划落了空。还有的学校是通过挪用教学经费、助学金、教师工资等办法"集资"的，没有新的财源，如何补这漏洞？

一些同学和家长认为，现在学费那么高，说不定让学校领导贪污了，或者给教师分了。的确，高校中存在贪污和腐败现象，特别是在建新区的过程中，湖北省高校中挖出的一些罪犯分子就是例子。有些学校教师的一部分津贴也的确来自扩招或计划外招生的收入。但即使完全没有这些贪污腐败行为，上面这些弊病不解决，学校付不起取暖费的事还会出现，并且会越来越多。

既然如此，我们只能希望各高校亡羊补牢，以这一事件为鉴，尽量避免或减少类似事件。

（《新京报》2006 年 2 月 25 日）

"饥饿行动"
——理解而不倡导

据新华网江苏频道报道，南京财经大学 63 位同学发起并自愿参加了"饥饿行动"。按规则，这些同学从 4 月 3 日到 23 日的 21 天中的全部开销不能超过 150 元，平均每天只有 7.14 元，包括通信费和交通费。据说，"饥饿行动"在校内外引发叫好一片，从参加者、大学生家长、教授到党委书记，都给予肯定和赞扬。

我以为，大学生自觉自愿地采取这样的行动，说明他们已经意识到了自己和同学中存在的问题，希望通过一种超常规的体验加以纠正，这样良好的意愿是值得充分肯定的。但将"饥饿行动"作为一种行之有效的自我教育方法，或者试图加以推广，那就未免想得太简单了。

首先，矫枉不必过正。让同学们按城市特困家庭和校园特困生的生活标准过 21 天，虽然未必会对身体造成伤害，但同学们还得从事正常的学习和课外活动，不能不受到影响。如报道中提到一位女生因买了一件衣服而超支，只能中途退出，那么如果此期间需要买参考书或文具用品也只能不买，需要花费钱的正当的课外活动也无法参加。"特困生能做到，我们也应该能做到。"这句话看来不错，但特困生已经习惯了这样的生活，一部分特困生还能得到校方或社会的资助，其他同学突然要过同样的生活，困难可想而知。为了完成任务，吃饭以外的开支只能尽量不用，免不了影响学生的正常学习和生活。如果要体会一下贫困生的生活，有一二天就足够了；如果要讲实效，不如按照中等的标准来做试验，时间也不妨长些。

其次，这样的办法是否能收到持久的、普遍的效果，是令人怀疑的。记得以往为了达到"忆苦思甜"的目的，经常组织大家吃"忆苦饭"。我所在的中学一度规定，每月5日（发工资的日子）中午，人人要吃由糠菜合成的"忆苦饭"，然后才能领工资，以便进行新旧社会、甜与苦的对比。事实证明这样一种形式起不到什么教育作用，往往适得其反，使受教育者厌倦和反感。少数人自愿参加可以办到，却无法在大多数人中推广。

更重要的是，大学生已经过十多年学校教育，到了20岁上下的成年人阶段，生活方式已基本定型，人生观、世界观大致形成，如果以为通过如此简单的行动就能加以改变，那就未免想得太天真了。实际上，来自富裕家庭的学生生活未必奢侈挥霍，而过惯贫困生活的学生同样会追求享乐。何况大学生还受到家庭和社会的影响，即使在学校"饥饿"，回家后或许会营养过度。学生的一些不良生活方式和坏习惯，往往是家长从小造成的。如报道中提到的那位家长，希望儿子所在的大学也搞搞"饥饿行动"，为什么不想想自己是怎样教育儿子的，有没有让孩子知道父母挣钱不易和生活的艰辛？

而且，对大学生的开支多少不能一概而论。如果家庭经济条件允许，或者自己能通过勤工俭学或创业获得收入，在购买书报、电子设备、文具用品上多花些钱，在课余观赏文艺演出、展览，上博物馆、图书馆，参加体育锻炼、旅游、户外活动等，都有利于全面提高自己的素质，也能弥补学校在设备和活动上的不足。这些都不能简单地用花钱多少来衡量。

希望这些同学与校方以"饥饿行动"为起点，而不是满足于"饥饿"的结果，重复或扩大"饥饿行动"。

（《南方都市报》2006 年 5 月 15 日）

如获诺奖提名，亦勿过于激动

20多年前，要有人被"世界名人录"或某项名人录收录，或收到"剑桥传记中心"之类机构的邀请信，通知你被列入某种将要出版的名录，甚至邀请你担任提名人或顾问，一定会成为一条重要新闻。或许还有人记得这样的报道。其实这很正常，一方面是因为中国与外界断绝了那么多年，国门初开，谁也不知道那些"名人录"或"传记中心"有多大的分量，反正都是"国际知名"的。另一方面，被提名的只是凤毛麟角，不是某方面的宗师，就是尘封多年的国宝。甚至还有些在国内长期不受重视的学者，因此而喜登龙门。

但等到像我这样的人也同时接到不止一份此类邀请，头衔也越给越大，选择也越来越灵活，从出钱购样书到证书、奖牌，大家才明白，原来"国际惯例"就包括了这样的"名人录"和"传记研究中心"——的确有人提了你的名，认为你配这个称号，资料又是你自己提供的，出版社当然可以照出不误，主办机构就可以明码标价出售。我在剑桥大学访学时还顺便作过了解，得知这家"剑桥传记中心"与剑桥大学风马牛不相及。但也是登记注册的合法机构，既然设在剑桥，自然可以在自己的名称中冠以剑桥，至于将它当与剑桥大学联系起来，只怪你无知或自作多情。

知道了这些，我对前些年不断传播的某人被提名诺贝尔奖的消息就不当一回事了。去年余英时先生获得的奖项被称为"人文诺贝尔奖"，事先我也收到了推荐书。但我没有填，因为我自问对世界人文学者了解甚少，没有推荐的资格。今年我又收到了，但还是放弃了这或许相当重要的推荐权。我相信，主办机构发出的推荐书肯定很多，即使回收率很高，评委们也未必就按推荐的结果决定人选。因为即使每个人都很认真，大多数不可能具有全球性视野和评判能力。如果我不自量力，根据我的了解和评判提了某人，媒体岂不是就能如实报道，某人已被提名为"人文诺贝尔奖"候选人了吗？

据我了解，诺贝尔文学奖的提名门槛未必更高。除了由主办者邀请一部分人提名外，专业团体和专业人士还可主动提名，来者不拒。当然，这些提名对评委有多大影响，在最后确定人选时起多大作用，只有马悦然他们知道。所以，即使知道自己已被提名，最好还是保持平静和沉默，才不致因过于振奋和激动产生意外。

当然如果本来就是提名者与被提者之间合作的自娱自乐，那就不妨邀请媒体一同狂欢。媒体也可以心安理得，因为这绝不是假新闻，提名者与被提名者都是实实在在的大活人，提名材料也已在规定的时间寄达主办者，或许还收到了对方的回执。尽管提名者和被提名者绝不会振奋和激动，但还是获益匪浅。要不，世界上有多少人知道这么一位"当代杰出诗人"，以及对他作出高度评价的另一位"著名诗人"！

（本文曾以《被诺奖提名不必过于激动》为题，刊发于《今日财富》2008 年 10 月）

　　最近，英国《每日明星报》《每日快报》等报道，威廉王子即将从圣安德鲁斯大学毕业，并且获得地理专业学士学位。据校方透露，如果威廉的毕业论文和结业考试进展顺利的话，他很有可能在学位分级中获得"中上"。而这一点，就已超过了他的父亲查尔斯王子以及叔叔爱德华王子。因为无论是查尔斯当年在剑桥三一学院，还是爱德华在剑桥耶稣学院就读时，最后所获得的学位分级都是"中下"。报道称他"凭着其极为优秀的大学成绩，一举成为有史以来英国王室最聪明的王子"。

　　这不能不使人感慨英国这些名牌大学在评分时可贵的吝啬！学生虽贵为王储、亲王、王子，成绩也只给中等，所以威廉能获得中上就成了王子中的奇迹。反观国内大学中的评分却与时俱进，水涨船高，前些年还是"以粮（良）为纲"，如今早已"优良为纲"了。研究生的学位论文通不过的极少，通过者非优即良，中以下罕见。学生的评语个个写得如同先进事迹，绝无缺点，连希望如何也不提了。因为如果这样写，别人看了就会产生丰富的想象——此人在这方面肯定有问题，说不定犯过严重错误。

至于某些特殊身份的学生，如高官名流的子孙，在职的高官、教授、巨商研究生，自然不必为通过论文、获得学位担忧，成绩也绝不会被评为中等，即使明知是秘书捉刀，旁人代劳。最近听说某名人的后人写出了优秀论文，颇觉不可思议，因为我的一位友人正好熟悉此君情况，说他连本科水平都达不到。后来才知道不仅论文有人代写，就是答辩时的提问和回答也早已印发，双方照本宣读即圆满成功。如此排场，哪位老师还敢评他中等？真有人敢做，肯定也无济于事。既然此人神通如此广大，肯定能推倒重来，直到满意为止。

据报道，威廉的学位论文长度约为 1 万字左右，主题是关于印度洋罗德里吉斯岛附近珊瑚礁生长情况。这说明，威廉的选题符合地理专业的范围，货真价实。要是照国内一些学校的做法，他只要研究英国女王的治国思想、王室的光荣传统，或者论证宫廷秘闻，回忆戴安娜王妃的丰功伟绩，必定能写出最优秀的论文，因为他具有连导师也不具备的优势，而且旁人岂敢批评？这不是说笑话，而是某些特殊研究生的专利，也是他们的论文确保优秀的法宝。

其实我们的大学并非没有这样吝啬的传统。远的不说，就是 1981 年我们复旦大学第一届硕士研究生毕业时，先师谭其骧指导的四人中就有一位的论文没有通过，最终未获得学位。蔡尚思教授指导的三人中也有一位未通过。后来谭先生主持论文答辩，有位同学的论文也没有过关，经修改补充，三个月后才重新通过。

国情不同，校情各异，但都要珍惜学术声誉，坚守学术传统，还是吝啬些好！

（本文曾以《由威廉王子毕业成绩想到的》为题，刊发于《新京报》2005 年 6 月 25 日）

谁代表「90后」

近日多家报纸发表长篇报道，介绍上海世博志愿者的动人事迹，并且就"90后"的评价进行讨论和评论。由于有媒体要我发表意见，我也读了一些相关报道。的确，"90后"一代不少可贵的优点通过世博志愿者的言行显示出来，纠正了以往对他们的误解和担心。不过，我同时指出：仅仅根据"90后"中的某些群体存在的毛病就否定整个一代人，如将"富二代""官二代"的缺点扩大到"90后"，当然是极其片面的，完全不符合事实。但因为有了世博志愿者的突出表现，就对"90后"高度赞扬，认为有些论者完全是杞人忧天，同样过于简单。

对任何群体和社会现象的分析评价都必须考虑样本的代表性，对"90后"同样如此。

根据近年的大学毛入学率推测，大学生在"90后"同年龄人群中不过占 20% 上下。能当上世博志愿者的"90后"大学生绝大多数属上海高校，少数来自北京等地的高校，其中有特殊要求的志愿者也是从其他高校或高职挑选出来的。"90后"的大学生超过千万，可以说，他们代表了同年龄优秀的大学生，其中大多数又是城市青年。他们一般没有衣食之忧，即使来自贫困家庭或农村，也已得到学校、家庭和社会多方的呵护。他们基本都是竞争中的强者，包括能如愿以偿当上世博志愿者，无论出于什么目的。

但其他的近80%就没有那么幸运。除了极少数的"富二代"或"官二代"有出国留学、继承家业、子以父贵的际遇外，个别能够靠机遇和本领自己创业外，其他人至多能进入职校，找到一份过得起的工作，挣到养家活口的钱，能进入富士康已属万幸，更多的人的工作和生存条件还远不如在富士康。

而且，这些"90后"多数从小生活在农村；或者只接受过名义上的九年义务制教育，实际并未达到初中毕业文化程度；或者随进城打工谋生的父母生活在城市边缘，一般只能进民工学校，幸运进了当地中学的孩子，在高中毕业时不得不返回根本不熟悉的原籍，不少人因此而丧失考上大学的机会；或者属留守儿童，长期得不到父母的温暖，享受不到充足的亲情。即使随着国家的发展和城市化的进程，他们中的一部分最终能与今天的世博志愿者们生活在同一座城市，或者过上同样的生活，他们心灵上曾经受过的挫折和损伤也不容易消除，何况这种可能性微乎其微！

按照以往"看主流""抓本质""分清九个指头和一个指头""掌握发展方向"的观念和方法，世博志愿者无疑是"90后"的主流，属于本质，代表"九个指头"和发展方向。但本着实事求是的原则，我们岂能无视80%的"90后"的存在？即使是其中极少部分人的"支流"问题，也会造成反社会的严重后果。

（本文写于 2010 年 7 月 6 日）

规范与秩序

我对『开学第一课』的忧虑

9月1日18时55分央视财经频道播出"知识守护生命"大型公益节目，此前的8月26日教育部曾发出通知，要求全国2.2亿中小学生都要收看，因而被称为"开学第一课"。在此前后，主流媒体一片赞扬，并引述教育部相关负责人的说法，称这是将奥林匹克精神与中华民族的抗震救灾精神完美的结合，通过对学生进行"避险自救"知识教育，教学生掌握避灾的常识和技巧，真正"用知识守护生命"。是"中小学弘扬和培育民族精神月"启动活动和开展好安全教育活动的不可或缺的项目，也是全国中小学新学期加强学生安全教育工作必须要上的第一课。有的媒体更盛赞这"第一课"是由"清一色的全明星制作"。

将安全教育列为开学第一课，的确有其必要，何况是在震惊世界的汶川大地震发生之后！"知识守护生命"的命题也完全符合中小学教育的主题，需要不断深化。但对用这样一种方式来上这"第一课"，并且由教育当局组织实施，给予如此高的评价，我不无忧虑。

"开学第一课"应该由谁来上？无疑该由老师，由校长。特别是对新入学的儿童来说，接受知识和正确观念的主要来源应该是老师。家长对学童的教育，大多也是"要听老师的话"。再出色的电视节目都不应该取代对学生的课堂教育，再重要的内容也必须通过老师来传授，否则就不成其学校了——特别是小学低年级。"开学第一课"只能由老师上，而不是电视节目或明星。

"知识守护生命"，完全正确。但谁更代表知识，是老师，还是明星？当然，参加播出的明星中不乏专家学者，但大多是以名人明星的身份出现的。对具有很强模仿能力、但又缺乏自主性的中小学生来说，无疑也会产生明星们代表知识的误导。某些明星的弱点正在于缺乏知识，甚至缺乏常识。一旦他们成为中小学生心目中的"知识型偶像"，后果又会如何？安全教育不是什么高深的学问，教师完全有传授讲解的能力。如果连这样的内容都要特别冠以"知识"，并请全明星出场，那么其他更重要更复杂的教育内容该请谁？目前社会上对明星的过度崇拜已经影响到中小学，如果连"知识"都要让明星来代言，岂不会使更多的中小学生将明星当成自己的偶像？莫非中小学也得请明星当安全教育"形象代言人"？

安全、防灾、避险、救生这些方面的教育和相关知识和技能的掌握，习惯的养成和意识的形成，需要反复的教育和训练，还需要定期演习和检查，不应该也没有必要娱乐化。如果误以为学生和家长一时的欢乐愉快就意味着安全教育的成功，一旦遇险，适足以误事。在日本，中小学定期进行防震演练，对教师学生的要求都是严肃认真，一丝不苟。

我完全理解教育部对中小学生安全教育的责任心和引起家长重视的良苦用心，也非常赞赏明星名人们对社会公益的奉献。但即使这一节目获得百分之百的成功，也只是供中小学和家长们观赏的有教育意义的节目，代替不了教师和学校经常性的教育，切勿夸张其事。

（本文曾以《安全教育重要　但"开学第一课"怎么上》为题，
刊发于《南方都市报》2008 年 9 月 5 日）

教材不仅需要政治正确

几年前，我在日本联合国大学召开的论坛上就中日关系发言，在回答提问时，有听众问："日本有的教科书上的确有不正确的内容，那么你们中国的教科书上有没有需要修改的内容呢？"我回答："我不敢说我们的教科书上的内容完全正确，但如果发现了错误，一定会修改。"我告诉听众，作为中学《历史》教科书的评审专家，我发现送审本上有这样的内容：日本宣布无条件投降后，派代表参加盟国的受降仪式，"日本外相重光葵瘸着一条腿走上密苏里号"。我认为，尽管重光葵的腿残疾是因为参加侵略战争受到的惩罚，但他的人格还应该受到尊重，在叙述严肃的历史事实时，不应采用这样的写法，因此将"瘸着一条腿"这几个字删了。我还强调："不过，这与蓄意歪曲历史事实，美化侵略战争，是完全不同的。"

的确，我们的教科书特别强调政治正确，在一些重要方面严格遵守国家的政策和法律，按照规定的政治口径，不采用有学术争议或尚未有定论的说法。但往往只注意政治正确，而忽略了如何体现政治正确，忽略了一些本该避免的错误，不仅误导了学生，实际上也影响了政治正确。其实，我在评审《历史》教科书时还提出了其他意见，却因为有不同意见而没有被采纳，因为以往的教科书都这样写了，似乎就成了定论。近日看了《现代快报》有关张衡地动仪系现代仿制品的报道（11 月 30 日），深感对教科书上此类缺陷应该予以修改弥补。

张衡发明候风地动仪是否确有其事，这件仪器是否具有测量地震的功能，《后汉书》中的叙述是否正确，这是科技史专家的事。由于以往科技史界已将此事作为定论，写入教科书并无不可。但是不应该不告诉学生，张衡发明的仪器早已失传，此后没有得到过验证。更不应该不说明，课本中的插图是当代人根据史料记载和自己的理解制作的模型，是不具备测量功能的。

又如，有的评论指出，历史课本上古人的画像"虽然衣着不同，须发各异，但脸型、五官轮廓却仿佛一个模子刻出来的"，被讥为"古代版组合 QQ 秀"。姑且不讨论对这些本来就没有照片一类可靠形象留下的古人是否有必要放上画像插图，即使要放，为什么不注明出处呢？如采自南薰殿画像、《历代圣贤图》、《三才图会》等，老师上课时就能向学生说明史实和后人想象的差异，因为多数古人的相貌无论如何找不到任何史料根据。

为什么这些并不难发现的缺陷会长期存在呢？说到底，还是过于追求政治正确，编者、审者、使用者大多认为只要所写内容没有政治错误就可以了。甚至为了政治正确，故意忽略或夸大某些细节，或者在本来就存在的不同说法中，选择政治上有利的一种，而不顾其能否成立。有些缺陷其实早已被发现，却因可能影响政治正确而未能修改。

（本文曾以《教材编写不能过于追求政治正确》为题，
刊发于《南方都市报》2010 年 12 月 9 日）

鼓励教科书循环使用要有具体措施

据报道，昨天开幕的十届全国人大常委会第二十二次会议对义务教育法修订草案进行第三次审读。针对教科书价格越来越高以及社会有关人士呼吁的教科书应该循环使用的问题，全国人大法律委员会经同教科文卫委员会和国务院法制办、教育部研究，建议将原草案的相关条款作出修改，并增加规定：国家鼓励教科书循环使用。

这自然是一个好消息，如果真的付诸实施，既能减轻家长负担，培养学生从小养成节俭的习惯，也能节约资源，有利环保。但如果没有具体的鼓励措施，恐怕只会流于形式。不信的话过两年统计一下，全国中小学有多少课本循环使用了？

我看到过不少有关人士情真意切的呼吁，也见过一些人对课本"利益集团"义正词严的谴责，但几乎没有人认真讨论一下，在中国现阶段实行课本循环使用的可能性和可行性。我曾就此发表过一篇短文，似乎没有引起有关人士或主管部门的注意。现在既然"鼓励教科书循环使用"将正式定为国家法律，我想还有进一步说明的必要。

其实，有关人士或政府主管只要将自己置于教师、家长或学生的地位，就不难理解，要推行教科书循环使用必须扫除几重障碍。

在普遍推行教科书循环使用的国家，课本都是由政府免费提供的，封面上印着"国家财产"，所以教师、学生和家长都明白，任何人只有使用权，不能当成私产。学生使用时不仅要加以爱护，而且不能在上面随便写字勾画，教师最多允许小学生用铅笔临时作些记号或写几个字，但要求过后就擦干净。而铅笔、橡皮也是免费提供的合格产品，不会将纸划破或擦不掉。教师不布置课外作业，也不让学生将课本带回家，一般不会遗失。这些课本大多是硬面精装、大开本，印制质量很高，经得起多年使用。而且教材内容稳定，不必经常更换。

而在我国，课本是家长出钱买的，当然不能强制学生将用过的书交出来。除了经济十分困难的家庭外，谁愿意使用别人用过的旧课本？如果只有少数人用旧书，教师和家长担心会伤害学生的自尊心。这两年有些地方为学童提供免费课本，上面印了一行标志，或盖上一个公章，都会引起一些人的反感甚至抵制。要让学生无偿交出旧课本，于法无据，有的家长宁可当废纸卖。有人要保留下来以备复习，有人要留作纪念，也无可厚非。旧课本是免费提供，还是折价付费，都将是校方的难题。既然是学生自己的课本，就不能禁止在上面书写勾画，损坏、遗失都无法干涉。教师能不布置家庭作业？学生能不将课本带回家？再说，这次修改规定教科书"按照微利原则确定基准价"，课本的用纸用料、印制质量不可能很高，经过一学期使用，利用价值已经有限。即使今后课本不经常更换或修改，循环使用的良好愿望也不易实现。

国外另一种教科书是通过市场实现循环利用的，那是大学本科或研究生教材。由于这些教材都是由教师指定的，五花八门，有的就是教师本人的著作，每种的需要量不大，印数很少，一般价格都很贵，而且课修完了留着也没有什么用，真需要的话图书馆可以借，所以用过后就会卖给旧书店，需要时也首先去旧书店找。这种办法显然不适用于义务教育阶段。

因此我建议，推行教科书循环使用应该与逐步实行免费提供教科书结合起来。先选择若干种内容稳定，可以多年不修订的教材，按多年使用的要求选材用料，精心印制，作为国家财产发给学生使用。这些课程不要求学生回家复习，课本也不得带离学校，必要时可另配一次性使用的作业习题本。取得经验，并计算出成本后，再逐步扩大免费课本的范围。这样做，政府的教育经费会有所增加，但如果真能做到循环利用，全社会的成本降低了，资源节约了，是值得的。

（本文曾以《教科书应作为国家财产免费用》为题，

刊发于《南方都市报》2006 年 6 月 27 日 ）

学国学可以"娱乐化"，但不能什么都娱乐化

据报道，央视二套的节目"开心辞典"日前正式启动首个以国学为主题的特别节目"开心学国学"，将以选秀的方式，在全国各大城市选拔选手，最终胜出的前九名选手均能获得北京大学国学班免试免费入学两年的奖励，经考试后可授予学位。

消息传出，包括北大某副教授在内的人持反对态度。但节目负责人声称"只是将国学的传播方式娱乐化，但一定会尊重国学本身的严肃性"。而对"娱乐化"，节目组解释为"在轻松和愉悦中学到知识"，"用更加生动的方式，结合图片、影音、动画等多种电视化元素使观众更易于接受"。（均据《东方早报》5月20日报道）如果真能这样做，我认为不应该反对。如今，"国学"早已成了中国传统文化的代名词，连解读《三字经》都已被称为国学了，通过娱乐传播和学习又何尝不可？何况这是"学国学"，并非学术研究。只要节目中不出现内容或概念的错误，多少总能让观众学到一点吧！所以我乐观其成。

　　我不明白,不理解,并不以为然的是对胜者的奖励方式,据公布的内容,似乎也"娱乐化"了。

　　首先"北京大学国学班"并不是北大正式的院系,甚至不是一个标准的名称。打开"北京大学国学与艺术类研修班报名中心"的网页,就有"周易高级研修班""国学智慧总裁高级研修班""国学百家讲坛研修班""百家讲坛国学大师班"等好几种,而且有些班的名称还不一致,不知这个节目奖励的是哪一个班? 但这些班正在"热招",并没有什么报名门槛,更不需要考试,所以"免试"不知从何说起?

　　真正的实惠是免费。以"国学百家讲坛董事长高级研修班"为例,一年的学费是 39800 元,两年免费就差不多值 8 万元。不过这些班都是一年制,难道因为免费就让九名获奖者再学一年?

　　至于"考试后授予学位"就更属"娱乐化"。谁都知道,这一类"国学班"是非正规、非学历性质,与学位有什么关系? 如果是指北大另授学位,那么即使是最低的学士学位,也必须符合教育部的规定,与这个节目毫无关系。如果修完规定的课程,考试合格,即使不参加这个节目,或者没有进入前九名,没有"免试免费"入国学班,照样可以获得学位。硬要将"考试后授予学位"与入国学班联系起来,莫非是为国学班打广告? 还是为了"娱乐"观众?

(《新京报》2009 年 5 月 25 日)

学校的职责不仅是不违法

　　读了魏罡同学状告母校复兴中学的有关报道，我的心情相当矛盾。我曾经当过十多年中学教师，并且一直负责全校学生的管理，完全理解校方当初这样做的出发点和目前的处境。我曾不止一次处理过学生与教师、与学校的矛盾和冲突，尽管还没有对簿公堂，但如何在尊重学生、明辨是非与理顺师生关系、维护学校教学秩序之间找到平衡，实在不容易。但另一方面，作为一位对社会负有责任的人文学者，我不能无视魏罡同学的诉求，无法否定他的意见有一定的合理性，不能不表明我的态度。

　　学校与学生双方当然都要守法，不能有任何违反行为。但学校是一个特殊的场所，教师与学生的关系不是一般的公民之间的关系，所以学生不能满足于不犯法，还必须遵守学校的纪律和规定；学校和教师也不能仅仅用不违法为标准，而应该随时随地想到教书育人的职责，一切从有利于学生的健康成长着想。

　　学校完全可以并且应该制定自己的规章制度，可以对学生提出比一般公民更高、更具体的要求，例如禁止学生在校内吸烟、在教室等公共场合接吻。又如，因学生中作弊现象比较严重，为了保护多数学生的利益，学校也可以在考试时采用摄像头监视的办法。但这类规定和措施应该是公开的，事先应向学生（有时还包括家长）讲清道理，得到学生和家长的理解和同意。在执行的过程中，还应根据实际效果不断完善和调整。例如，一旦作弊现象基本消失，就应及时取消摄像监视，毕竟学校的目的是教育，还得靠学生自觉。而且，学校的任何做法，都必须尊重学生的人格，保障学生的权益，包括自由地表达自己意见的权利，绝不要伤害学生的自尊心，尤其不能伤害那些虽有错误却还有上进心的学生。

1970年，我在一所中学担任一年级班主任，发现一位学生不仅不求上进，还处处与教师对抗。他出身教师家庭，父亲与哥哥都是教师，父亲对他的要求相当严格，却也束手无策。我做了不少工作，但直到他中学毕业，他的态度也没有改变。三十多年后他与我重逢，才告诉我真相，原来是他在校办工厂劳动时，抓了一把小钉子放进口袋，准备当"武器"与同学开战，一位教师发现后，一口咬定他是偷窃，在班会上加以批判，又向他父亲告了状，这才系上这个死结。我听后非常内疚，在两年多的时间里，我竟然没有发现他受到的伤害，幸而他毕业后走出了这个阴影，否则后果不堪设想，我作为教师的责任是无法逃避的。

所以我认为复兴中学的做法很不妥当，姑且不说该不该如此普遍地采用摄像监视，即使将这种做法看成是学校与学生双方事先协议的结果，学校也没有随意使用、公开播放这些录像的权利，至少事先没有规定或声明，也没有取得学生一方的同意。在教室中接吻当然是错误的，但可以个别教育，也可以在全校批评，没有必要将他们的行为通过录像播放。难道高中学生还不知道什么叫接吻，需要用图像来形象化显示吗？学校可以辩解说已经对图样作了技术处理，但实际效果是大家都知道了是谁，这比对他们作点名批评造成的伤害更大，何况播放前并没有对他们进行过教育！或许法院不会判定学校违法，但学校难道只要不违法就可以了吗？至于说因为这两位学生自己不要隐私，所以学校也可以不顾他们的隐私，那就不像是教育者说的话了。再说他们是在一个教室里（据说当时有二十来个学生）接吻的，拿到全校去放岂不是将范围扩大了好多倍？

不过我也不希望魏罡同学继续打官司。正像你自己所说，毕竟是学习过三年的母校，与老师情同父子。现在既然该说的话都说了，相信舆论会有公道的评判。再说，即使学校的做法的确对你造成伤害，毕竟是在校内，不妨回到学校解决。如果魏罡同学能撤诉，或者法院进行调解，在魏罡认识到当时所犯错误的同时，校方也能总结经验教训，开诚布公表明自己的态度，改进教育手段。这应该是一个最理想的结局。

（本文写于 2004 年）

自主招生就不能
公正吗？

复旦大学的自主招生已经过了统一测试和个别面试两个阶段，即将由学校正式公布预录取结果，但有关这次自主招生的争议一直没有停止，特别是一些质疑其公正性的意见相当尖锐。但坦率地说，其中相当大一部分意见是出于误解，或者是没有根据的推测，也有的是对公正的不同理解。

首先是招生的范围为什么只限于上海，关于这一点，我在另一篇文章中已经说过，无非是两方面的原因，一是目前全国还缺乏统一的、可信的高中生统考统测系统，各地的标准参差不一，校方无法直接确定口试的对象；二是如果让外地的考生也来校参加"海选"，双方的成本都太高。这次上海参加"海选"的近 6000 人，如果扩大到全国，大概至少会有 10 倍以上，试想，这 6 万人的往返旅费、住宿，加上陪同的家长，花费要多少？结果却只能录取不到 300 人。如果预先对报考名额加以限制，确定的根据在哪里？而且，正像有些意见所指出的，如果只相信地方上或原学校的推荐，免不了会出现以前保送生中发生过的弄虚作假。当然，在这次试点取得经验的基础上，校方肯定会考虑如何逐步扩大到外地以至全国。学校的目的是不拘一张试卷招到真正素质高的学生，本来就不希望限于上海一地。

不过在地区间的差异继续存在，有些地区间的差距还相当悬殊的条件下，仅仅要求大学来消除差距既不合理，也不可能。教育是如此，其他各方面也是如此。比如说，首都及大城市观赏高水平的文艺演出、体育比赛的机会比中小城市和农村多得多，即使政府注意到了这种情况，也难以做到机会均等。2008 年奥运会召开时，北京的中小学生可能会被组织观看一些比赛，而外地的大学生想看也看不到，机会绝对无法均等。但怎么办？难道还得由政府提供门票和旅费才算公正？

其次是面试能否保证公正。这的确是个需要十分重视的问题，正因为如此，这次复旦可谓费尽心机，加上了一道道保险。报名者并不能直接参加面试，而是要经过一次统一测试，已经淘汰了近四分之三，应该说门槛已经不低了。170 位考官是由全校不同专业、系所，包括长期从事学生工作的教师组成，入选者经过培训，并都签字遵守口试纪律，发现有直接或间接关系的考生要主动回避，为此还有 20 名后备考官。每一位考生的五位考官来自不同单位，是临时组合，考试时单独进行，个别评分投票，互不干扰。考生与考官之间是当天在公证监督下抽签确定的，事先谁也无法知道。为了防止争议，口试全过程都有录音，必要时可进行复核。何况还有最后一道防线，考生必须在全国统一招考时达到重点大学的录取线。那些指责面试必定是"黑箱操作""滋生腐败"的人不妨看看，这样的措施够了吗？还要怎样做才能保证公正？试想，如果一位考生要弄虚作假，他首先得取得所在高中的推荐，然后要在统考中出线。接着就得保证他能分配到事先买通的考官，但这需要在公证监督下正好抽到那一组，而且至少得买通五位考官中的多数，否则还无法通过投票。还得使口试的录音符合录取标准，才能经得起可能进行的复核。再加上在 7 月份的统考中达到重点大学录取分数线。请问，这样的概率有多大？

　　当然，也有人信奉"没有什么事搞不定"，或者将大学看得一团漆黑，不相信世界上还有公正。如果这样，那就不是这次招生试点或面试的问题，而是整体大学或教育体系都不可信，那还有什么可讨论？实际上，如果不相信大多数大学领导和教师是公正的，可信的，那这种大学还办他干什么？家长和学生还要报考这种学校吗？如果这次试点真像有些人所想的，是为新的腐败和不正之风开方便之门，如果学校当局的目的就是为了解决几个关系户，悄悄地干就是了，值得这样兴师动众？难道故意要在众目睽睽下搞腐败吗？

　　另一些人是担心口试的标准无法统一，评分标准会因人而异，甚至因时而异，不如笔试那么"硬"。其实，任何标准都只能是相对的，一定要统一，就只能是最简单的是非题，只有唯一的答案。或者全部由一个人评分，否则就统一不了。但仔细想一下，就是一个人评分，在他精神好时与感到疲倦时、愉快时与烦恼时、开始工作时与连续工作时也都可能标准不一呀！前些年的考题越来越"标准化"，连语文、政治、历史等科的试题也都成了是非题，阅卷的标准固然容易统一，但成绩却难以反映出学生的实际水平。这次招生改革的目的，就是为了打破一张试卷定终身，并且让学生更重视自身素质的全面提高，而这些方面是无法通过简单的是非来显示的。退一步说，即使个别考官的标准掌握得不好，遇到这位考官的概率是均等的，而且不难通过其他同组考官的评分得到弥补。

　　还有人以为各校自主招生必定导致学校之间标准不一，对学生不公正。这是不了解大学的实际情况，不理解高等教育的规律所致。义务教育带强制性、普遍性，完全应该并且可能做到全国统一标准。到了大学阶段，教和学的成本都很高，必须讲究效率，实行因材施教，发挥学科、学校和导师的特长特色。而且大学的专业和方向分得很细，发展的潜力也很大，招到最合适的学生，才能取得最佳成绩。到研究生阶段，导师与导师之间也会有不同标准。全世界的优秀大学无不有自己的特色，高校规模比中国小得多的国家也不强调什么统一标准。其实在中国也没有统一标准，只是因为要用同一张试卷，才不得不规定不同的录取分数线。究竟是让大学自主招生，自行确定标准好，还是全国统一考试，然后确定不同的分数线，或由学校附加五花八门的其他条件更好，应该是不言自明的。

至于有人提出，既然是自主招生，还要前后两次笔试干什么？我想，前者是为了节约成本，保证口试质量，后者是以防万一而多加的一道保险，在条件成熟后是完全可以取消的。

（《南方都市报》2006 年 4 月 5 日）

重点大学如何做到
招生公正

大学不属于义务教育的范围，不可能保证每个想进大学的人都能如愿，但公立大学是政府用纳税人的钱办的，同样应该确保公民受教育权的公正。直属教育部的全国重点大学面向全国招生，如何做到招生公正是教育公正的重要方面。

照理说，只要将招生名额全部公开，采取同样的分数线及附加标准录取就可以了，但在现阶段还有两个不得不考虑的因素。

一是由于义务教育尚未得到完全实施，加上各地经济文化水平发展的不平衡，造成考生总体水平存在较大的差异。如果完全按照统一的分数线录取，一些经济文化落后地区的考生就很难有机会进入全国重点大学。

一是除了北大、清华两所大学的经费完全由教育部拨发外，其他几所重点大学实行中央与地方共建，地方政府提供了相当大比例的经费。如以前一轮"985"计划中，北大、清华从教育部获得18亿元，但复旦大学获得的12亿元中，有6亿元是由上海市政府提供的。地方政府愿意"共建"，一方面固然是对大学教育的支持，另一方面也是要求大学能更多地为地方服务，包括多招一些本地考生。如果没有这个条件，地方政府完全可以将这部分经费投入地方办的大学中，通过这种途径让本地生源入学，否则如何向本地纳税人交代？所以复旦所招本地生源的比例高于北大事出有因，无法避免。新的一轮"985"依然采用这样的模式。未来三年内还得考虑这一因素。

所以我认为，作为国家重点大学，为了保证质量，首先必须有一条统一的分数线（包括必要的附加标准），低于此线的，无论属本地还是外地生源一概不能录取。其次，应该由教育部而不是大学本身合理地分配名额，充分考虑上述两种因素，按一定比例分给各省市区和所在地方。各地获得的名额应该公开，在此范围内按招生原则录取。实际录取线各地会有差异，但都应高于统一分数线。如在此分数线之上无法招满，则应由教育部将多余名额调剂给其他地区。

至于完全由地方政府拨款的大学，则应由地方政府间进行协调，就像现在各地有对口支援一样，发达和富裕的省区为落后和贫困地区多招些学生，或接受委托代培、定向培养。尽管如此，北京、上海及沿海省市自属的大学较多，投入的经费也较多，所以高校入学率高于全国平均水平，这是经济和社会发展差异的反映，并不单纯是教育公正的问题，不可能在短期内消除。中央财政可以通过调节教育经费的投入比例，着重资助不发达地区，鼓励在不发达地区办民办大学等办法加以调节，仅仅着眼于名额是无济于事的。

（《新京报》2005 年 3 月 18 日）

　　12月9日《东方早报》体育版上用近四分之一篇幅刊登记者发自北京的报道，大号黑体字的标题写着："刘翔：研究生论文要自己写"。我几乎怀疑自己的眼睛——什么意思？是记者有了如此重大的发现，还是两个月前已在华东师大办了硕博连读研究生入学手续的刘翔终于明白了这一规定？

　　读罢报道，才明白编辑用这样大幅的标题，用句时髦话说，是为了"吸引读者的眼球"，因为报道中真正与此有关的内容只有一段话：

　　早报（记者问）：华师大研究生课程怎么办？到时候会不会自己写毕业论文？

　　刘翔（答）：这个我还真不知道，现在没跟我说要写论文，如果要写的话，肯定自己写，不过我好像不能去泡图书馆，上网找点资料算了。

　　但这段话却不能不使我感叹，我两个月前的担忧真是杞人忧天。当初见到有关报道，我曾写了一篇《请不要为难刘翔》的短文（见《南方都市报》2005 年 10 月 10 日）：

　　硕博连读本来适用于特别优秀的研究生，带有试验性质。要在五年内修完规定的课程，通过考试，按规定发表论文，完成学位论文并通过答辩，就是全力以赴，也未必能顺利完成。何况刘翔本科毕业于法律专业，本科期间已是专业运动员？给刘翔定下这样高的目标，并且广泛报道，岂不是给他增加不必要的压力？在今后的五年间，究竟让刘翔以夺冠为主呢？还是以得博士学位为主呢？如果学习与训练发生矛盾，孰先孰后？

　　我不禁为华东师大担忧。学校的领导、导师和教授们不会不明白刘翔的实际情况，如果坚持博士学位应有的标准，要让刘翔和其他正规研究生一样在五年内获得学位，显然是不可能的。如果为此而降低标准，让刘翔戴上缩水的博士帽，对他有什么好处？对学校的声誉和学位的严肃性又有什么好处？让院长放下全院的工作，跑到训练基地去为刘翔一人上课，有必要吗？

　　现在看来，华师大当时对外界宣布的话只是说说而已，只怪我当了真。否则，何至于刘翔到现在还不知道拿博士学位要写论文？刘翔的本科也是在华师大读的，不知他有没有写过毕业论文？在这两个月间，不知道校方有没有给刘翔作过入学教育，告诉他要获得"体育人文社会学方向体育管理学专业"博士应该上哪些课程，要写学位论文。当时说等东亚运动会结束后的"正式上课"开始过没有？他的导师、体育与健康学院院长有没有到莘庄基地为他上过课？

　　但是我新的担忧又产生了，要是现在还不安排刘翔上课，2008 年奥运会前他的训练、比赛和社会活动只会更忙，规定的课程上得完吗？五年时间够吗？如果到时刘翔的论文只是"上网找点资料"的结果，答辩委员会通得过吗？华师大准备给他博士学位吗？

　　当然，可能我又多虑了，或许一切早有安排，无论如何，刘翔都能在五年之内拿到学位，到时肯定会有皆大欢喜的结果。如果华师大一定要这样做的话，当然不会有什么困难。但作为一位同样负有指导博士研究生之责的教师，作为同行和朋友，我还是希望华师大能根据实际情况调整原来的计划，让这件事成为一场正剧，而不要演成喜剧或闹剧。

我也希望关心刘翔的媒体和记者，还是集中精力和版面报道他的体育活动。至于他读研究生的事就听其自然，像对华师大其他研究生一样。

（《南方都市报》2005 年 12 月 16 日）

盲目追求高学历使教育雪上加霜

与中国庞大的人口相比，教育资源一直严重不足。改革开放以来，教育受到国家与社会各方面的高度重视，并且取得了长足的进步，但教育资源仍然捉襟见肘，远远满足不了民众的需要。但由于某些教育发展目标不切实际，操之过急，加上对人才的片面理解，形成对高学历的盲目追求，更使教育事业雪上加霜，也助长了某些不正之风。

根据 1986 年 7 月 1 日起实施的《中华人民共和国义务教育法》的规定，"义务教育可以分为初等教育和初级中等教育两个阶段，在普及初等教育的基础上普及初级中等教育。"同时又规定，"省、自治区、直辖市人民代表大会常务委员会可以根据本法，结合本地区的实际，制定具体实施办法"。可见，各省级单位如何分阶段实施义务教育，可以从实际出发。但一些经济落后、财政困难又人口众多的省往往在教师、学校和经费都没有落实的条件下直接实施"普九"（普及九年制）。结果是，尽管有海内外"希望工程"的捐款等外援，不少农村、老少边穷地区根本达不到标准。

于是一方面大批学生无法入学，或中途辍学，新的文盲日渐增加，另一方面却是"普九"在弄虚作假中全面"达标"。一批获得文凭的初中毕业生实际连小学程度都不到，但只要家庭或本人稍有权钱，就能继续"深造"，上大学也完全可能。

近年来，"尊重知识，尊重人才"蔚然成风，但对人才的片面理解和宣传却导致对高学历的片面追求，似乎只有获得学士、硕士、博士学位才算得上人才，只有当了教授、院士才算高级人才。各部门还规定了相应的硬指标，要求某一级别的干部、公务员，职称、职位必须达到某一学历。为了表示对人才的格外重视，不少单位还在上级规定的基础上层层加码，以至招收普通工人也必须有大专文凭，一般职员非本科毕业不聘，中学教师得有博士学位，大学教师没有博士学位不能提教授，每个省、每所大学都要实现院士零的突破。党政官员和公务员也求学位、职称成风，科员考大专，科长、乡长升本科，处长、县长拿硕士，厅局长、市长、省长攻博士，部长争院士，一些方面大员和主管官员还要当兼职教授或专职教授。

其结果，一是误导了广大家长，以为要成才，要有前途只有上大学，而且要上名牌大学、重点大学。于是从幼儿园开始就要进"实验""样板"，小学、中学都要进"重点"，但重点学校的名额总有限，只能各显神通。有路通路，找熟人、关系户、领导，批条子、塞票子，迁户口（将学生户口转至学校对口招生的范围内）。有钱花钱，交赞助费、择校费、择班费、选师费、补课费、竞赛费，或者送现金、礼券、礼品，招待吃喝、旅游。无路无钱的只能加压，请家教，上补课班，直到亲自督战，物质奖励，拳脚威胁。但即使在发达地区的大城市，也不可能都上得了大学，多数省区还只有少数。而且总有一部分学生不适合上大学，学习再努力也不可能达到标准。本来，在完成义务教育后就可以正常分流，多数学生上中专、技校、职校，以后其中一部分可以上大专、高职，也可以先就业，今后再接受业余教育、在职培训。但现在大家挤在上大学一座独木桥上，一些家长或学生明知不可为而为之，结果如何，可想而知。

二是误导了用人单位，造成人才不应有的浪费。即使是在发达国家，也不是所有职位都需要有文凭或学位，更不是都要大学毕业。但这些年在中国却到处可见超前、超高的招聘要求，本来大专生就能胜任的岗位，甚至非博士不招。外资、合资企业，垄断性行业、权势部门由于有收入、待遇或特殊地位的优势，往往能吸引高学历、高学位的人，实际造成积压和浪费。还有些岗位非洋博士不用，甚至在大学也是如此，以至造成土博士与洋博士间的严重反差。迫使工作多年卓有成绩的土博士发愤出国。另一方面，熟练工人、高级技工后继乏人，日渐紧缺，新兴的灰领难成气候。

三是助长了不正之风。一些腐败现象、以权谋私的手段打起了"尊重人才""重视教育"的旗号。党政官员纷纷在大学兼教授，研究所兼研究员，或者在下属大学中拿文凭，"读"学位。大学博导可以招收在数千里外工作的省长，公务繁忙的省长居然能按时学完课程，写出学位论文，考试合格，通过答辩。当年的"工农兵学员"只因当了主管官员，就会接到母校的"兼职教授"聘书。有的学校还将研究生班办到企业和机关，教师上门授课，附带划出考试范围，圈定标准答案，以确保企业家和领导干部能成为硕士、博士。大学保送生、特招生的名额被权势人物子女垄断，不仅名额被顶替，连成绩单与品德评语都可以伪造。

但中国的教育经不起这样的折腾，中国有限的教育经费应该用在雪中送炭，而不是锦上添花，何况现在添的未必是花！

（《中外书摘》2006 年第 10 期）

英语四、六级考试改革以外的忧虑

2月25日，教育部宣布大学英语四、六级考试将进行改革，降低四、六级考试的社会权重，突出考试对教学服务。这对英语等级考试回归其本来功能，促进英语教学水平的实质性提高，无疑能起积极作用。但我对改革所涉及的范围以外的大学英语教学和等级考试，还是无法消除忧虑。

首先是对英语的社会权重，显然不是教育部这项规定所能改变。合格证虽然取消，但成绩单上的分数是改变不了的。只要大学与社会对英语的地位和检测标准缺乏正确的认识，分数照样会成为新的指标。大学可以规定多少分为及格，多少分为符合某项条件（如学士证书、毕业、直升、评优等）的标准，招聘单位也可以将某一分数确定为录用指标。据我所知，在报上宣称从未把四、六级和学位证明挂钩的大学以前就有因未通过四级考试而拿不到学士学位的例子。既然如此，今后免不了还会直接或间接地挂钩。至于招聘单位，教育部就更无能为力。所以关键还在使全社会、特别是大学，把英语放在恰如其分的位置，对一个人的英语水平有合理的检测标准。

我并非提倡降低英语的地位，而是主张根据实际需要采用不同标准。应该承认，无论是教学、科研单位，还是实际运用部门，对英语水平的要求是不同的，对英语的具体技能（听、说、读、写）的要求也是不同的。同样是非英语专业，有的专业英语不可或缺，有的专业关系不大，有的专业在可以预见的未来也未必用得上英语。至于社会上的各类工作岗位是否胜任，完全取决于英语水平的肯定只是少数。即使用得上英语的专业或岗位，也并非完全需要听说读写的全能。当然，大学毕业生的英语水平越高越好，但实际情况是，由于教学条件的差异，本人的语言天赋和努力程度不同，结果总是参差不齐的。轻易实行英语"一票否决"，或者完全以四、六级考试成绩为标准，肯定会埋没或遗漏本专业、本岗位真正合适的人才。十几年来，我在招收研究生时经常遇到这样的情况，事实证明，他们毕业时专业水平和整体能力的排序与入学时的英语考试成绩并不一致。即使的确需要一定的英语水平，也不妨自己用适当的方法测试，不应也不必只看四、六级考试成绩。

其次，降低四、六级考试的社会权重和不设合格线固然能在一定程度上缓解过于激烈的竞争，但对减少或消除作弊、打击违法乱纪，估计起不了什么作用。且不说四、六级考试依然有分数，还实行闭卷考试，即使完全开卷，只有大致等第，依然会有人作弊。四十年来我从初中生教到博士生，也多少了解历史，我不得不承认，现在的作弊现象范围之广、程度之严重、涉及人数之多、手段之恶劣，实为古今中外所罕见。在大学中，作弊早已不限于英语四、六级考试一门。在全社会，作弊也早已不限于大学。试问，哪一行、哪一门、哪一种考试或类似考试的选拔会没有作弊？最近揭露出的事实尽管只是冰山一角，却已经牵涉到教师、校长和主管官员。泄漏考题，出卖考题，篡改成绩，岂能没有教师和主管人员的参与？而且，教师或公务员、领导干部内部的考试不也少不了作弊吗？既然如此，如果教育部不痛下决心，采取切实而强硬的措施，不是在所有学校中全面禁绝作弊，四、六级考试中的作弊现象是不可能单独消除的。

最后，我还为目前学校内外对英语教学的误解担忧。现在有一些似是而非的说法，如认为对英语重视过分了，英语教学影响了母语教学，双语教学没有必要，等等。其实，有的只是个别的、极端的例子，例如说学生掌握了英语，丢了母语，一般只限于英语专业或涉外专业中的少数人，所谓"丢"也是相对较差。而在非英语专业，绝大多数英语水平高的学生，母语掌握得也不会差。一般学生在进大学之前，花在学语文上的时间和精力不会比英语少。如果说他们的中文没有学好，水平差，主要应归咎于语文教学的失败，而不是过于重视英语的结果。家长和社会上固然有过于重视英语，片面追求英语成绩的倾向，但语文成绩是包括高考在内的任何考试不可或缺的，所占的比例绝不比英语低，谁敢不重视语文，或者不追求语文成绩？事实证明，中文与英语的提高完全可以并行不悖，在有条件的学校，尽早开展双语或多语教学有利于学生全面提高语言能力，打下良好的基础。

从我国学生和社会总的情况看，英语水平还是相当低的，即使像上海、北京这样的大城市，还不如亚洲其他一些大城市。从现代化和国际化的要求而言，还是需要不断提高我们的英语水平。现在的问题并非重视过头，而是教学不得法，目标不切实际，过于看重应试，结果是实际水平和能力不高。我认为，应该正视英语教学的地区性差距，正视学生语言能力的天赋差异，从实际出发，基本要求不要定得太高，但对有基础、条件的地区、学校和学生要大力加强，达到较高的标准。现在一些学校盲目扩招，英语师资严重不足，其中还不乏滥竽充数者。还有水平稍高的教师纷纷离开学校，或者不愿教公共课。有些中小学英语教师根本不符合要求，使学生从一开始就没有打好基础。这些问题不解决，即使完全取消四、六级考试也无济于事。

（《东方早报》2005 年 2 月 28 日）

还是应从制度改革入手
——如何纠正博士硕士论文答辩中的弊病

读了周瑞金的文章，我的确很佩服。每年我都会收到要求评审的博士、硕士论文，还有晋升职称、评奖、申请各种基金的评审资料，如果遇到完全不合格的论文，我一般只能采取两种办法：一是躲，借口出差或邮件未收到（如夹在其他邮件中未看见，留在办公室未及时处理）拖过截止期；一是婉辞，有时电话打到家里（我至今不用手机，原因之一也是免得被轻易找到），或者已在论文中夹了评审费，就只能婉转地或直言相告，如让我评只会通不过，或写出的评价太低，还不如找其他人，熟人一般不会再勉强，不相识的人也会知难而退。

我这样做，固然说明我没有周瑞金的无畏无私勇气，但实在也是不得已。即使我完全不考虑自己的利益，也不能不顾及我的学生、同事和我所负责的单位，因为每年我们也有大批博士、硕士论文要请外单位的同行评审，同事晋升职称、申报奖项和基金也得由别人评；作为教育部重点研究基地、国家 211 项目承担者、国家重点学科等，我们每年都得接受各种评审评议。在历史地理这样一个专业人员不多、专业机构有限的二级学科，同行的圈子很小，真正懂行又有资格作评审的人屈指可数，彼此间都是逃得了和尚逃不了庙。要是我把别人得罪遍了，后果如何不必多说。

或许有人说我是以小人之心度君子之腹，其实大家都有难处，有时不得不做小人。例如我作为导师，自己的学生水平如何，论文能否达到标准，当然心里有数，但却不能完全根据学术标准来确定能否让他毕业或通过。博士生学习年限只有三年，前几年生源不理想，学生入学时一般水平较差，好不容易通过外语考试、完成课程，剩下的时间已不多，要完成一篇高质量的博士论文实属不易。当然可以申请延长，但经费不会相应增加，多数学生的生活会成问题。学生在论文答辩前大多已有了求职意向，如论文通不过或得分稍低（现在水涨船高，评为良或 90 分以下就不大好看了），无疑会影响甚至断绝学生的出路。有的在职生是等这个学位去拿职称、升职位、跳槽、分房子、出国的，导师如果一点也不考虑也是不现实的。而且现在学生的心理素质比较脆弱，社会上各种干扰又太多，要是真的因为论文通不过出了意外，如有人造谣、闹事、自杀、出走，学校、家庭、社会、媒体、政府会不会秉公处理，依法维护教师的声誉和权益呢？再说现在什么都有指标，样样都要评比，要是一个单位有通不过的博士、硕士论文，绝不会只影响论文的作者及其导师。

既然生源不理想，不能少招些研究生吗？这也是身不由己的。有些冷门的专业本来就招不到多少研究生，甚至有的教授当了多年的博导、硕导还招不到学生。如果连续几年招不到研究生，有的博士点、硕士点就会保不住，有的导师就得退休了。这几年扩大招生，但生源质量未必有多少提高，要完成招生任务就只有降格以求。这还没有包括那些学校不敢得罪或不便得罪的权势、财富人物，"特批"入学的，或者入了学却可以不上课不亲自写论文的那些特殊研究生。

现在大家往往称道外国的大学论文答辩如何严格，但中国的大学未必都不严格。记得 1981 年我们这"文革"后第一届研究生毕业时，我们的导师对论文答辩都掌握得很紧。先师谭其骧教授有四名研究生，其中一名的论文就没有通过。第二届二名研究生人，其中一人的论文第一次没有通过，作了修改和补充才在三个月后的第二次答辩中通过。蔡尚思教授指导的研究生中也有一人没有通过。当时，研究生论文答辩作第二次答辩，或者最终没有通过的并非个别。而且像先师这样的名师照样有学生通不过答辩，大多还是出于导师本人的提议。他们只考虑论文的学术水平，而不是其他因素。另一方面，论文没有通过因而没有取得硕士学位、或推迟答辩才获得学位的毕业生似乎也没有受到太大的影响，照样分配了工作（那时还是由学校分配的）。要是面临今天这样的状况，老一辈的导师们大概也会有所顾忌了。

导致论文答辩不严肃认真还有些客观原因。一是时间过于集中，因为除了个别研究生外，一般都要到答辩前一两个月才能写出论文，有的完成得更迟。所以，校内外待评审的论文往往都集中在很短的时间内送往导师处。文科的博士论文有长达二三十万字的，一般也不少于 10 万字。导师们还有其他工作，要在规定的时间内认真审阅，并写出评审意见根本不可能。由于答辩时间过于集中，按规定又必须请外单位的导师参加，往往只能大批量进行。在每个博士生的答辩时间平均不足一小时、甚至半小时的情况下，要不走过场也办不到。论文评审的酬金相当低，这几年虽有所增加，最高也不过二三百元，而要认真评审一篇博士论文的话，至少要花几天时间，甚至更长。

所以，要改变这种状况，固然需要导师们严格要求，洁身自爱，但关键还是要制定必要的制度。我以为以下几点是必须的：

根据实际情况，适当延长博士生的年限，以保证他们在完成课程学习后，有足够的时间写好学位论文。在必要的延长时间内，应同样给予奖学金或生活津贴。

不要将毕业、求职等与论文通过与否直接挂钩。部分博士生可以先毕业工作，以后再进行论文答辩，申请授予学位。

论文答辩的时间适当分散，不必集中于每年6月。

评审和答辩中都应有必要的回避制度，特殊情况应进行匿名评审。

对答辩通过的论文应予公示，提供异议期。目前虽有校学位委员会通过决议后3个月的异议期，但一般都流于形式，而且只公布学位获得者的名单。至少应公布论文题目，必要时可通过网络公布全文。对被揭发并证实的抄袭应严肃处理，除取消拟授的学位外，还应公布评审人、答辩委员会和导师的名单。

（《社会科学报》2003年11月6日）

为什么不成新闻的事成了新闻

据报道，南开大学位委员会根据举报，撤销了一位博士论文存在严重剽窃的毕业生的博士学位。

照理，这类事是不可能成为新闻的。如果此事发生在十年前，或许还能推托是不懂规矩，但报道称该人的博士论文是两年前通过答辩的，是在学术界、教育界大力纠正不正之风和腐败现象，从中央到地方、从教育部到各高校制定了相关的规章制度，采取了一系列有力措施以后。作为一名博士生，如果稍有一点廉耻之心，或者稍为现实一点的话，是不至于如此胆大妄为，顶风作案的。

另一方面，既然已经有了明文规定，既然有人明目张胆违反制度，那么按制度处理就是天经地义。从被撤销博士学位的违规者来说，这是咎由自取；就学校而言，这是例行公事；本来算不上什么新闻。但现在却能成为新闻，说明真正这样做的高校还很少。这不是说明剽窃作弊已近绝迹，而是有举报不受理、有案不查、有结果不处理、有制度不执行、有法不依的结果。

不成新闻的事成了新闻，只能证明两点：一是已有的措施，包括宣传教育、行政和法律手段都还不足于震慑以致杜绝学术不端或违法行为；二是已有的制度没有得到严格执行，甚至形同虚设。

（葛剑雄博客 2007 年 2 月 20 日）

何必夸张

　　在有关河南一起高考作弊案的报道中，提到主犯是"兰州某名牌大学的学生"。当时我以为此人十之八九是兰州大学的，因为在兰州而称得上是"名牌大学"的屈指可数。后来在其他报道中见到了该校的名称，才发觉是上了前一篇报道的当，因为那所大学根本谈不上有名，离"名牌"相去甚远。尽管我知道现在有些报道不可信，却想不到连这么一点小事，记者也要夸张一番。如果真不知道是哪所大学，或者不便点名，称"某大学"就行了。或许我是小人之心度君子之腹，莫非称"名牌大学"更有所谓的"新闻价值"？你看，作案的人竟然是"名牌大学"的学生！岂不更吸引人？套用一句不时出现在媒体上的话（我不赞成如此用法，所以这是第一次），这样写能"吸引眼球"。

　　这不是我大惊小怪，或小题大做，因为这种现象已经不少见了。

　　例如，当初很多有关北大毕业生陆某卖肉的报道，都称陆为"北大才子""北大高材生"，但我看了不少报道，却没有找到证明他在北大读书时被称为"才子"或"高材生"的内容。不错，陆某毕业于北大中文系，但从报道看他成绩平平，并没有显示出什么过人的才华，或者曾经在同学中出类拔萃，看来至多只是中等水平。总不能说凡是北大中文系的学生都能称"才子"，人人是"高材生"吧！显然写报道的记者并没有任何根据，陆某本人也从来没有这样说过，只是想当然地夸张和滥用。

另一次是来自南京的消息，"航天博士"惨遭车祸身亡。由于"航天博士"的吸引力，这篇报道被广泛转载。但仔细一看，此人还在读研究生，显然是攻读航天专业的博士研究生。即使他不遭遇不幸，称"博士"也是用了未来时。要是学位培养制度严格，谁又能保证每一位博士研究生都能获得学位呢？

还看到过这样的报道，称某学者在国际会议上以"流利的英语"作报告，引起同行惊叹。实际上某学者基本不会英语，在会上结结巴巴的报告还是临时突击出来的，要没有书面摘要，外国人未必听得懂。再说，学术会议重视的是学术本身，否则英语再流利也不会引起什么惊叹。于是有人指责那位学者胡吹，实际他是代人受过，因为他接受采访时从来没有说过这些话，都是记者想当然编出来的。

一篇报道称某人在美国某名牌大学作有关京剧的讲座，会场爆满，在当地引起轰动。恰巧我也在场，所以有发言权。这座大学当然称得上是名牌，这场讲座受到听众或观众（也有示范表演）的好评，有的在散场后还围着报告者交谈，这些都是事实。但参加者并不很多，更没有坐满会场。因为是自愿参加，来者当然都是感兴趣的。这所大学类似的讲座一天不知有多少，萝卜青菜各人喜爱，只有稀稀拉拉几位听众的有，连过道都站满人的也有，但影响所及大多不出校园，岂会在当地引起轰动？

类似的现象还真不少：如只要提到文物，都被称为"国宝"，甚至"稀世国宝"，实际已经鉴定的文物都有严格的等级，尚未鉴定的又怎么能滥称"国宝"？又如，凡是学生辈，都被称为"传人""得意门生"，实际有的学生早已离开本业，有的学生已与老师反目成仇。稍有发现就称为"惊现",如某地"惊现"一部民国时的家谱,证明某人为某名人的若干代孙子。民国年间的家谱不知有多少,类似的编造比比皆是,毫无价值可言。又如某地"惊现"一张日本侵华时的地图,这固然是日本侵略的罪证,这场战争去今未远,侵略者的罪证如山,何惊之有?至于一切"副"字都省略,能往高处大处拔的尽量拔,只要有姓名的人都可称"著名""知名","权威""顶尖""大师""重大发现""突破""世界先进""填补空白""国际一流"早已被滥用得分文不值了。

本来,夸张是文学创作的重要手段。"白发三千丈""燕山雪花大如席",这类极度夸张的诗句千古流传。但新闻报道却需要实事求是,讲究真实性,容不得半点虚假。如果记者连这些细节都要夸张,谁还会相信报道的主要内容和重大情节?

或许有关记者要称冤,因为这类内容和提法可能就是本人提供的,有的还是抄自相关的材料,如"鉴定报告"和其他报道。即便如此,记者难道不需要调查核实?实在无法调查核实的,至少也应该写明是他本人的说法,或者注明出处。现在有些人提供的例子往往不是死人说的,就是洋人讲的。前者死无对证,后者谅你也奈何不得!其实只要认真些,涉及死人的事可以找旁证,有名有姓的洋人也不难找到,甚至只要在网上检索就能找到联系办法。实在无法核对的事干脆不采用,或许是治疗这类胡吹顽症的良药。

有些情节根据常识就能判断,在这些方面夸张只能证明自己无知。但明白这一点后也不难注意,遇事多查工具书,多请教相关的专家通人就可以避免。

总之,我希望在严肃的报道中杜绝夸张。至于那些出于经济、政治或莫名其妙的原因而制造的假新闻、假报道不属本文所涉范围,幸勿误解。

（本文曾以《新闻报道何必夸张》为题,刊发于《文汇报》2004 年 7 月 8 日）

不要滥用『隐私』

据《北京娱乐信报》8月25日报道，北京石景山区私企老板刘志成出资100万资助本区部分品学兼优且因家庭经济状况不佳上学困难的高中生。为保证这笔善款用到"刀刃"上，由区教委、民政局、区级媒体《石景山周刊》和捐资人成立管理委员会，并将受助人名单刊登在《周刊》公示。但去年接受资助、已考上北京印刷学院的郭同学却希望不要将受助贫困生的名单在媒体曝光，称自己的名字被登在受助贫困生之列，"心里很难受"，认为"这是我的隐私"。据说，其他三名学生代表也表达了同样的观点。

这四位同学是贫困生的代表，居然都有这样的看法，我不能不感到惊奇，同时也不得不严肃地向他们指出：不要滥用隐私权。

什么是隐私？一般是指不愿告人、不便或不愿公开的个人私事。家境贫困当然是个人私事，完全可以不公开。但因为家境贫困而接受别人的资助，就不仅是个人私事。对方的资助是有条件的——品学兼优且因家庭经济状况不佳上学困难，要让对方和公众确认你符合这两项条件，就不是个人私事。家庭经济状况不佳是相当于其他家庭而言，并没有一个绝对标准。如那位郭同学是父亲数年前得了胃癌，目前仍在医治，母亲下岗在家照顾父亲，全家没有生活来源，公示的结果只能证明她符合受助条件。另一项条件"品学兼优"更不是什么个人隐私，需要得到学校师生与居住地公众的认可。如果公示的结果证明名单中的人并非最困难，或者谈不上品学兼优，那就会被取消受助资格，让更符合条件的人受助。这样做既防止了评定过程中可能发生的弊病，也能使最需要资助、最符合条件的学生得到资助，使出资者放心，公众满意。

毋庸讳言，近年来腐败之风也影响到慈善公益事业，捐赠人的意愿往往无法真正实现，或者不能使最需要的人受益，捐款被贪污挪用的事也时有所闻。个别人钻慈善公益事业的空子，隐瞒真相，冒领善款的现象也难以绝迹。正因为如此，石景山区采用公示的办法应该得到充分肯定，也应该得到受助同学的理解和支持。家境贫困或遭遇不幸不是什么丢脸的事，与学生本人的能力和表现毫无关系，品学兼优更是本人的光荣，将这些内容公之于众，只能赢得大家的同情、支持和尊重，哪里会影响个人隐私？当然，社会上和学校中都可能会有少数人歧视贫困生，或者背后议论讥笑。如果贫困生连这点承受能力也没有，宁肯图虚名而受实祸，今后又怎样面对人生的磨难？怎么能自信、自强、自立？如果这些同学本身也认为贫困可耻、富贵光荣，那倒是相当危险的，因为发展下去不仅无助于克服家境贫困造成的困难，还可能误入歧途。

从完全不顾个人隐私到注意尊重隐私，这是我们社会的巨大进步。但凡事都有个度，对什么是个人隐私，应该尊重到什么程度，隐私与社会公正、社会责任的关系、权利和义务的关系，都应该全面、准确地理解，不应偏颇。近年来，不时听到一些消息，学校和公众为资助贫困生而采取一些措施时往往顾虑重重，如给他们安排低价宿舍，供应廉价商品，减免费用，发放捐赠补助时往往要遮遮盖盖，惟恐伤了他们的自尊心，暴露了他们的"隐私"。有的贫困生宁可挨饿受冻也不愿别人了解自己的实际状况,甚至不顾家庭困难强充阔绰。这些不仅是对隐私的误解和滥用,也是没有树立正确的人生观,缺乏自信的表现。对此,学校和师长要加强教育,媒体也要作正面引导,本人更应努力改变。

当然,如果贫困生的确有隐私,如本人或家长的健康状况不便公开,或某种不幸事件留下心理影响等,完全可以通过事先协议的方法处理,或者放弃必须公开的资助,寻求其他类型的资助,资助方也应设身处地,尊重他们的隐私,但这毕竟是个别现象。

（《南方都市报》2005 年 8 月 27 日）

消除学术腐败和不良学风的外部条件

近年来，学术界的不良现象已经引起各方面的广泛注意，但无需讳言，某些不正之风还有愈演愈烈之势，学术腐败并未得到遏制。

出现这些问题，当然与学术队伍本身的素质有关，但如果不从根本上清除学术腐败和不正之风的根源，只靠揭露、批评、打假是远不能解决问题的。学者的自我约束固然重要，外部条件也非改善不可。

我认为，必须正确认识我国学术界的现状，客观估价总体实力和水准，实事求是地制定发展规划。

"文革"结束后，特别是改革开放以来，学术界和政府有关部门痛感十年动乱造成的惨重损失和我国科研学术水平与世界水平的巨大差距，急于恢复和发展，制订了一系列的规划，实施了一批大项目、大"工程"。但是大家似乎忽略了科研学术队伍的基本事实：老一辈专家大多年事已高，又经过"文革"的摧残，已力不从心。中年一代受历次政治运动的影响，学术基础和实践能力普遍不足，难以胜任承上启下的作用。新毕业的本科生、研究生中虽涌现出大批杰出人才，但往往缺乏全面而严格的训练，或者没有建立起学术规范。这样一支青黄不接的队伍本来应该有一段休养生息的阶段，却不得不承担着不断加码的任务。所以，从上一世纪80年代开始，在一片繁荣景象中已经出现一些不正常的现象。如署着老专家名的著作实际出于学生之手，挂着主编头衔的人连稿子也不看，将外国的书翻译过来加上中国的例子就产生了一种某某学，为了评奖或破格提升而虚报成绩、盲目拔高，将已经发表过的成果改头换面当作新成果，不尊重前人的成果，不顾实际可能上大项目、大工程，职称只升不降形成实际的终身制等等。

尽管学术界和教育界一些有识之士早已意识到了问题的严重性，但大多数人却没有正视主观愿望与客观可能之间的矛盾。由于浮夸、浮躁的"大跃进"式的主观愿望不仅满足了现实的需要，也造成了大批既得与将得利益者，所以在明知做不到的情况下也会搞得轰轰烈烈。在这种潮流面前，能不受影响的人不是绝无仅有，也只能是凤毛麟角。在这种情况下，学术界的风气如何端正得了？例如：

大专院校增加过快，不考虑原有基础，重量不重质。专科都要升学院，学院都要改大学，改了大学还要办综合型、研究型，一所大学中又要设置大量的学院、研究院、中心。本来，这些都是教育事业发展的自然结果，却恨不得一天做成，甚至根本不必做什么，只要换块牌子。全国的大学很快突破千所，结果自然是教授、主任、院长、校长名额膨胀，皆大欢喜。只是短期内出不了如此多的人才，而表面的标准又不便降低，注水拔高，甚至弄虚作假，就在所难免了。

急于求成，追求短期效应。从国家社会科学基金至各省部级的基金项目无不规定以二三年为期，仅个别重大项目得以稍作延长。实际上谁都知道，在前期成果普遍不足的条件下，真正有学术价值的著作是不可能在三五年内完成的，何况申请人不可能倾全力于该项目！但项目的数量和等级已经成为一个机构或个人学术地位和成就的重要指标，引得天下英雄竞折腰，只能千方百计迎合项目的要求，不是移花接木，以现有成果适应需要，就是降低学术质量，以求表面合格。即便如此，到时真正能符合验收要求的还是有限。等而下之的是充分发挥公关能力，不惜投入大量的"配套"经费，个别评委配合有方，终于使一些莫名其妙的课题得以通过，而这又成为"新潮流"的引导。

博士学位和硕士学位授予点、博士生和硕士生导师的资格评定，曾是国务院学位委员会学科评议组的专利，以后逐步下放，如今除了博士学位授予点外，其余基本都能由重点大学或地方教委自行评定了。这些本来都是研究生教学事业发展的正常趋势，授予点和导师资格也只是一种工作安排，但实际上早已成为一个单位、一个地区水平高低、实力强弱的指标，成为一种新的职称（特别是在没有院士的文科），连学科评议组成员的身份也成了招聘人才时的一项条件。于是"实现博士点、硕士点零的突破"、增加多少博士点的目标进入了党政领导的计划和人大、政协的提案，一些评审会议也被请到了省会城市或旅游胜地，评委们不断获得"讲学"和"考察"的邀请，评审时不得不考虑学术和办学条件以外的因素。连学位委员会的规定也为各单位的便宜行事开了方便之门，如博士生导师资格的条件一方面规定必须至少完整地指导过一届硕士研究生，却又加了一条"或者在国内外参加过指导博士生的工作"。前者是硬指标，有姓名可查，要弄虚作假也得花些手脚；后者却完全形同虚设，如有人说他在国外某大学时曾与某博士生谈过话，算不算"指导"，如何核实？

片面强调提高职称和学历水平。职称实际是终身的，一度还是各种待遇的同义词。一旦教授在手，工资、住房、津贴、医疗，以至人大代表、政协委员、标兵劳模、领导岗位随之而来，时至今日也还与大多数因素挂钩。在这种情况下，又如何能坚持学术标准？强调学历并无不妥，但不作变通却导致一些毫无意义的"新气象"，已经培养了不少博士生的博导再作冯妇，重新攻读本专业的博士学位，校长、书记在本单位在职攻读硕士或博士学位。如果说当年的南郭先生还得应付不时要进行的合奏的话，今天的南郭先生连合奏都不必参加，完全可以高枕无忧。职称和学历的含金量如此之高，自然成为大学教师资历的标准，也成为校外各式人等追逐的目标，上至省部级党政要人、大企业经理厂长，下至乡镇官员、青年职员，无不争过学历的独木桥。这可苦了那些公务繁忙的官员和经理们，但他们毕竟大权、大钱在握，如何如愿以偿就各显神通了。可怜老师们过得了钱关，也未必过得了权关，试问有几位教授敢于否决本校现任某书记、某副校长的博士论文？即使有人这样做也不见得真正有效，上级领导照样可以直接通过。

学术之外的因素大量介入职称评定，更使职称成为党政官员和权势人物必不可少的附属品，既使职称的学术价值和社会地位贬值，也助长了不良学风的蔓延。若干年前，教育主管部门为使某名人获得教授职称，居然自乱其例，专门为他设立了"德育教授"，于是"德育教授""管理教授""高级政工师"就成了学校党政官员唾手可得的囊中之物。此例一开，职称（包括变相的职称博士生导师）自然更加普及。从来没有在大学工作过的高官，只因主管教育，就成了博士生导师；只有"工农兵"学历的官员，只因所处地位重要，就被聘为大学的兼职教授；为了提高知名度，或者获得资助，对一些社会名流，学校不惜以院长、教授相许。在这样的情况下，又如何能要求校内的职称申报者循规蹈矩？

各类奖项的评定既有失之过多过滥，流于形式的弊病，又有近乎苛刻的一面。一些部门或地方评的奖名目繁多，使一些学官、学阀、学霸、学混奖状和奖金年年有余，但因级别所在（如省部级），照样能成为个人或单位实绩的依据。另一方面，改革开放至今，人文社会科学还没有评过一次全国性的奖项。唯一一次国家社会科学成果奖又限制于获得过国家社会科学基金资助的项目，并不具有普遍性。在评选中，对一些学术性很强的人文学科项目，也得用"社会效益和经济效益"作为标准，在粥少僧多时又只能按单位或地方分配。与学术毫不相干的人也要挤进获奖圈，某书记宣读的报告、某司令让秘书整理的回忆录、某市长多年前的旧作，非得评一个大奖不可。各种评定或考核指标也使单位只能步步为营，有奖必争，实力不济，就只能靠形式和公关了。

过分强调年轻化，对各种"人才"、岗位、"破格"都规定了年龄限制，客观上造成年龄竞赛。你出了一位30岁的教授，我来一位30岁的博导，他恨不得再培养一位30岁的院士。热衷于制造年轻化的典型，必然导致弄虚作假，让项目的参加者变成主持人，将编译当作著作，不管什么文章都算成论文，公费出国拔高为去国外讲学，从无培养研究生经验变为指导过多位博士生，研究生公共外语合格的成绩成外语"精通"。即使自己不愿，单位领导也会启发诱导，甚至越俎代庖。而一旦过了年龄，不仅与种种优惠无缘，甚至会从此名落孙山。有的中年教师哀叹："当年嫌我们年纪太轻，资历不够，现在又嫌我们年龄太大。"所以在年龄关前人人不甘示弱，必欲挤之而后快，挤入而后安。

为提高师资和研究生的水平，制订最低限度的要求，本来并无不妥，但不考虑其可行性，非但会流于形式，而且会败坏学风。例如一些学校规定副教授以上人员必须多少年出版一部专著，有人算了一笔账，如果教授们都达到标准，即使本校和当地的出版社全力以赴，也无法完成出版任务。还有的学校规定博士生在校期间必须在"核心刊物"或"一级刊物"上发表若干篇论文，随着研究生数量的增加，即使这些刊物全部刊登研究生的论文也满足不了需要。某次评审项目时，我发现一些相识的友人的外语水平都填着"四会"（听说读写），暗自惊叹他们进步之神速。事后了解，却原来是校方的规定，以提高师资的"素质"。

面对学术界和教育界的不良学风和腐败现象，大家在痛心疾首的同时，往往会感到无能为力，或者会言行不一，刚才还在指斥某种行为为"学术腐败"，现在却要如法炮制。有些人称之为"逼良为娼"，或许不无偏颇，但一些现象已如此普遍，就绝不是少数人的劣行所能左右，必须从内部制度上和外部条件上找原因。如果我们能实事求是地估价我国学术界和教育界现有的水平和发展潜力，去掉浮躁浮夸的心态，不要急于求成，讲求实效，至少能为学风的端正和学术腐败的清除创造良好的外部条件。

教育为何成了『腐败重地』

　　根据最近发表的一项调查，教育已成几大"腐败重地"之一。作为教育界的一员，感叹之余，更多的是深思：难道中国的校长、教师真的都腐败了吗？为什么教育给社会造成这样的印象呢？历史经验告诉我们，当一种现象成为社会的普遍现象时，就应该从社会本身和普遍性的制度上找原因。教育成为"腐败重地"的确不是偶然的。

　　我认为，原因之一是必需的教育经费始终没有得到法律和制度的保证。

　　中国的教育经费，无论是总额、人均，还是占国民生产总值的比例，都是相当低的。到目前为止，全国绝大多数地方还没有达到教育法所规定的比例，而这些教育经费也没有完全用在教育上。正因为如此，经费不足已经困扰了教育界多少年，如果说有哪一位教育厅局长或校长不为筹措经费动脑筋，倒反而是不正常的。校长要是不自谋出路，连学校正常的运转都维持不了，而局长要是不默许甚至鼓励校长们挣钱，也抵挡不了上下的压力。

学校自谋出路的初级阶段还是小打小闹，一般只是利用学校的资产和资源，如出租教室、操场、宿舍，破墙开店等。以后就各显神通，直接挣钱了，如办补习班、提高班、素质班、复读班、奥赛班、创收班，办"三产"，办企业，设公司，推销教材教辅，收择校费、择班费、转学费、借读费、赞助费、计划外招生费、尊师费，连名目也没有的费更不胜枚举。

本来，近年来随着教育经费的大幅度增加，这类现象应该得到减少，而实际上，在一些数额不大的"乱收费"被查处的同时，一部分收费却被"规范化"，因而不再属于"乱收费"。于是，属于国家义务教育阶段的中小学基本上都收费了，只是不用"学费"的名称，而称为"学杂费"或"书费""代办费"罢了。有的中小学还由教育主管部门一手包办了"转制"，全体学生身不由己地由公办转到了民办，需要交的费自然增加了。

近年来中小学教育给民众的印象，是离义务教育的目标越来越远了。这怎么会不引起民众的不满，怎么会不使大家对教育中的不正常现象深恶痛绝？

而且这些筹款的来源、手段、过程、数量、收支、存储、运作大多是暗箱操作，既不公开，又无人监督，既不纳税，也不纳入预算，更没有经过审计，在学校内部也属秘密，往往只有校长或个别经办人知道。更有甚者，本来与钱财无关的教师，往往也介入了各种款项的流程。这些钱不被贪污挪用的保证只是局长、校长和经办人的个人品质和能力，而不是财务制度和监督程序。在大笔钱财面前，难免有人会动非分之念，何况在教育部门的经济犯罪一般都比在其他单位容易，成本也低得多。如某大学被骗数千万的原因，只是校长想将学校的周转款交给银行获取高息，以便弥补经费的不足。而那位已经从银行辞职的骗子利用前几次成功的"信誉"，轻而易举地将到手的支票转移后潜逃。

近年来投资一二十亿的大学新校区、一二亿的样板高中拔地而起，但这些钱并非都出自政府拨款，大多是银行贷款，也包括对公私企业的欠款。政府官员让校长们大胆贷款，放心欠债，旧债未清再举新债。但校长们心里都明白，这些债不知何年何月能还，因为学校是绝对变不出如此巨款的。所以扩建、新建的学校必定是继国有大中型企业以后银行的坏账大户。如此大规模的负债建设也使学校一下子从清水衙门变成设计事务所、承包商、企业主、建筑公司、采购商追逐的财神菩萨，也与银行产生了暧昧关系，这种特殊的投资环境自然为腐败的滋生提供了温床。

所以，只有政府保证教育经费，或者建立正常的筹资机制，才能从根本上清除目前在教育界存在的腐败。义务教育的经费必须由政府确保，公立学校的经费也应该由政府统一拨发。如果政府一时拿不出那么多钱，也应该用发行教育债券的办法，向个人、企业或银行举债，再由政府拨给学校。同时应该进一步开放民办教育，鼓励民间资本投资于教育，获得合理的回报。

教育成为"腐败重地"的另一个原因，是教师的正常收入不能由教育经费来保证。

谁也不能否认，改革开放以来，教师的收入已经有了大幅度的提高，特别是城市的一部分中学教师、部分大学教师已属"先富起来"的社会角色。除了老少边穷地区，教师应该已成"令人羡慕的职业"。

但如果查一下"先富起来"的教师们的收入就可以发现，由政府拨发、由教育经费保证的基本工资（包括地方财政补贴等）并不比其他行业高，至多略高于一般，远不如电信、金融等垄断性的行业和多数外资企业。而构成他们"高收入"的主要部分，却来自学校和他们个人名目繁多的创收。

学校的一块来自各种创收项目，包括挪用教育经费获得的额外收益。有必要强调，比起其他的创收项目来，此类创收更加容易产生腐败。因为这类收入与校长、教职工的利益直接相关，为了逃避上级监督和财务税收制度的约束，整个操作过程更加隐蔽，也更不规范。即使被发现或追究，往往无账可查，或者踪影全无。

教师自己创收就八仙过海，各显神通了。靠山吃山，教师最基本的手段自然是兼课、补课。等而下之的还包括代办各种商品（如校服、午餐、保健用品、拍照等）、教材、教辅拿回扣。但并非所有的教师都有兼课、补课的机会，或者都能拿到可观的报酬，所以凡是与升学、出国、考研、今后择业或成功有关的课程最为热门，如语文、数学、外语、电脑、艺术等以及考研的政治课。教师所在的学校、职称、头衔及办班的单位往往比实际授课效果更重要，否则就吸引不了学生。其次是生源，既多多益善，又要源源不断，或通过学校行政半推半拉，或直接在课堂上布置，或课外吸引。

问题是，如果不是为了能考上大学或中意的研究生专业，愿意花一大笔钱补课的人总是少数。即使是成绩很差的学生，要让他们的家长掏出钱来补课也不容易。但稍有教育经验的人都明白，再高明的老师也不能使所有的学生都获得好成绩，更不能保证补课的学生都能如愿以偿，何况教育资源本来就紧缺，如热门的研究生专业往往数十名考生才能录取一名。另一方面，热衷于补课的教师未必都是合格教师，将创收当成主要目的后更不会尽心尽力。于是教师们往往会借助于教学质量以外的手段，如该在课堂里讲的内容故意不讲，要留作补课内容；在补课时变相泄漏考试范围或试题内容，传授应试"秘诀"；突出教师的特殊身份如"命题组成员""阅卷组长"，宣扬"押题"的准确率，甚至直接办以押题为基础的"模拟考试班"。这些手段固然吸引了学生，有的补课班甚至出了钱也进不了，但教师的道德底线、教育的神圣地位也在金钱面前彻底崩溃，师生关系、教师与家长及社会各界的关系成了简单的商品买卖关系。

这些年教育界和社会上经常在讨论如何减轻学生的负担，如何提高学生的素质，如何让学生从应试中解脱出来。这道理难道教师不懂吗？哪个教师不知道学生应该在课堂上完成学业，谁不知道补课不解决问题？但在切身利益的驱动下，有几位教师不参与收费补课或辅导？面对那些想拿硕士、博士学位的企业家、大款，有几位大学教授、硕导、博导不了解他们的真实水平？为什么还乐意招收他们入学，愿意给他们（或者他们的秘书、代笔人）辅导，通过他们的论文答辩，同意授予他们学位呢？还不是看在钱的份上吗?

即使是从商品的眼光看,这类创收也是不公正的。钱赚得最多的人,往往不是水平最高、经验最丰富、教学最认真、声誉最高的教师,甚至不是教师,而是办班人、"包工头"、中间人,或者是用不正当手段蒙骗学生和家长的人。一些在外面兼职兼课的大学教师,当他的"业余"收入已经远远高于他在学校的工资时,怎么能指望他以主要精力从事本职工作呢?

大学教师另一个重要的"创收"渠道是科研经费或项目的提成。本来,国家的科研经费应该用于科研和必要的管理,承担人员的报酬应该通过其他途径解决,或者有明确的规定;其他方面提供的经费也应该分清科研部分和报酬部分。但由于教师的基本工资太低,所以在国家规定的提成比例之外,单位往往变相或公开提高,或将报销范围无限扩大,直到大量提取现金,或者默许教师设法套取现金。因此造成普遍性的虚报夸大科研经费预算,然后大量转化为个人收入,连有的院士也依靠"领衔"申请科研经费而致富。为了获得项目和更多经费,对评委和主管的"公关"已成公私"常识"和例行公事。

近年少数重点大学试行岗位津贴,经费的来源却没有完全落实。但一旦实行,就不可能倒退取消,所以如何确保这笔钱成为校长们必须解决的头等大事。其他学校为保持竞争能力,留住人才,也只能比照实行,但它们的经费来源更加困难。

在国家财力有限的情况下,通过工资以外的收入来提高教师的待遇并无不妥,但这毕竟是权宜之计,由此引发的腐败现象也不可避免。因此,政府应该大幅度提高基本工资,使教师的主要收入得到保证。在此前提下,切实整顿教师队伍,提高教师质量。同时要充分利用民间财力和富余教师,通过民办学校或正规的补习学校来弥补义务教育与公办学校的不足,满足家长和社会的需要。

(《教学月刊》中学版下,2006 年第 11 期)

女硕士被拘：不是因乱穿马路

前天打开电视机，正好看到一位女士乱穿马路后被警察拦住，忽然见她大声怒骂，还推搡阻止她逃离的警察。正担心警察如何对付这位蛮不讲理并采取暴力对抗的女士时，电视中出现了该女士被三位女交通协管员带进警车的镜头，才相信这次警方有备而来，已作了充分准备。

今天看到媒体报道，这位拥有硕士学位的女士已被处行政拘留10天。根据我的记忆，这在上海是破天荒的新闻，自然会引起市内外广泛的关注。正因为如此，我认为，各方面对此事应予以充分重视，并举一反三，将目前实施的纠正行人乱穿马路的行动持续有效地进行下去。

首先，对此事的报道应该强调依法办事。有的媒体用了这样的大标题《乱穿马路被拘留10天》，尽管在小标题和正文中提了"妨碍交警执法"，但肯定会给读者误导，似乎乱穿马路也可能被拘留。实际上，乱穿马路的最高处罚是罚款50元，那位女士被拘留的原因是妨碍交警执法，从电视画面中我们可以看到，她不止一次对交警使用暴力，并采用侮辱性语言，警方处罚的根据正是《行政管理处罚法》。所以不能给市民或外界造成乱穿马路会被拘留的误解，事实并非如此。

其次，有的媒体突出"从严处理"，这也是不准确的。对乱穿马路者可以实施最高不超过 50 元的罚款，早已有了法律规定，只是因实施困难，或者执法成本太高，以往没有认真执行。现在这样做，是依法办事，而不是什么"从严处理"。对已经制定的法律法规，关键在是否执行。要说宽和严，其实法律条文中已有规定，如罚款最高为 50 元，实际可以根据违规人的情节和认识态度处罚不同的数额，或者按最低额执行。如果一味强调"从严""从重"，就难以保证依法。

再者，这样一位高学历的女士竟因无视法律而受到处罚，也提醒我们，遵纪守法的意识和行为并不是与学历、学位同步提高的。这位硕士在遵守交通规则和国家法律方面的表现，或许还不如一位小学生、一位不识字的老妇。我们说要提高人的素质，往往先想到了学历和学位，很多单位招聘员工，也都将学历和学位放在首位。实际上，对素质的要求是全面的，学历和学位只是一方面，即使再重要，也不能代替其他方面，如遵纪守法。如果对高学历、高学位的人不进行必要的教育，放松了对他们的要求，像那位女硕士这样的事还会出现。如我们大学校区分处邯郸路两侧，每天大批师生多次来往于两边，尽管白天路口都有交通协管员管理，但不时能看到有人乱穿马路，骑车逆向行驶，不按信号灯通行，其中既有大学生，也有硕士、博士，甚至还有教授。

不过在加强教育和管理的同时，警方和市政部门也应不断改善交通管理和道路通行条件，特别是要解决穿越马路的实际困难。比如有些马路很宽，但绿灯的时间太短，或者不能显示残存时间，老年人往往来不及通过。有的路段设置的行道线太少，或者在该建天桥、地道的地方没有建造。我曾问过在校门前乱穿马路的同学，得到的回答是：不抄近路，上课就要迟到了。或许这位同学是强词夺理，但原来的过街地道在开挖中环线隧道后的确没有了，也没有天桥可替代。如果在道路建设中多为行人着想，在交通管理和道路设施中更重视以人为本，教育和管理将更有效，违反交通规则的现象也会减少。

（葛剑雄博客 2006 年 5 月 15 日）

文明从厕所开始

上海世博会开幕后，对各类设施的不足或缺陷免不了有些批评抱怨，有的要经过一段时间的改进方能满足需要，唯独厕所似乎例外，所缺的就是大大的赞扬。据我所知，在规划建设阶段，主办当局就对厕所的设置予以足够重视，进行了精确的测试，因此不仅数量充足，分布合理，而且真正做到了男女平等——女厕所的数量是男厕所的一倍，并且还准备了一千多个活动厕位。所以即使每天参观者突破 50 万人，也没有听说厕所告急。当然，厕所的清洁和便利程度也有保证，不会出现在展馆凭气味找厕所或方便后找不到手纸的尴尬。

要是没有这样的厕所，世博会的圆满就会打个折扣，就算不上一场文明的盛会。

曾几何时，中国的厕所曾经是外界批评的目标。我不止一次看到外国游客对着旅游点或火车软卧车厢的厕所拍照，或看到他们回国后展示这些照片。也听到过有关厕所的种种传说，包括本校的一则：那时只有主楼

（物理楼）外宾接待室旁边的厕所里放手纸，一位女外宾在参观其他院系时如厕，进了去却出不来，只能找接待人员救急。

25 年前我第一次生活在美国，意外发现，那里所有的厕所都像我们大学接待外宾的一样。20 年前到了日本，更惊异那里的厕所如此干净，旅游点的"亿元（日元）厕所"如此，偏僻的山区和简陋的茅屋中也是如此。7 年前在埃塞俄比亚——世界上最穷的国家之一，参观国立大学时我特意看了厕所，里面也放着手纸，而且可以肯定不是专为"外宾"准备的。

20 年前参观莫斯科大学，此前曾听说那里的大学生都用《真理报》纸当手纸，就去了两个厕所证实一下。我不识俄文，不能肯定扔在厕所的是不是《真理报》，但确实是报纸，而且厕所里不供应手纸。3 年前重访莫斯科，会议在国家科学院举行，使用的是那幢庞大的建筑物中唯一有空调的大会议厅，同样惊异地发现厕所中有一大半的厕位和小便器是不能使用的，不是已经损坏，就是挂着维修的纸牌，以至我们在休会时经常到其他楼层找厕所。

看来，文明并非富国的专利，也未必与经济实力同步。

3 年多前我当了图书馆馆长，上班时不能不去的厕所不放手纸，清洁程度也不如人意。我想改善服务就从厕所做起吧，但究竟要花多少钱，心中无数。于是先从一座厕所试验测算，估计 5 个馆所有的厕所全年手纸和洗手液的费用不会超过 6 万元。但否定了放擦手纸的打算，因为太费钱，只能改为装电烘手器。现在有了结果，实际花了 2 万多元，占本馆全年支出的 0.7%。以到馆人次计，平均每人次 1.4 分钱。

可见文明从厕所开始，非不能也。

（本文写于 2010 年）

文明建设，任重道远

　　5 月初我去拉萨，十年后重访这座世界屋脊上的阳光城，发现不仅建筑和街道更漂亮，整座城市也更清洁了。市中心的大昭寺前和八廓街上熙熙攘攘，游人如云，围着大昭寺转经的僧人与信众成群结队，但秩序井然，环境整洁，连地面也光洁如新，与我在 1987 年和 1996 年那两次的感觉不可同日而语。我问一位值勤警官："你们是用什么办法保持环境整洁的？"他指着一位在不停走动的环卫工人说："有几位工人随时保洁。""有没有采用罚款等办法？"他显得有些惊奇，摇着头说："没有。好像没有必要。"我走近那位环卫工人，见她提着的垃圾筐中并没有捡到什么，看来这样的措施的确已经足够了。

　　这当然是以西藏自改革开放以来所取得的巨大成就为基础的，也是当地注重精神文明建设的成果。

　　由此想到了我们上海。近年来凡是到过上海的中外人士，无不为城市面貌的焕然一新而惊叹。就是经常来上海的人，也能亲身感受"一年一个样"的飞速发展和巨大进步。就是一直被视为城市顽症的某些不良现象，如随地吐痰、乱扔杂物、不守秩序、乱穿马路、大声喧哗等，也在逐渐减少。最近开展的"百万市民学礼仪"活动和整治乱穿马路的行动，可以从两个方面说明上海正在做出的努力。前者是立新，后者是除旧，同样重要，并都已取得初步成绩。杜莎夫人蜡像馆开放以来，游客数量比预料的多，但原来担心个别游客中会出现的陋习却没有发生。六年前被盗的城市雕塑"打电话少女"，在市民期盼中原地重立，备受关爱。如果我们留意身边的人和事，还可以发现不少看来细微却能显示精神文明的迹象。城市文明的新风尚就像春雨，"润物细无声"，却在实实在在地发挥作用。

以往人们往往将某些不文明现象的出现以及某些陋习长期无法消除的原因，归咎于外来移民和流动人口，而不是从城市本身或本地居民身上找原因。的确，上海作为一座国际大都市经常保持着数百万流动人口，新移民还在源源不断地迁入，其中自然有素质不高的人，也免不了有违法乱纪的行为存在。但世界上哪一个国际大都市不是如此？而且从流动人口和移民的数量、来源、占总人口的比例看，上海目前并不算高，今后还会更高。就是与国内其他大城市相比，北京、深圳、广州等地有过之而无不及。一座国际大都市的文明水准，不仅表现在本地居民的整体素质上，还应该体现在对外来移民和流动人口的影响，既包括对他们的管理和引导，也包括吸收他们之中的先进成分。我在意大利那不勒斯时曾遇见一位德国游客，面对当地人乱穿马路，机动车乱闯红灯的乱象，他忿忿不平。我问他："德国有这种情况吗？"他说："简直不可思议。要是在德国，我肯定会追上去将他们拉回来。"在德国，我虽然没有看到德国人将乱穿马路的外国游客（实际上也没有）拉回去的事，但严格的交通规则和民众自觉的纪律性，使绝大多数外来者自觉或不自觉地入乡随俗。在英国剑桥，一天早上我骑车穿过一片绿地中的小路，发现一位老人在不停地向我挥手，我赶快停车询问，才知道这里已过了专用自行车道，只能供步行或推车通过。近朱者赤，近墨者黑。而是朱是墨，还得靠城市本身。

　　另一种误解，是认为需要提高文明素质主要是文化程度低或经济条件差的人。但最近在交通整治时，因乱穿马路又妨碍交警执行公务而被行政拘留的，恰恰是一位拥有硕士学位的海归白领。而在高级写字楼附近的路口，乱穿马路的现象并不比普通居民楼前的路口少些，显然与文化程度或经济条件并没有必然的联系。照理说，遵纪守法应该是每个公民都具备的基本素质，但由于"文革"等特殊历史背景，却使这一代人中不少人缺损了，并且影响到他们的下一代。有些人在国外时受到种种约束，不自觉地做到了，回国后却放松了，或者"入乡随俗"，故态复萌。所以不管什么人，无论你文化程度多高，经济条件多好，该补课的就得补课。

　　记得刚在上海推行"一米线"的时候，我曾在虹桥机场见到一群年轻教师对一米线熟视无睹，为此我在《文汇报》写过一篇短文。如今，当我在机场等公共场所再经过一米线时，再也见不到这种现象。在一米线后等着的或许正有当年我见到的那群年轻教师，但他们已经习惯成自然了。偶尔还会见到紧跟前面的人越过一米线或者是一时疏忽，或者的确还不知道一米线的规定，但只要友善地提醒一下，就会含着歉意退回，或者学会遵守。所以尽管文明建设任重而道远，但只要持之以恒，积渐所至，金石可成。

　　据报道，重塑的"打电话少女"雕像内设有报警装置，虽然外表看不出来。警方还警告："谁不信，不妨试一下。"我完全理解警方的苦心，这实在是不得已的，否则这位可爱的少女或许又难逃粉身碎骨卖得几百元钱的命运。但我希望这不过是一个"空城计"，只是为了震慑犯罪分子，或者预设的装置永远不必使用。我更希望今后有更多更可爱的雕像，却连"空城计"都不必用。到那时，上海才称得上是一座文明的国际大都市，上海人才够称得上文明的居民。

（本文曾以《国际大都市需要什么样的气质》为题，刊发于《东方早报》2006年6月2日）

由国学网、百度与中国人民大学国学研究院发起，在网上投票评选"我心目中的国学大师"的结果已经揭晓。尽管争议尚未平息，但我认为还是应该从积极方面予以必要的肯定。在另一篇文章中我指出，从国学逐渐恢复到它应有的地位、从普及国学、国学家与国学知识方面看，这次活动无疑是有益的。即使带些商业性质，只要不影响活动本身和评选结果，也无可厚非。

其实，这次活动最大的缺陷就是目标的不确定，或者说主持者故意混淆概念，客观上造成对公众的误导。本来，在国学网发布的评选办法写得明明白白，是评"我心目中的国学大师"，但在同一份办法中却又使用了"中国影响最大的国学大师"和"全球华人心目中最具影响力的10位国学大师"这两个不同的概念。

根据常识，任何评选都必须有一个评选者都认同的、大致统一的标准。但是到目前为止，对什么是国学，谁是国学家这两个基本概念，就是在国学界内部也无法统一，从专家的推荐和有关言论中不难看出。譬如鲁迅，好几位专家的推荐名单中都没有，评选结果出来后，有的专家也坚持否定意见。又如有的专家指出，某人未被评上是不应该的。专家并没有否定鲁迅的学问和贡献，有分歧的只是标准。如果只是评"我心目中"，那么只要根据"我"的标准，最后的结果也只代表投了票的"我"们。但一旦成了"中国影响最大"，甚至"全球华人心目中最具影响力"，那就不得不面对这样的质疑：投票的150万人的选择能显示"中国影响最大"吗？他们能代表"全球华人"吗？

本来，这样一次公众性的活动是不必承担如此严肃的结果的，也承担不了。就是世界上最重要、再权威的奖项，也只能代表评委们的意见。评选的过程虽然保密，评委的名单却是公开的。如最具权威的诺贝尔奖，根据什么原则提名，谁有资格提名，最后是由哪几位评委评出来的，都是公开的，所以结果代表谁的标准和立场，公众都了解。但参加这次评选的150万人是由哪些人构成的，年龄、阶层、文化程度、地域的构成如何，恐怕连主持者都无法知道，那么怎么能代表"全球华人"呢？有报道称，投票者至少看过一本国学著作，但谁能证明这一点？难道网上投票前作过资格审查吗？而且，连什么是国学都没有统一标准，哪本书算国学著作呢？如果以鲁迅是国学家为前提，鲁迅的书该是国学著作了吧！但如果正是鲁迅骂胡适的文章，读了该书的投票者岂会再将胡适投为"十大"之一？

从专家的构成看，似乎没有严格的标准，专家之间在学术背景和水准上有较大差距，无论从哪个角度看，都不像是按既定的要求挑选的，有的专家从事的专业离国学距离甚远。50位候选人的确定与专家推荐的关系究竟如何，也没有作出说明。在这种情况下，如果让公众相信，由此评出的10位"国学大师"就是"中国影响最大"，在"华人心目中最具影响力"，岂不起了误导作用？如果将这一结果解释为主办单位或参与的顾问、专家们的学术定论，对国学的存在和发展更是有害无益。

　　我这样说并非是对这次评选的苛求，只是要求将评选结果定为"网友心目中的十大国学大师"，或国学网评出的"十大"。那么即使谈不上功德圆满，也可以说是实事求是了。

（本文曾以《国学大师评选不应混淆概念》为题，

刊发于《第一财经日报》2006 年 6 月 22 日）

谁造成了高价『润笔』

最近，江苏省书法家协会主席、著名书法家尉天池因给江苏金坛以"英雄教师"殷雪梅命名的小学题写"殷雪梅小学"校名和"纪念馆"8个字时，收了4万元"润笔"，受到舆论批评，如刘效良《润笔也要有良知底线》一文（载《工人日报》2005年12月31日）等都已指出，尽管尉先生此举并不违法，但毕竟有亏良知，有损形象。

不过我更关心事情的另一方面，是谁造成了这样的高价"润笔"？

本来，将"英雄教师"殷雪梅生前工作过的小学改命为"殷雪梅小学"，并为殷老师建立纪念馆，是为了纪念烈士，教育后代，没有必要，也不应该多花钱。即便所在地区相当富裕，也应该将钱用在改善办学条件，或者充实纪念馆的内容这些方面，才对得起烈士，才能向纳税人交代。何况金坛并非富甲一方，教育部门的经费历来并不宽裕！我不知道，地方政府或教育局为这次学校命名及设立纪念馆拨了多少钱？光书法家那里就付了4万，还得制作、布置，说不定还得举行典礼，广邀宾客，究竟花费了多少？殷老师地下有知，也会于心不安。

这些年书法家、画家的润笔越收越高，书画的价格也一路飙升，难道书画家的水平真的在大幅度提高？其实，除了商业炒作以外，一个重要的原因还是公款在起作用。且不说用公款买书画送礼已成贿赂"雅风"，各地的楼堂馆所、公共建筑少不了以公款请书画家题字补笔，有的官员和经办人还将自己索取的书画也"打包"报销，反正消费的是公款，用途又名正言顺。就像用公款高价请明星一样，在给书画家付润笔方面，往往越是穷地方、小地方越是大方，其中奥妙，大概只有当事人双方明白。

再说，这所小学的重新命名，看重的是烈士的英名，而不是谁写的字。学校和纪念馆不是风景名胜，也不是公众游览场所，非要书法家题字吗？实在需要，金坛本地、教育界或与殷老师生前有关的人中就找不到合适的人，非得到省城请大书法家吗？

尉先生事后称"不了解殷雪梅是什么样的人"，或许是出于自我辩解，但金坛方面去找尉先生的人为什么不向他说明缘由，或者理直气壮地请求尉先生为纪念烈士作点奉献？如果真如尉先生所说，金坛方面未作必要的说明，实际是陷尉先生于不义。其实像这样的事完全可以在全省范围内征集书法家免费题字，我相信一定会得到广泛响应，或许尉先生也会欣然参与。

（《新京报》2006 年 1 月 7 日）

血案遇害者可敬的父母

据《东方早报》报道，当地时间 4 月 23 日下午，来自比利时各地的 8 万多人参加了在首都布鲁塞尔举行的无声大游行，悼念于 4 月 12 日因拒绝把 MP3 播放器交给抢劫者而惨遭杀害的少年乔伊。

这是近 10 年来比利时规模最大的一次游行，许多参加游行的民众是全家大小一起出动的。依照遇害少年父母事先的呼吁，游行人群未拿任何标语或者有政治色彩的旗帜、符号，乔伊的父母手牵手走在队伍的最前面，旁边是他们的大儿子——乔伊的哥哥。整个游行队伍静静地沿着布鲁塞尔主要街道一路行进到司法部。其间只有一些人的低语声，以及路人看到遇害少年家人时的掌声。

多么可敬的遇害者父母！我不禁要向他们致敬。

要知道，他们的儿子死得多惨！17 岁的乔伊和一位朋友在繁华的布鲁塞尔中心火车站遭到 2 名年轻人抢劫。乔伊不肯交出手中的 MP3 播放器，凶残的劫犯竟在他胸部连刺 5 刀，将他杀害。当时正值客流高峰，劫犯在众目睽睽下行凶，又在光天化日下逃之夭夭。作为遇害者的父母，他们随便提出什么要求都不能算过分，特别在警方打击不力并至今尚未破案的情况下。这样的恶性案件也完全可以成为政治斗争的题材，也可能成为引发社会动乱的导火索，人们对不久前巴黎的街头骚乱记忆犹新。比利时人能够以沉默示威抗议社会暴力，秩序井然地完成一次 8 万人的游行，固然反映了他们的理性和素质，但乔伊的父母家人无疑为公众作出了榜样。

特别可贵的是，由于通缉照片和目击者提供的证词均显示歹徒很可能是北非裔人士，种族冲突情绪随时可能爆发，乔伊的母亲在儿子的葬礼上呼吁大家保持冷静，她说："不要让我恨所有的阿拉伯人，杀死我儿子的少年是坏人，但不是所有人都如此。"这种通情达理的态度已经得到当地穆斯林社区伊斯兰领袖的回应，他们呼吁民众如认识嫌犯，要向警方报告，把人交出来。在这位胸怀广阔的母亲的感召下，在绝大多数奉公守法的阿拉伯人配合下，即使凶犯真是阿拉伯人，相信也不至于引发种族冲突。

古今中外的各种社会冲突和动乱，一部分是不可避免的，但相当大一部分却是一些偶然事件引发的，有的甚至演变为战争和屠杀。即使是不可避免的矛盾和冲突，处理得当的话，也完全可以被缓解或推迟。这中间，当事人、特别是受害者的态度，往往起着关键作用。乔伊的父母痛失爱子，能不悲伤，能不痛恨凶犯，能不对政府治安不力提出抗议吗？但他们就像中国古代的君子那样，哀而不怨，为了国家与人类的根本利益，克制私情，弘扬公德，他们应该受到全人类的尊敬。

（本文曾以《向比利时少年乔伊的父母致敬》为题，
刊发于《新京报》2006 年 4 月 30 日）

回忆与建言

　　两年前，某电视台拍摄《回乡》系列，将我也列入其中，于是摄制组随我回到我的出生地——浙江湖州市南浔镇。当天下午，我来到曾经就读的小学原地，几乎已经无法辨认。从一条巷子绕到背后，终于找到了一排似曾相识的旧平房，现已辟为民居。据住户中一位老者说，这就是当年小学的教室。我入学时，学校名为圆通小学，后改名浔北小学，那时的南浔镇属吴兴县。

　　我上学的时间很早——1950 年 9 月，年龄 4 岁 9 个月。据说是因为年长我 3 岁的姐姐上学，我跟着去玩，到校后就不肯回家，一定要上课。老师就让我坐到一年级教室里，与新生一起上课，见我很认真，就同意了。学校是利用圆通庵改的，以后学了历史，才知道这圆通庵曾经发生过惊天动地的大事。清初南浔庄氏私修《明史》案导致 70 多人被杀，这惹祸的《明史》就是在圆通庵修的。但当时我只知道校舍的门槛很高，我跨不过去，每次都要大同学或老师帮助。由于年龄小，个子也小，两年后才正式升级。

学校很小，设施简陋，但也有礼堂和操场。因为我从小不喜欢运动，所以已经没有什么印象。那礼堂大概是原来的佛堂，已经改建，搭了一个台。大概三年级时，班主任韩学农老师为我排练一段快板，参加全校的演出。快板的内容是老农民拥护粮食统购统销，他亲自将我化妆成老头，穿上一条"作裙"，挑着一担"粮"。我一走上台就引来全场关注，谁知刚开始说话扁担一头的绳子断了，韩老师不得不上台救场。

另一次是全校的演讲比赛，也是上台讲。这次我还获奖，奖品是一本"千用簿"。其实只是在一块蜡板上铺了一张半透明的薄纸，用不太尖的竹笔在上面写字划线，可在纸上见到痕迹。而将纸提离蜡板后，上面痕迹消除。如此可反复使用，节约对我来说很贵重的纸笔。实际上用了不久纸就破了，但当时的确让我既兴奋又荣耀，也引起同学们的羡慕。

虽然是在小学，频繁的政治运动也已是我们的重要内容。特别是在这样的镇上，任何运动都是全民动员，我家门前的宝善街和附近的大街上装的广播喇叭不是宣传就是演唱，几乎每天都会给我增加新的记忆。例如有段时间，不断播放越剧演员袁雪芬唱的歌颂新婚姻法的曲子，以至到今天我还记得"千年枷锁已打碎，封建礼教如山倒"等内容。斯大林葬礼那天，我们正在空地上看人放风筝。忽听到喇叭里传来汽笛声，周围人肃立，我们也赶快站好。只见一只风筝脱线飞走，放的人也不敢去追。等肃立完毕，风筝早已不见踪影，大家连叫可惜。

有一段时间，镇上到处开会学习，不知是哪次运动。连家庭主妇的母亲也天天晚上去学习，地点在原来的耶稣堂。参加学习的都是妇女，不少人带着孩子，一起在门外或过道里玩得很开心。有时妈妈们唱起歌来，我们都挤在前窗口看，觉得很新鲜。所以巴不得母亲天天晚上带我们去开会。

镇压反革命运动时又是另一种景象。除了喇叭里天天不断宣传，喊口号外，深更半夜也会有人在街上巡逻，边敲锣边喊"坦白从宽，抗拒从严"。不时听大人说，某家某人被抓，"解湖州"（押送县城）了。最可怕的还是听同学描述枪毙人，说亲眼看到脑袋开花，白色的脑浆与血一起流出来，有的还说枪打过后头被削掉一半，令人毛骨悚然，有的同学吓得晚上做噩梦。虽然枪毙人的地方离我们家并不远，但大人不许我们去看，我也从来不敢去。

另一些运动就连小学生也参加了，并且都很积极。比如欢迎志愿军伤病员、各种游行，特别是爱国卫生。记得在抗美援朝时，听说美帝发动细菌战，又听说在附近某地扔下了细菌弹，有鼠疫、伤寒等细菌，还放在糖果中引诱孩子去捡。老师教育我们路上的东西不能随便捡，发现可疑要立即报告。这使我在很长一段时间内看到老鼠就想到鼠疫，害怕被传染。

南浔镇被评为爱国卫生先进镇，其中少不了小学生的功劳。有一位名叫王阿金的老太作为代表去北京开会，见到了毛主席，南浔作为卫生镇的名气也更响了。卫生镇的标准之一是无蝇，于是就得不断灭蝇，小学生成为主力，每个人都有任务，必须消灭多少个苍蝇。下课后，我们就带上自己做的苍蝇拍和放些散石灰的空火柴盒出发了。我们的蝇拍是用废纸板剪成长方形或椭圆形，上面打些孔，中间插一根竹柄。打起来比较费劲，容易破，而且用力太猛了会把苍蝇打扁打烂，看了恶心，还不便统计数字。但商店里卖的纱面蝇拍我们是买不起的，虽然用起来很方便。因为要完成任务，最好超额，所以专找苍蝇多的地方，如"羊木行"（制革作坊）。那一张张被钉在木板上的新鲜羊皮，表面还能看到血丝，会引来大量苍蝇，正是我们扩大战果的好机会。上交死苍蝇时要统计数字，开始时一个个数，后来改为称分量，以两为单位。我大概没有什么突出表现，所以没有像演讲比赛那样得奖。

与运动配合的还有歌曲，学校里教，更多的还是喇叭里播放，游行时唱。所以我不仅会唱少年儿童唱的，如"让我们荡起双桨"等，还会唱中学生和成年人唱的歌，也会唱流行的苏联歌曲。记得有一次看游行，见队伍中有人扛着一棵连根拔起的柳树，喇叭里播的是："嗨啦啦啦啦，嗨啦啦啦啦，天空出太阳呀，地上开红花呀，中朝人民力量大，打败了美国兵呀。全世界人民拍手笑，要把帝国主义连根拔那个连根拔！"这样的歌至今我还能记得，足见当初印象之深。

大多数同学家里都很穷，但我家更穷。解放前父亲是"银匠"，在宝善街一间街面房为人加工金银首饰。解放不久，浙江省取缔这一行业，就此失业，一家五口只能靠借贷和变卖度日。先卖家中存下的零星首饰，再卖铜锡用具。由于浙江不收购，又禁止带出，父亲都是天不亮就出门，偷偷送到邻近的江苏省去卖。坐吃山空，何况家里根本没有"山"。他曾与两人合伙开过一家小文具店，没有多久就关了门。几年后他去上海谋生，但经常没有钱带回家来。到1955年才掌握了土法制造钻头的技术，让母亲也去上海摆摊推销，生活渐趋安定。为了省钱，经常买最便宜的黑面粉，吃菜粥。但最难对付的还是开学时交学费、书簿费，姐弟三人上学，经常连书簿费也交不起。开学时，看到其他同学领了新书，而自己一直在担心到哪天被老师赶出教室，虽然老师总是雷声大雨点小，说话总不算数，一再宽限。有一次，开学已经几天，我已吓得不想上学，舅父得知后送来了救急的钱。

到读完五年级，我从来没有买过一本书。但我从小喜欢看书，只要有字的纸都会拿着看。无论是糊墙的"申报纸"（当地当时对旧报纸的通称），还是偶然得到的一本旧书、一张字纸，我都会看，无论懂与不懂。有一次舅父从他读的平湖师范回来，带给我们几本连环画报，我不知看了多少遍。五年级时姐姐进了初中，她的课本成了我的读物。只要她在家，我就从她书包里翻书看，特别是文学课本，我从第一课《论语》选读的"学而时习之"起，差不多每篇都背得出。只是好多字都念错，如将"乎"读成"呼"，更不知道是什么意思。

除了5岁时随父亲回过一次原籍绍兴外，我一直没有离开过南浔镇。最远的一次是学校组织"远足"（春游）去了十几里路外的江苏震泽镇。另一次"远足"是去沈庄漾"露营"，晚上在古坟台上搭帐篷睡。四年级时我参加的一个集体节目被挑选到县里演出，要乘轮船去几十里外的菱湖镇，但自己要付几毛钱买船票，我只能眼睁睁看着被别人替补。1957 年，父母在上海安顿下来，那年暑假让我转到上海读书。当轮船在夜色中驶离码头，我整夜未曾入睡，想象大上海的景象，直到江上的大轮船、江边的厂房和烟囱出现在晨光中。

开学后，我成为上海闸北区虬江路第一小学六年级学生，到今天已过半个世纪。但故乡的小学生活不时会浮现在眼前，当年的艰难苦涩都已淡去，留下的只是难忘的记忆。

初中生活杂忆

　　1956 年暑假，我从浙江省吴兴县南浔镇（今属湖州市南浔区）浔北小学五年级转学来上海，此前我父母先后到上海谋生，依靠从事个体劳动所得已有条件供养我在上海上学了。我家租住的房在闸北区，我到区教育局办转学手续。看了转学证书，教育局的办事人说要考试，成绩合格才能接受。几天后接到通知，我已被转入离家不远的虬江路第一小学，升入六年级。这所小学的本部是虬江路上一片老旧平房，六年级两个班在分部上课，是一所被接管的私立小学，就是弄堂里一所三层楼民居，除简陋狭小的教室外，没有任何活动场所，体育课和广播操只能利用这条弄堂。幸而马路对面有一个免费开放的交通公园，成为我们课余的活动场所。

　　第二年小学毕业，那时上海小升初可以自由报考学校。我父母文化程度不高，加上来上海时间不长，该报哪所中学完全没有主意，由我自己选择。我想起不久前经过长安路时见到一幢崭新的三层大楼，听说是新设的长安中学。志愿表上果然有此校名，我毫不犹豫地报了，并如愿被录取。

以后与同班同学谈起，发现好几位的报考原因和我一样，被这座新楼所吸引。进学后才知道，长安中学去年就开始招生，第一届学生是借用十三中学（后改名共和中学）校舍上课的，所以我们是第二届，进校时已经有了初二年级。十三中学出了乒乓球国手李富荣，初二同学也引以为豪。校舍是新的，课桌椅、教具都是新的，宽敞明亮的教室与弄堂小学的民房简直有天壤之别。在马路对面还有一个运动场，每年的运动会也不必另找场地。很多老师也是新的，很年轻，如我们的班主任崔老师就刚从大学毕业。

从江南小镇到了上海，我像进入了一个新天地。从小学进入中学，又进入了一个更广阔的天地。

领到贴着照片的学生证（小学生是没有的），我最感到高兴的是从此可以进上海图书馆了。不久的一个星期天，我就凭这张学生证走进了这座向往已久的大楼，在阅览室读到了以前只知书名的书。在那里，我第一次翻着《唐诗三百首》读唐诗；第一次拿到《古文观止》读《滕王阁序》全文，找到"落霞与孤鹜齐飞，秋水共长天一色"的出处。我借《三国志》时，拿到索书单的工作人员问："小朋友，你是要《三国演义》吧！"我回答："没错，我要《三国志》。"为了怕他再问，又补充："我要看历史书，不是要看小说。"

我从小喜欢画画，因为没有人教，又没有钱买图画纸和颜料，只能利用废纸或课本、作业本的空白处乱涂。那时新出了不少连环画，学校附近有不少"小书摊"，可以一分钱一本的代价坐在那里看，也可以花二分钱租一本回家看。我没有什么零花钱，只能偶尔坐着看一本，但从租书回家看的同学那里看得更多。我对《三国演义》等连环画中的古代人物、战争场面更有兴趣，经常模仿着画，一度连上课时都在偷偷画，得意的作品还传给其他同学看，居然一次也没有被老师发现。或许老师看在眼里，只是不愿打断正常的讲课。小书摊上还有二分钱一天出租的书，以旧小说为主。初二下学期我在街道食堂吃中饭，省下些伙食费，尽其所能租了看，为了省钱，一本书都是当天看完，《三侠五义》《七侠五义》《小五义》《续小五义》等都是那时看的。

教室后面墙上是两块大黑板，由班委负责出黑板报。班长见我爱画画，就要我一起出。从学校领到一种"六角粉笔"，比普通圆粉笔品种多，色彩鲜艳，很适合在黑板上作画或美化版面，使我大显身手。后来我又学了用湿抹布打样，写空心美术字作标题，将黑板报布置得很漂亮。有时稿子不够，我就临时写几句诗填补空缺。一次全校黑板报评比，我尽了最大努力，老师同学都说好。评比那天，一位老师看后却提了意见："出得很好，可惜这首诗是抄来的，否则就可以评一等奖了。"我连忙说："不是抄来的，是我写的。"这首诗是歌颂苏联第一颗人造卫星发射成功，开始两句是："这是什么声音？惊醒了宇宙的寂静。"老师不相信，指着"宇宙"两字问我是什么意思，我作了一番解释，又背诵一遍，使他确信我是作者。结果我们班的黑板报被评为全校一等奖，我被少先队大队部聘为宣传干事，为大队出黑板报，还经常有机会参加大队干部的活动。学校组织教师参观新建的"闵行一条街"，我作为大队干部的扩大对象也参加了。在汽车上与老师们同席而坐，中午在闵行老街上一家餐馆与老师们同桌吃饭，认识了任课教师以外的老师。语文教师赵仅一见我书包中带着一本《楚辞选》，惊奇地问我是否看得懂，我告诉他通过注释大致看懂了，带在身边是为了有空时随时可以背诵。如果借不到书，我就将要背的古文诗词抄在纸上，带在身边随时背，《蜀道难》《梦回天姥吟留别》《滕王阁序》等就是这样背出来的。他听了很高兴，说以后要借什么书他可以帮我从图书馆直接借。其实此前历史教师王应麟已在帮我借书，有了赵老师的帮助就更方便了。

我的数学成绩也不错，但算不上突出。初三时学校选拔参加市、区数学竞赛，我被选上了。于是临时抱佛脚，集中做数学题，居然在区竞赛中胜出，获得参加市竞赛的资格。但在市竞赛初试就被淘汰，从此再未参加过数学竞赛。

一度我爱上了制作航模，经常到南京路的翼风航模店去看。但连那里最便宜的一套航模器材也买不起，只是开开眼界。到了初三，学校成立航模队，我第一批报名参加，课余时间经常在学做航模，还经常去观摩航模比赛。在"大跃进"的鼓舞下，我们要求直接制作动力航模，学校支持，花七十多元买了一个微型汽油活塞机。我们制成了机身，安装机器却没有成功，因毕业临近，只能不了了之。

差不多同时，学校办了无线电收发报组。电影、小说中地下工作者用秘密电台收发报的神秘形象和神奇作用早就令人神往，有此机会自然不会放过。按规定，每人只能报一项，我已经参加了航模队，只能跟指导教师磨到"试学"的资格，不久就成了组里的骨干，并且属于少数坚持到底的。指导教师是教物理的胡旭德老师，据说他以前在部队当过电报员。他一开始就警告我们：不要以为好玩，其实很枯燥。先学收报，他用唯一的电键连着一个蜂鸣器发报，我们不用耳机，直接听声音抄报。练抄数字码时，人坐满了一教室，到练英语字母码时已少了一半，随着他发报速度的加快，人越来越少。到学发报时，学校已经没有条件，胡老师带我们去四川路上的青年宫，那里有设施齐全的无线电收发报教室，每人有一个座位，配着电键和耳机，可以互不干扰同时练抄报和发报。我的收发报速度越练越快，胡老师说已达到三级运动员的水平。可惜学期结束时没有等到这一项目的运动员等级考试，没有拿到这张我唯一有可能得到的体育等级证书。

"大跃进"时，学校所在的街道增加了一些公共设施，有一个活动室里放着一个全新的可调节的双杠。有次我经过，看到班里一位周同学在练习，做了一套漂亮的动作，我居然也有了兴趣，连着几天下课后都跟着他练。但个子小，手臂无力，加上没有一点体育运动基础，练了不少时间只学会了跳跃上下杠和简单的滑杠动作。其实我的确自不量力，因为我平时连体育课成绩都不及格。幸而航模和收发报都列为"国防体育"，我这两项的成绩使毕业考试成绩单上的体育由不及格提升为及格。

1959 年国庆节前夕，闸北区新建了少年宫，各个课外活动班招生。我同时报了文学创作班和美术班，结果都考上了，但活动时间都在每周同一个晚上。我舍不得放弃，就每周轮流参加一班。跟了一段时间，美术班要教油画，让我们准备颜料。我知道家里是买不起油画颜料的，只能退出美术班。后来听说，我的一幅习作入选"中国少年儿童绘画展"至日本展览，但我与美术的缘分至此而终。

由于专一参加文学班，我投入了更多的时间与精力。文学班请的辅导老师是新伟染绸厂厂校老师孙书年先生，他渊博的知识和精辟的见解引导我渐入佳境。大概我的求知欲望和课堂上的积极回应也得到了他的赏识，他让我在课外去他家受教。他家在虹口区天水路一条弄堂里，我每周或隔周晚上去一次。他家中有不少古籍，允许我借回家看。他告诉我哪些书值得看，我看《两般秋雨庵随笔》等书就是他推荐的。他藏有一些书画、扇面，有时会取出教我欣赏。到我读高中时还给我画过一个扇面，一面是山水，另一面题着他的诗，记得最后两句是"平生足迹半天下，写入纵横画里山"。他是无锡人，是钱基博先生的外甥，当时我还不知道钱钟书的名字，记不得他是否提到过。我向孙先生问学一直继续到高中毕业。

1960 年五一节，闸北区少年宫举行游园活动，请来了诗人芦芒和一位作家，我与另一位文学班同学接待芦芒。当时正流行写民歌，工农兵都能写诗歌，报纸上登的、电台里播的都是这类豪言壮语，我们就此请教芦芒，中学生如何创作革命诗歌，如何将革命的浪漫主义与现实主义结合。告别前我拿出准备好的本子请他题词，他当场写了新作："六十年代第一春，技术革命巨浪滚。党掌大舵指方向，工人阶级创乾坤。"

上面的活动都是我自己主动参加的，有的还是花很大的劲争取来的，但下面的活动就是不能不参加的政治活动，虽然我同样非常积极主动，乐此不疲。

初一时上海开展扫盲运动，我们都摊到了任务。每天下午放学后，就到附近里弄去帮助家庭妇女识字，摘掉文盲帽子。扫盲课本是市里统一发的，只要将上面的字都认识，读得出来，就达到扫盲标准。我分配到的是一位住在梅园路一条弄堂里的中年妇女干部，她只会讲苏北话，为了方便她读得出这些字，我也学着用苏北口音读。从"毛泽东主席，朱德副主席，刘少奇委员长，周恩来总理"开始，到日常生活用词结束，每天读一页。到她们考试（抽读几页）前，学校还放了几节课，让我们有更多时间去辅导，结果我们教的对象全部摘掉文盲帽子。

"大跃进"时，报上每天都在"放卫星"，各种奇迹不断涌现，产量天天翻番，我们这些十三四岁的少年哪里知道什么真假？整天唱着"赶上那个英国用不了十五年"，"共产主义就在眼前"，欢呼"钢铁元帅升帐"，"××卫星上天"，沉浸在狂热之中。不知是出于学校领导的布置，还是少先队员出于革命热情而自发行动，或者兼而有之，学校里也开始"放卫星"了。开始的口号还比较谨慎，如有的班级提出"消灭不及格"，但在其他班级"消灭3分（五级记分制，相当及格）"的口号面前，马上有人放出了"全部5分（优）"的"卫星"。可是不几天，"全部5分"的口号也显得保守落后了，因为据说别的中学已提出在初中学完高中课程，有的学生还准备著书立说。

于是，一个个具体的"卫星"放起来了：如三天消灭错别字，办法是每天测验几次，教师来不及批，就组织学生批，甚至同一座位互相交换批。很快就有班级向校党支部报喜，最近一次测验证明全班已消灭错别字。消息传出，其他班级也喜报频传，不到三天全校就放了"消灭错别字"的"卫星"。

又如全部通过"卫劳制"（劳动卫国体育锻炼制度）标准，初中生虽然是初级，但也有规定的指标，如60米跑、400米跑等都有具体的时间，短短几天之内如何能全部达到？于是没有通过的学生就在操场上不停地跑，累了就歇一下再跑。在这种情况下，照理不可能越跑越快，但一遍遍下来，不通过的人居然会越来越少。直到天黑，不知是学生们真的越跑越快，还是计时的教师也放了卫星，奇迹终于出现，全校学生全部达标，报喜的锣鼓又敲到了党支部办公室门前。

再如大炼钢铁。"钢铁元帅升帐"是当时的头等大事，记得具体的口号是"为1080万吨钢而战"，以后指标又调高到1800万吨。不久就轮到中学"大炼钢铁"了，教师和一些身高力壮的学生在操场上建起一座炼钢炉，其他学生全出动收集"废钢"。我们那所中学是新建的，实在找不到什么废钢，学校周围是棚户区，都是非常简陋的房屋，几乎没有钢铁可拆，大家就跑到苏州河以南的住宅区，将弄堂口的铁门、一些房屋上的铁栅铁栏全部拆下砸碎，有的同学还把家里的铁器拿来，有的工厂放在马路上的零件也被当废铁搬了回来。晚上操场上炉火熊熊，师生们挑灯夜战，终于把"废铁"炼成了一堆黑乎乎的"钢"，接着就是抬着这堆"钢"报喜——不是向本校党支部，而是游行到区委。

再就是消灭麻雀。除了平时用各种方法完成这项政治任务外，还有集中的行动。记得全市消灭麻雀那天，我们一大早就到了学校，我分到的任务是和一批人一起爬上三楼屋顶，见到麻雀飞过就高呼驱赶，不让它们停留。四周到处都有人放鞭炮，敲锣打鼓，挥舞旗帜，奔跑呼号，各显神通，据说战果辉煌。虽然我们在屋顶没有抓到一只麻雀，但都相信自己为"灭四害"尽了力。

我个人还有过一项"大跃进"的成果。我们去育才中学参观了教育革命展览会后，学校提出要实现"电化教育"。我积极响应，向地理教师建议制作一件"电化教具"。其实很简单，就是在一个大木框上放一张全国地图，底下用不同线路安装不同颜色的小灯泡，用开关分别控制，演示时根据需要开灯，分别显示城市、铁路、河流等内容。学校给了我们一笔经费采购小灯泡、电线等，木工为我们做了木框，我和一位同学夜以继日忙了几天才制成，送往展览会向党献礼。但以后再未见到这件教具的下落，教师自然没有用过。

初中这三年，我几乎没有在上课时间以外复习过功课，甚至大部分作业也是在其他课上偷偷做好的。我在学校小有名气，老师大多知道我，与我兴趣有关的学科老师会鼓励我学习提高，但没有人给我提出上大学或上某大学的目标，所以没有任何压力。父母只要求我好好读书，听老师话，从来不管我课外干什么，只看学期结束后发来的成绩报告单。毕业后我报考闸北区唯一的市重点中学——市北中学，也是我自己的主意。当时，我小学同学中就有毕业后不考初中，当了学徒。初中毕业后，有的同学进了工厂，有的考了技工学校、初级师范、会计学校、护士学校，还有人被舞蹈学校、剧团招去了，还有的既没有考上学校也没有找到工作，以后去了农村农场。就是像我们这些考上高中的，也并非一定要上大学。所以无论成绩好坏，只要不违反纪律，不受处分，感觉不到有什么压力。但我们这班同学的成绩并不差，毕业后考上市北中学的就有 7 人，还有一人考上交大附中。多年后返校参加活动，或遇到已退休的老师，还经常听到这样的感叹："还是你们这一届最好！"

我是『不拘一格』的受益者——首批获博士

我是在1964年高中毕业的，因患肺结核未愈不符合报考高校的条件，当了中学教师。虽然工作后还一直想重圆上大学的梦，但随着"阶级斗争"的弦越绷越紧，这种愿望只能埋在心头。在"文化大革命"一次次"革命大批判"中，我不得不承认想上大学是"成名成家"的资产阶级思想。眼看"工农兵"一批批进大学"上管改"（上大学，管大学，改造大学），我这个只能接受改造的教师完全绝望了。1977年高校恢复招生，我也挤进了报名的队伍。但当时招生的范围是不足31周岁，我因已超过几个月而被拒。但到1978年春首次研究生招生时不仅年龄放宽到40岁，而且不问学历。我想只要能上大学，顾不得多考虑就报了名。

大概是"无知者无畏"的缘故，我对考试倒并不太紧张，一则我在中学长期教政治、英语，还经常给学生补历史，觉得还有些把握。二则我想反正没有上过大学，考不上也不丢脸。我顾虑的是上级领导会不会同意我离开学校，因为当时我担任那所中学的团委书记，负责全校的学生工作，上一年刚被评为市先进工作者，当选为市人大代表。我管了十年多学生工作，我的离开当然会给工作带来很大影响，连自己都觉得不那么理直气壮。但后来我得知，从我收到复试通知开始，区教育局的领导就明确表示：现在是国家不拘一格选拔人才，只要能考上，一定要支持。正是在各方面的热情鼓励和支持下，我获得了自己也意想不到的好成绩，总分获全系第一，被录取为复旦大学历史系历史地理专业的研究生，导师是著名的历史地理学家谭其骧教授。

1978 年 10 月入学后，研究生处给我们创造了相当宽松的条件。我同时选了英语和日语两门第一外语，想不到以后在我申请提前进行博士论文答辩时起了作用。校、系领导和导师也破例给了我很多机会，在一年后就安排我担任谭先生的助手。从 1980 年起，我陪同谭先生出席各种重要的学术会议和工作会议，如科学院学部委员（院士）大会、国务院学科评议组会议、国务院古籍整理出版规划会议等各种全国性的重要会议，也陪同他到各地讲学和参加科研活动；帮他处理日常工作，如协助他修订《中国历史地图集》，编辑《国家历史地图集》，整理编辑他的论文集，为他撰写学术传略等。1982 年，我随他去外地 13 次，陪同他在校外工作四个多月。尽管助手工作成为我的主业，但由于随时能得到谭先生的耳提面命，我不仅学到了具体的历史地理知识，还直接感受了他高尚的人格和严谨的学风，了解了他的学术思想和治学方法，同时得以瞻仰大多数老一辈史学家的丰采，得到他们的教益和帮助。这几届研究生中有如此机会的，全国大概只有我一人。

1982 年春，全国首批博士研究生招生。硕士生毕业后我已留校工作，被录取为谭先生的在职博士生，当时也是破例的，实际我继续担任他的助手。这种特殊的培养方法使我受益匪浅，且取得了较显著的成绩。1979 年底我的硕士论文就已完成，1981 年发表于《中国史研究》。我在博士生期间撰写的多篇论文发表于《历史研究》《历史地理》《中华文史论丛》等刊物上，我与导师合写并由我执笔的论文被上海市社联评为优秀论文，我被推选为上海出席中国史学会的代表。以后我的博士论文《西汉人口地理》于 1986 年由人民出版社出版，是我国第一篇正式出版的文科博士论文。

1983 年 6 月，在我入学一年后，学校又破格批准我提前毕业。当时我的博士论文已完成，我已修完了规定的课程，其中的第二外语成绩是用硕士生期间我多学的一门第一外语代替的。当时提前毕业还得经过教育部领导批准，记得在我答辩前两天，才从哈尔滨传来消息，正在那里开会的黄辛白副部长已同意。8 月间，由侯仁之、史念海、杨向奎、吴泽、杨宽、程应镠、陈桥驿七位教授组成的答辩委员会通过了我的博士论文，分管研究生工作的副校长谷超豪院士一直在场。就这样我与同届同学周振鹤有幸成为全国首批文科博士，10 月间复旦大学为我们举行了隆重的博士学位授予仪式。

这一切，早已超出了我当年上大学的梦想。要不是十年动乱的结束，要不是改革开放，无论我自己作多大的努力，都是完全不可能的。不过我受益最大的一点还是不拘一格，所以才能凭高中学历报考，才能在硕士生期间担任导师的助手，参加一些重大的科研项目，才能在一年内完成博士学位的课程和论文。如果没有这些特殊的措施，我根本进不了大学的门，也不可能成为历史地理专业研究人员，不可能成为谭其骧先生最后十几年的助手。

当然当时强调不拘一格有一定的特殊性。"文化大革命"使高校十多年中断正常招生，老一代专家学者受到残酷迫害，中青年教师也被严重摧残，人才青黄不接，后继乏人，迫切需要在尽可能短的时间内培养出一批接班人，才能维持高校正常的运转，才能保证大多数学科不至断绝。对我们这些"不拘一格"的受益者来说，也应该清醒地认识到自身的弱点。像我这样没有接受过大学的系统教育，主要依靠自学的人，无论在知识方面还是治学方法上都有不少缺陷。而且，不拘一格并非完全没有风险，在选择或考试过程中难免出现失误，也可能有个别人不能正确估计和对待自己，或者利用这些特殊措施营私。但总的来说，是利大于弊。

我于 1985 年被提升为副教授，1989 年招收了第一位硕士生；1991 年被提升为教授，1993 年被确定为博士生导师，招收了第一位博士生，现在已培养了十几位博士。与二十年前相比，高校内外的情况已经发生了根本性的变化，当年"不拘一格"的不少具体条件如今已不复存在。但我以为，不拘一格的原则并没有失去它的价值。在强调正规化、制度化的同时，我们还是应该根据实际情况，在研究生和人才的培养中贯彻不拘一格的精神。例如在师资梯队基本形成的情况下，一般不必用破格的方式提升职称，但如果确实有特别优秀的人才，为什么不能让他们早一些进入更重要、更高一级的岗位呢？不少学校规定新晋升的教授必须拥有博士学位，的确有利于高素质师资队伍的建设，但对确有真才实学或重大成就、却因种种原因没有学位的人，是否完全不能破格呢？一些特殊措施的受益者往往只是极少数，甚至只是个别人，但由于实施于特殊人才或超常现象，往往会产生很大的影响，发挥更大的作用。

我认为，真正影响实行"不拘一格"的，不是实行过程中出现的难以避免的缺点，而是高校内和社会上存在的腐败现象，是有人利用"不拘一格"的原则营私，故意滥用，将本来只用于特殊人才的措施普遍化、一般化。如学位委员会制定的确定博士生导师的条件规定，申请人必须至少完整地指导过一届硕士研究生，或者在国内外参加指导博士生的工作。前者是刚性的，后者却是柔性的，我想制定者的初衷正是为了让一些从海外学成归国或破格提拔却还来不及招收和培养硕士生的青年教授及早成为博导。应该承认，并非所有的优秀青年学者都适合指导博士生。即使完全合适，未曾有过教学经验毕竟是一种缺陷。所以这一条本来只适用于少数人，是"不拘一格"的体现。可是条文本身却写得相当模糊，且不说在国外大学如何参加指导博士生的工作根本无从证实，而且国外的大学根本没有"博导"的设置，讲师、副教授都可指导博士生。对"指导博士生的工作"也没有具体解释，所以任何人都可以说自己曾与某博士生谈过话，所谈内容自然属于指导。因此在实际执行中，这一条成为对前一条的否定，以至根本不必考虑申请人是否具有这一条件。类似的现象还普遍出现在学位申请、论文答辩、职称晋升、先进评定等各方面，结果是降低了正常的标准，还给各种营私舞弊的腐败行为以可乘之机。

但是这不能成为不再实行"不拘一格"措施的理由。我这样说，不仅因为我是这一措施的受益者，更因为这种做法对促进科学、教育事业的积极作用，是一条有普遍、长远意义的原则。

（本文曾以《我是"不拘一格"的受益者——博士学位授予二十周年感言》为题，
刊发于《学位与研究生教育》2003 年第 11 期）

不仅敢说我不知道

19 年前在哈佛大学访问时，曾问过一位教授："你认为哈佛大学的教授与其他教授最大的差别是什么？"他稍想了下后回答："We dare to say I don't know（我们敢说我不知道）."当时感到受到很大震动，难道这就是哈佛教授的特点？事后却一直不能忘记，回国后与先师季龙（谭其骧）先生谈起，他很有感慨。或许是他研究生毕业的燕京大学与哈佛有渊源，他认为这是很正常的，他说："只有没有本领的教授才不敢说自己不懂。"以后受先师和其他老师熏陶日深，才发现复旦的教授不仅仅敢说我不知道。

以先师为例，还是在燕京大学读研究生时，他曾对导师顾颉刚先生（也曾任复旦历史系教授）开设的课程《〈尚书〉导论》上的说法提出质疑，否定了他有关汉代州制的论点。而作为导师的顾颉刚先生非但乐意接受，还鼓励他写成书面意见作公开讨论。最后顾先生基本接受了这位学生的新观点，否定了自己的旧说，还将双方往复争论的信件作为这门教材的附录印发给全体同学。

正是在这种传统的激励下，当我根据读书笔记发现由我们所教师写的《中国历史大辞典·历史地理分册》样条中"北京"条所收内容不全时，就大胆地向先师提出。当时我竟没有注意，这一条就是先师写的。他非但不以为忤，而且亲自给《中国历史大辞典通讯》编辑部写了一封信，肯定我的意见，并要求全文发表我补充的内容，以后又通知负责修订《辞海·历史地理分册》的教师，对原来的"北京"一条作了补充。要知道，当时我还是先师指导下的研究生，而先师是誉满学术界的历史地理学家、历史学家，也是复旦大学文科教授中唯一的中国科学院学部委员（院士）。

先师一再教导我们："在历史地理方面，我应该超过钱大昕、王国维，而你们应该超过我，否则学术如何进步！"他关心的是学生如何超越前人，所以每当发现学生的成绩都会及时肯定，他不止一次对我说过："周振鹤对西汉政区的研究就比我高明，解决了钱大昕他们没有解决的问题。"1989 年起我开始使用电脑，先师得知后说："我这辈子是不能学了（他因脑血栓后遗症右手行动不便），你们应该早点用电脑。"他对不断涌现的新技术、新研究手段、新信息、新观点从不拒绝，但不了解的都坦率承认，不同意的也绝不含糊。

最近，我从数学系庆祝谷超豪院士八十寿辰的报道中得知，他的老师苏步青院士以有超过自己的学生而感到自豪，并且十分关心谷超豪院士能不能培养出超过他的学生。看来，先师这样的胸怀在复旦的教授中并非特例。说来凑巧，苏步青先生、谷超豪先生和先师都曾在浙江大学任教或求学，是否都受到浙大"求是"学风的影响？从 20 世纪 50 年代开始他们就转入复旦，已将这种学风带到复旦，成为复旦精神的组成部分。

所以我想，复旦的教授不仅敢说我不知道。认识到不知道，承认不知道，只是一个起点。它的终点是超越，是超越他人，也是超越自我。

（复旦百年校庆网站 2005 年 9 月 20 日）

挑战的意义

人类的发展过程就是一个不间断的挑战过程——挑战自我，挑战他人，挑战人类，挑战自然，挑战以往，挑战未来。

向谁挑战？挑战者从何而来？挑战的意义何在？每当想到这些问题，不由想起先师谭其骧教授的一段往事。

那是在1931年秋天，是谭先生在北平燕京大学历史系当研究生的第二学年，他选读了导师顾颉刚教授开设的《〈尚书〉研究》课。开学不久，顾先生讲到《尚书·尧典》。在讲义中，他断定此篇的写作年代应该是汉武帝以后。一条重要的论据是：《尧典》里说虞舜时"肇十有二州"，而先秦著作提到上古的州制时，只有九分制，没有十二分制。到汉武帝时设置十三个刺史部，其中的十二个是以某州为名的，这才有了十二州的名称，所以《尧典》中的"十二州"应该是来源于汉武帝时代的行政区划制度。为了让同学们了解汉武帝时的制度，还将《汉书·地理志》印发给大家，作为讲义的附录。

谭先生读了讲义，又将《汉书·地理志》仔细读了一遍，发现顾先生在讲义中列出的十三部，并不是西汉的制度，而是东汉的制度。有一天下课后，他向顾先生提出了自己的看法，顾先生当即要他将这些看法写下来。本来他只想口头说一下，现在老师要求他写成文字，促使他又查阅的《汉书》《后汉书》《晋书》等资料，更加坚定了自己的信心，于是给顾先生写了一封信。想不到顾先生在第二天就回了他一封很长的信，赞成他的三点看法，但不同意他的另外三点看法。这进一步激发了他的钻研兴趣和辩论勇气，六天后给顾先生写了第二封信，对顾先生不赞成的三点提出了新的论据。十多天后，顾先生第二次回信，对他的看法同意一点，反对二点。讨论的问题已基本解决，但顾先生并没有就此结束，又将四封信并在一起，又写了一个"附说"，名为"关于《尚书》研究讲义的讨论"，作为讲义的一部分，印发给全体同学。

至此，这场师生间的争论圆满结束。正如顾颉刚先生在《附说》中所作的总结："现在经过这样辩论之后，不但汉武帝的十三州弄清楚，就是王莽的十二州也弄清楚，连带把虞舜的十二州也弄清楚了。对于这些时期中的分州制度，二千年来的学者再没有像我们这样的清楚的了！"可见这是一场成功的挑战。

挑战者是一位 20 岁的二年级研究生，此前他对中国沿革地理（历史地理的前身）并没有作过什么研究，像《汉书·地理志》这样的名篇也是第一次接触，只是对地理知识和地名有兴趣。但他的兴趣很广泛，专业的选择也有过多次改变。15 岁时进了由共产党掌握的上海大学，与其说是上大学，还不如说是闹革命，参加了共青团，整天忙于上街宣传，直到参加上海工人第三次武装起义。16 岁时与组织失去联系，转入暨南大学，先后读过中文系和外文系。一度受夏丏尊的影响，写过小说，见过鲁迅。最终转入历史系，为潘光旦所激赏，毕业论文写了中国移民史。他发起挑战的原因，既有他善于发现问题的必然性，也有他一时兴趣的偶然性。要是被挑战者不作回应，或者口头敷衍一下，挑战者未必会坚持，挑战就会夭折。

被挑战者不仅是正在开课的教授，而且是一位誉满宇内的名教授，举世钦仰的史学权威。从学术上说，被挑战者是沿用了二千多年的儒家经典学说，是经历了清代乾嘉学者过细的考据而未受动摇的论断。结果却是老师接受了学生的挑战，并且与学生一起向旧说挑战，取得了挑战的完全胜利。要是没有这场挑战，这个沿袭二千多年的错误肯定还会继续存在，而谭其骧先生或许不会由移民史研究转入历史地理研究，不会成为中国历史地理学的主要奠基人，中国历史地理学和学科史就不是现在这样的写法，自然也不会有我这篇短文。

可见挑战者固然重要，被挑战者的态度和行动却是决定因素。正如谭先生在半个世纪后的回忆所说："关键决不在于我这个学生敢于提出质问，而在于作为老师的顾先生对待这样一个大胆学生的态度。当我对他提出口头意见时，他既不是不予理睬，也没有马上为他自己的看法辩护，而是鼓励我把意见详细写下来。当我交给了他第一封信后，他仅仅用了一天时间，就回答了我一封长达六七千字的长信，可见他是何等重视我的意见。我两次去信，他两次回信，都肯定了我一部分意见，又否定了我另一部分意见。同意时就直率承认自己原来的看法错了，不同意时就详尽地陈述自己的论据，指出我的错误。信中的措辞是那么谦虚诚恳，绝不以权威自居，完全把我当作一个平等的讨论对手看待。这是何等真挚动人的气度！他不仅对我这个讨论对手承认自己有一部分看法是错误的，并且还要在通信结束之后把来往信件全部印发给全班同学，公诸于众，这又是何等宽宏博大的胸襟！正是在顾先生这种胸襟气度的感召之下，才促使我对这个问题努力深入钻研下去，勇于独立思考，提出了一些合理的见解，对这个问题的解决作出了一定的贡献。而顾先生后来之所以会写出《两汉州制考》这篇名著，我的这两封信当然是起了推动作用的。"

遗憾的是，这样的挑战者和被挑战者总是太少。除了个人的原因之外，我们不得不检讨我们的教学方法和观念，也应该注意改善学校和社会对待挑战的态度。有一位 7 岁的女孩在美国的小学读完一年级，就在上海的小学中读二年级。我问她："中国的老师与美国的老师有什么不同？"她说："美国的老师要我们想象，中国的老师教我们模仿。"她还举例说，在美国，教美术的老师总是让学生自由地画，而且总是称赞学生画得好，但中国老师非让你照他的画不可，少一条线也不行。模仿得好就是好学生，在这样的观念指导下，学生的想象力如何能得到发挥？学生又怎么会激发起挑战的兴趣？怎么能具有挑战的勇气？

我希望，这个 74 年前成功的挑战事例能促使我们反思今天的教学，使学生中产生更多的挑战者，更多的教师能接受挑战，并与学生一起投入挑战。

（本文写于 2005 年）

真正的学者

　　3月初在武汉大学作学术讲座时，得知石泉先生病情加重。当时我的日程很紧，在武大只停留半天，也怕干扰他正常的治疗和休息，只能遥祝他能安渡难关。岂料到五一长假期间就听到石泉先生离去的消息，深以未能见到他最后一面为憾。

　　石先生对我虽无师承关系，但我一直视他为老师。这不仅是因为他长我20多岁，是历史地理学界的老前辈，而且是因为在我的心目中，他是一位真正的学者。

　　石先生以治荆楚地理知名，但曲高和寡，赞成他的具体结论的人不多。由于石先生的论证结果，是从根本上改变了原定的并为绝大多数人所接受的地名体系，所以旁人无法在两者间调和或兼顾，只能作非此即彼的选择。1989年8月，石先生将他的论文集《古代荆楚地理新探》赐我，我认真地读了他长达56页的《自序》，他数十年来孜孜不倦的探索过程和严谨的治学方法使我深受感动。但在读了几篇论文后，对他的立论仍未理解。后来见到石先生时，他问我对他的书有何看法。面对这样一位真诚的长者，我不敢隐瞒自己的观点，只能回答说，我还没有看懂。他淡然一笑："我知道，连我的学生也不同意我的观点。"石先生继续坚持他的探索，这也没有影响他对我的厚爱。几年前，我到武汉大学作讲座，将开始时石先生出现在座位上。这给了我意外的惊喜，也使我深感不安，因为我知道他一般已不参加这类活动，而且我讲的内容完全不值得他亲自来听。

先生给我的印象一直是平和淡泊，与世无争。但他对学术的不正之风却深恶痛绝。1982 年春，以某人自吹自擂为依据的一篇报道在国内主要媒体上发表，8 月初他来上海开会时，就要我转告先师谭其骧先生，建议对此人的行为应予揭露批评。他告诉我，报道中提到的那次楚史讨论会他正好在场，到会的美国学者并没有对此人作什么赞扬。此后的一次会议期间，他对某位学者近年的学风也作了尖锐的批评，他说："某某是应该给你们年轻人作出样子的，怎么能这样不负责任？他现在写的东西太随意，重复也太多。"

先生长期担任民进湖北省负责人和湖北省政协副主席，但他在参加学术活动时，始终只愿接受普通学者的身份。有一次他到上海来开会，由于旅客多，站台上太挤，他在学生们的帮助下才从窗口登车。在学术会议期间，他从不接受高于其他教授的照顾，也不愿在主席台就坐，对先师和侯仁之、史念海等先生十分尊重，遇同辈人也总是谦让在后。有一次听中国社科院近代史研究所的张遵骝先生闲谈，才知道石先生是他表弟，原名刘实，1949 年前曾为革命作过贡献。但从未听石先生谈及，连他的学生也不知道。

古人所谓"立功，立言，立德"，石先生可以当之无愧。武汉大学人文社会科学学科首批评选资深教授，石先生名列其中，实至名归。无论石先生的学术观点和研究结论今后是否能为学术界所接受，他对历史地理学的贡献和对荆楚历史地理的开创之功永不可没。作为一位真正的学者，他铭记在我们后学的心中。

《西汉侯国地理》序

翻阅马孟龙即将出版的《西汉侯国地理》，往事历历在目。

2007年孟龙报考我的博士研究生，口试时我对他的印象很好，虽然他本科毕业于一所升格不久的地方大学，并且是中文专业，但感到他思路清晰，有自己的见解，认定是可造之才。岂料他笔试成绩很差，英语更差，离录取线甚远。我怀疑自己的判断能力，就找他了解，方才得知他虽然硕士阶段报的是历史地理专业，入学后却因该校没有找到合适的导师，让他改学其他专业，实际根本没有学过历史地理。我又比较详细地询问了他各方面的情况，特别让他谈了他已发表的一篇论文的思路和感兴趣的问题，更坚定了原来的看法。这样的人才放弃了实在可惜，正好我承担的《中华大典·历史地理典》有工作要做，就邀他来上海边作些辅助工作，边备考。但我知道，即便他能尽力学，也不可能在短期内达到常规录取的标准。在校研究生院的支持下，我为他单独命题，特招录取，在次年春季入学。

不过应该承认，马孟龙此后的进步还是超出了我的预料，特别是在博士生期间就能写出好几篇高质量的论文，能在权威刊物发表，现在又完成了这部专著。

入学不久，孟龙就提出，要以西汉侯国为研究方法，作为博士论文的选题。这也出乎我的意料，因此我力劝他改变方向。因为我知道，从清代杰出的史学家钱大昕以来，包括先师季龙（谭其骧）先生在内的诸多学者都曾对此作过研究，发表过不少论著。特别是周振鹤师兄的博士论文《西汉政区地理》中，相当大的篇幅就是研究西汉侯国，并且由此得出了不少重要结论，成为这篇论文的坚实论据。我也知道此后的出土或新发现的文书提供了新的史料，但我以为至多只能作些充实补正，纠正若干局部的错漏，难道还能做成一篇博士学位论文？但孟龙信心十足，滔滔不绝地申述自己的理由。我听下来觉得他有些道理，就嘱他先写一篇出来看看。初稿写出后，我觉得确有新意，但因自己长期未注意这方面的成果，判断不准，嘱他向振鹤师兄求教。就这样，孟龙一发不可收，连续写出了几篇，或颠覆了长期沿用的成说，或将一些一直以为无序可循的排列理出了头绪，或填补了某一缺漏。至此我已完全不担心他能否完成论文，却也没有想到最终能形成这样一部立论严谨、内容全面、新见迭出的专著。这篇博士论文刚被评为 2013 年全国优秀博士学位论文，得到了学术界的肯定。

季龙先师一直激励我们："在历史地理研究中，我应该超越钱大昕、王国维，你们应该超过我。"孟龙的新著必能告慰于先师。

能超越前人，固然是后学努力的结果，但也离不开学术界以至整个社会的进步。例如，要是没有 2002 年湖南里耶秦简的发现，即使穷尽秦汉史料，至多只能对今湘黔一带的秦郡数量和名称存在疑问，却无法断定会有洞庭、苍梧二郡。至此我才体会到先师在论证秦郡数量时持不确定态度的高明之处。相信孟龙一定会明白，《西汉侯国地理》得益于前贤的成果和新出土发现的史料，是一个时代的产物，却绝不是终结，因而迟早要被超越。如果是被孟龙自己，并且是在不久的将来，岂不更好！

（本文写于 2013 年）

我有关教育的提案

　　1964年我高中毕业后就接受师资培训，1965年8月当了中学教师，至今快45年了。虽然中间读了三年研究生，并由中学转入大学，但还是当教师。如果加上从小读书的12年，这一辈子几乎都没有离开学校。

　　1977年上海市在"文革"结束后重新召开人民代表大会，我作为闸北区中学教师的代表当选。两年后，市人代会上首次恢复提案。当时，绝大多数代表都是"文革"后新当选的，还不知提案为何物。我也一知半解，多数提案是为别人代笔然后合署的。但想到自己教师的身份，理应为教育工作着想，我就恢复电影学生场递交了提案。"文革"前，上海的电影院都在星期日或节假日安排学生场电影，放映有教育意义的故事片或新闻纪录片，票价很便宜，团体包场更优惠，是学生重要的课余活动方式。但"文革"期间能放的电影越来越少，这项制度也不存在了。对我的提案主管部门相当重视，学生场电影不久就恢复了，为此《光明日报》还作了报道，这是我第一次成功的提案。第二年，正逢"文革"后第一次全面调整工资，研究生中有不少人的工资关系还在原单位（当时还没有在职研究生的名称）。这是停止加工资十多年后的首次，这些研究生是否列入本单位工调对象，读研究生后的时间是否计入工龄，对大家来说至关重要。校内外的研究生同学都要我向有关部门反映，为此我又就此作了提案。尽管这一提案被转为意见，但很快就收到了主管部门的答复，我提的意见都已在考虑之中。

20 年后的 1999 年，我被增补为上海市政协委员，2003 年当选为常委。尽管我属于党派（民革）届别，但在这 7 年间教育仍是我最关注的方面，就提高退休教师的待遇、设立纯公益性教育电视频道、制订义务教育的最低和最高标准等提出过提案。

复旦大学有不少全国知名的老教授，对国家作过重大贡献，但由于退休得早，没有等到工资较大幅度的提高，退休工资很低。有的还因年老多病、家属无退休收入等原因，连基本的生活条件都没有保障。每年"两会"召开前，学校退管会与校内外的个人都会送给我不少材料，我也作了一些调查，有些老师的境况比我想象的还困难。我连续提了几年，也参加过有全国政协和上海市有关部门的座谈会，每次都列举事实，大声疾呼，并提出具体建议。2005 年 1 月 19 日，在市政协的联组会议上我首先发言，列举蒋学模、贾植芳两位老教授每月收入不足 2000 元为例，要求采取切实措施。当时的市委书记闻言，问我："蒋先生每月的退休工资真的不足 2000 元吗？"我回答："我有确切数字，是 1800 多元。"他说："我们以前不了解，没有尽到责任。"不久我看到报道，他在春节前到蒋学模教授家作了慰问。此后上海的退休教师的待遇有了一定程度的提高，一些知名老教授的特殊困难得到解决。

在调查中我得知，上海各区县对义务教育总体上是很重视的，但由于经济发展水平相差很大，加上其他一些原因，人均义务教育费用投入最多的区与投入最少的县之间居然有 10 倍之差。另一方面，有些新建或改建的中小学各种设施齐全，不仅都是高标准，甚至超标准。我认为，上海经济发展居国内前列，义务教育的最低标准应高于国家标准。但上海内部城乡之间、近远郊之间、区域之间差距很大，不利于教育资源的均衡和社会公正，也不利于义务教育的健康发展。另一方面，义务教育也不能提供过高的标准和过多的资源，应设定上限。对超标部分应予限制和调整。为此我在提案中提议：上海市应公布不同地区（大致可分为城区、郊区、远郊区）义务教育的最低标准，包括经费、设施、师资及辅助人员配置、相关的百分比等。对未达标的单位应限期补足，或予以撤销。对暂时无法达标，而因学生就近入学需要而不得不保留的学校，应给学生发补贴，供学生自行改善（包括支付收费项目）。同时应公布不同地区义务教育的最高标准。对已超标的学校在其他单位的相应标准未再提高到此标准前不再拨发经费。对超标的人员应予分流，对超标的设施应改为公用，或组织就近学校共享。我还建议这两项标准都应具体化，并向社会公布，接受社会各界的监督。主管部门虽然没有正式采纳我的具体建议，但表示接受我的意见，对各区县义务教育的投入作了调节。

有关设立纯公益性教育频道的提案我连续提了两次，虽然获得积极答复，却一直没有落实。1985年我在美国当访问学者时，就得知电视中有一个2频道，不含任何商业广告，专用于播放公益性的教育内容。家长可将电视机锁定于此频道，使尚无完全行为能力的少儿不至受到不健康或不适宜电视节目及广告的影响。在上海市筹办教育电视台时，我曾问一位负责人，电视台是否都由政府拨款，他说建立后得依靠广告收入自负盈亏。我认为，上海完全需要这样的电视频道，以保障青少年的健康成长，为家长和社会各界分忧。建议上海设立一个专用教育频道，由市财政或主管部门全额拨发开办和运行经费，不得进行任何经营性活动，在全部播出时间内不允许出现任何广告或不适宜青少年的内容，并切实提高演播质量，增强对青少年和社会各界的吸引力。在第二次，有关部门答复我，要设置这样一个频道，每年的运行经费至少要2亿，财政有困难。我表示，如果设置这一频道，可以动员教师、演员义务制作节目，我第一个报名，这样不就能节省一些经费吗？但以后一直没有下文。

2008年初，第十一届全国政协委员名单公布，我名列教育界。在当年3月召开的第一次会议上，我又当选为常委。我深感责任重大，今后更应关注教育界的状况，并针对一些全国普遍性的问题提出自己的提案，我又想到了在上海市政协提过而没有得到完全采纳的义务教育均衡发展和社会公正的提案。

就全国范围而言，义务教育资源的不均衡性更加严重，而主要矛盾是很多地方的义务教育设施、师资和经费达不到最低标准。这方面我看过不少材料，也有亲身经历。我在边疆、农村之行中，都会注意看当地的中小学，有时还与教师、学生聊聊，了解些实际情况。在旅途或外地听到对教育的议论，特别是一些具体状况，我也会注意听取。

记得在西藏札达县，我曾经过一所香港同胞援建的希望小学，校舍还不错，但只见到一位教师，另一位教师已经离开。留下来的教师自己也只有小学毕业，但在当地已是难得的人才了。

我也想起在国外的见闻，在美国我参观过好几所小学，无论是在城市还是郊外，基本的设施都是完善的。我曾见过日本偏远乡村的一所小学，同样宽敞明亮，设施齐全。如果说那些都是发达国家，印度的例子更有说服力。到过印度的人都知道，那里大多数地方称得上"脏乱差"，但即使周围都是那样的环境，学校里却是另一种景象，与发达国家相比，基本设施并不逊色。学生穿着整齐的校服，既有礼貌，也很活泼。在我们参加那烂陀寺玄奘纪念馆的聚会时，附近中学派出一支学生乐队，演奏水平相当高。我印象最深的是2001年初在南极乔治王岛上参观智利考察站内的南极小学，尽管是在终年寒冷的极地，教室和活动室内温暖如春，12位小学生配有2位专职教师和1位兼职教师、好几台电脑，墙上挂着智利2位诺贝尔文学奖得主的照片，还有上海小学生送给他们的图画。

我想，如果我国的义务教育的配置、设施、师资、经费都能达到一个规定的最低标准，并且能不断提高，我们的学龄儿童——无论他们是生活在城市还是农村、内地还是边疆、发达地区还是贫困地区——就能大致处在同一条起跑线上。这是实现教育公平的基本保证，而根据我国目前的总体实力，只要政府下决定，是完全做得到的。即使是在最贫困、偏远的地方，在上级政府以至中央的支持下也不难办到。因此，我递交了《关于确定公布义务教育基本标准，切实贯彻义务教育法的提案》，其中包括这样的建议："教育部应根据各地实际情况，按若干等级确定义务教育最低标准，如教师、校舍、设备、经费的配置标准等，正式公布。各地方政府应向上级主管部门和当地人代会报告执行情况。对不能在规定期限达到最低标准的地区，政府应采取切实措施予以解决，如增加教育经费、合格教师、修建校舍等，地方财政无法负担的，应由上级政府或中央政府列入预算拨发。对因特殊原因一时无法达到最低标准的地区，应采取相应的特殊措施，如为学生免费提供接送和食宿，派教师进行个别教学，借用非教育部门的设施等。最低标准涉及的经费应按 CPI 的变化及时调整，就高不就低。最低标准应与当地的社会发展水平同步，不断提高。"

教育部的书面答复对我提案中的基本意见表示肯定，并介绍了实施义务教育法已经取得的成绩，说明已经注意到了教育资源的均衡问题，并采取了一些措施，但并没有采纳我的具体建议。我认为，如果没有一个具体的基本标准，并接受全民监督，就不能保证各地的"普九"（普及九年义务制教育）真正达标，也不能保证办学条件真正达标。

汶川大地震后，我去都江堰市考察灾情。当地领导告诉我，灾前成都市已在进行小学校舍的改建工程，但限于经费，该市有几所小学来不及改建，结果这几所小学都倒塌了。要是国家制订了小学校舍的最低标准，并且严格执行，这样的惨剧本来是可以避免的。

我记得此后教育部曾发出通知，要求各地检查加固校舍。但这次玉树地震中，当地的校舍 80% 倒塌，至少有 200 名学生遇难。玉树与汶川属同一条地震带，照理应该是加固校舍的重点地区，并且必须按最高防震级别实施，但事实证明根本没有做到。

因此我要继续提出同样要求的提案，因为这不仅有充分的理由，而且已经有了惨痛的教训。

（本提案写于 2010 年）

近年来，上幼儿园难，上幼儿园贵的现象越来越严重，因学前教育资源缺乏、质量不高以及家长对学前教育的期望过高所引起的社会矛盾相当突出。

政府对学前教育的投入不足，公办幼儿园数量不足，企事业单位自办的幼儿园大多已关闭，民办幼儿园大部分质量不高，合格的幼儿园又得不到必需的扶植。

现有资源分布不均，农村、城乡接合部、西部、城市某些新区的幼儿园的配置率很低，政府对幼儿园的投入也有很大差距。对某些幼儿园拨发的经费过高，扩大了官民、贫富差距，奢侈浪费，也不利于幼儿健康成长。

民办幼儿园得不到政府的经费支持和业务指导，完全依靠学费或导致收费高，或导致质量低，甚至完全不合格。教师和辅助人员大多不合格，政府缺乏监管。

在城市和农村都有不少幼儿进不了幼儿园，特别是农村的留守儿童和城市中的外来人员子女，造成严重的社会矛盾，也使未来的学生在入学时就已存在巨大差异，不利于社会的和谐和教育事业的可持续发展。

原来的幼儿师范学校和专业基本已撤销，相应的专业和学位不足，造成学前教育师资数量不足，质量下降，人才匮乏。造成家长和社会对学前教育提出越来越高的不恰当要求，期望值过高，学前教育小学化、成人化，过于注重知识才艺，忽视人格、行为规范、兴趣、童真。盲目追求重点幼儿园、实验幼儿园、国际化幼儿园、双语幼儿园加剧了入园难、高收费和名目繁多的额外收费。

为此提议：

政府大幅度增加对学前教育的投入，原则上应保证本地实际居住的学前儿童都能获得生均经费。对企事业单位及民办幼儿园，只要验收、监管合格，应与公办幼儿园一样按生均经费额度予以资助。

调整幼儿园的分布，使公办、民办幼儿园的分布大致能符合学前儿童的分布，对农村、城乡接合部、新居民区等资源不足地区要增加投入，切实改变这种状况，使留守儿童、外来人口中的儿童同样能进幼儿园。对低保人员及其家庭的救助，应包括学前教育的因素。

规范公立幼儿园的收费，对某些奢华、高标准的公办幼儿园，要在原收费标准上加收超标准部分，以利社会公正。

在职业培训和高职、高校中恢复或增设幼教专业，增设幼教类学位，按我国学前教育的需要大力培养不同层次的幼教人才。现有幼教人员应由政府提供培训，尽早实行资质准入，淘汰不合格人员。

政府、专业人士、媒体都要普及学前教育的基本常识和科学原理，引导家长和社会理性对待学前教育，避免对学前教育过高的期望和对幼儿的过高要求，正确理解"起跑线"的意义，避免恶性竞争和盲目投入。

在经济发达地区应考虑提前实施学前义务教育。在义务教育延伸到高中阶段与提前到学前阶段两种方案中，建议选择后者。在其他地区应以普及为主，确保需要进幼儿园的儿童都能入学。

（本提案写于 2011 年）

关于在央视设置纯公益性教育频道的提案

电视是目前影响最大的传媒之一，由国家举办的电视频道应该保持公益、健康的特色，承担教育功能。世界各国大多由国家设置纯公益性的教育频道，不接受任何商业广告和商业性资助，由政府或公益团体提供全部所需经费，用于播放公益性、知识性的教育节目，深受少年儿童、家长、教师和社会各界的欢迎，成为少年儿童和社会各界提高素质、陶冶性情、获取知识、增加乐趣的重要来源，不少家长和监护人经常将电视机锁定在此类频道，放心让少年儿童收视。而我国至今没有这样的专用频道，连教育频道也充斥广告，甚至播放不适宜少年儿童的节目，不适当的广告和低俗的节目在一定程度上抵消了教育内容，或者传播了不正确的知识，误导青少年儿童。

为此提议：

在中央电视台设立专用教育频道，由政府全额拨款，不播放任何商业性广告，不接受任何商业性赞助，不播放任何儿童不宜的内容，不提供任何冠名权和商业性出租。全程播放有益于少年儿童身心健康、提高素质、陶冶性情、增加知识、扩大视野的教育、公益、益智、娱乐内容。该频道的节目应无偿用于国内其他频道非商业性的转播，以扩大服务范围，造福全国青少年儿童。

（本提案写于 2011 年）

关于全面完善义务制
教育的提案

　　我国已基本实现九年义务制教育，但城乡之间与地区之间差距很大，至今未达到义务教育基本要求的行政区或学校依然存在。即使在城市和发达地区也存在一些盲点，影响了义务教育制的推行。为此，建议应采取切实措施，全面完善义务制教育。

　　一是义务制教育带强制性，学龄儿童的家长或监护人必须承担送子女或被监护人入学的义务。教育主管部门对不履行义务的家长或监护人应逐一调查，如属确有困难应予解决，如属擅自不履行义务则应依法处理。对确有特殊原因或从事家庭教育试验者，应经教育主管部门批准，并定期检查。未经批准或不具备资质的学校不得承担义务制教育。

　　二是我在此前的提案中曾建议政府应公布各地义务制教育的最低标准，如师资、校舍、教学设施、膳食、宿舍、交通等，并要求限期达标，教育部也原则上予以肯定。建议作为教育部实施均衡化的基本要求，在制订校车安全标准的同时，对其他各项制订基本标准，并限期落实。对前阶段撤点并校后的新校，也应全面落实各项标准。

三是必须保证流动人口的随迁子女或被监护人能够在迁入地或临时居留地接受义务制教育的权利，不受户籍或居留权的影响。取消不正规的"民工子弟学校"，使他们全部进入当地合格的正规学校。对留守儿童、孤儿、弃儿、流浪儿，当地政府也要保证他们能接受义务教育。必要时应指定他们的临时监护人，履行义务教育的责任。

四是对家庭或个人生活水准低于一定标准的义务制阶段学生，给予充足的生活补贴，免费提供学习用品，并保证他们能参加必要的课外活动。

（本提案写于 2012 年）

关于全面提升义务制教育质量，建成世界一流义务制教育体系的提案

　　我国的义务制教育体系已基本建成，但无论城乡之间、地区之间，都还存在着严重差距，农村地区、西部欠发达地区义务制教育的质量较差，老少边穷岛区基础落后，近年又面临新的困难；城市的义务制教育发展不均衡，内部差距太大，以至择校风屡禁不止。民办教育得不到充分发展，优质教育资源满足不了民众需要，小留学生增加。

　　义务制教育是全民教育的基础，也是整体提高国民素质，造就一代新人的前提。无论是缩小城乡差别、地区间差别，确立社会公正，重建家风家教，使人民有信仰，使人尽其才，才尽其用，义务制教育都是最有效的手段和途径。

　　我国的义务制教育已经取得巨大成就，发达地区的教育质量已居世界前列，上海两次 PISA 测试成绩都达世界第一即是明证。只要加大投入，深化改革，调整政策，重点突破，在5—8年内建成世界一流的义务制教育体系是完全可能的。

为此提议：

一是在城市和发达地区，在进一步全面提高质量的同时，切实注重均衡发展。如在学区范围内共享各校的设施和课外活动资源，师资流动共享，做到同一学区各校间基本无差别。为优质民办教育的发展提供便利，以满足部分家庭和学生的特殊需要，吸引海外小留学生。

二是在农村和欠发达地区，必须使每所学校的师资、校舍和配套设施达到各类学校的最低标准，并逐年提高。大幅度或成倍提高教师、特别是老少边穷岛教师的实际待遇，采取特殊政策（如服务期、轮换、高额津贴、破格晋升、年资倍增等）吸引优秀教师，做到每位教师合格，每所学校都有高级或特级教师。

三是将义务制教育前推至学前，在农村和欠发达地区优先实施。使贫困家庭、离散家庭、特殊家庭的儿童和留守儿童从小就能得到适宜的成长环境，养成良好的生活习惯和健康的身心，为确立正确的信仰打下基础，也有利于减少或消除民间的歪风陋习、宗教极端势力等影响。

四是恢复和发展中等专科和职业学校，如普通师范、幼儿师范、护士学校、财会学校、技工学校和各类职业学校，实行免费或全额奖学金，与义务制教育对接，巩固义务制教育的成果，使毕业生合理分流，为社会提供高素质的普通劳动者中级人才。

五是在十三五期间将教育经费占 GDP 的比例再提高 1%，并主要用于义务制教育。

（本提案写于 2013 年）

关于十三五期间国家加大教育投入，明确提出「建设世界一流义务制教育」的提案

改革开放以来，教育经费的确有一大幅度的增加，特别是在十二五期间达到了 GDP 的 4%。但我国义务制教育和基础教育的基础太差，欠债太多，基数太大，对于数千万贫困人口，义务教育的经费还要包括他们的孩子的生活费用。要普及学前教育和高中阶段的教育，也需要大量经费。

为此提议：十三五期间国家 GDP 用于教育的投入再增加一个百分点，达到 5%，并且主要用于义务制教育、基础教育和职业教育。

高校建设两个一流，是完全必要的。但我国完全应该并可以再建一个一流——世界一流的义务制教育，并最终覆盖学前至高中阶段。如果说高校的两个一流只限于少数学校的话，一流的义务制教育将惠及全民，并为高校的两个一流提供坚实的基础和强劲的支撑。如果说高校的两个一流可能面临不易克服的困难的话，一流的义务制度教育的建成是指日可待的。只要有了充足的经费，其他方面的条件都不难具备。如果说要将学生培养成一流大学或一流学科的毕业生只能是其中的少数，并且需要一定的天赋

的话，绝大多数学生都能培养成合格的义务制教育阶段的毕业生。要使人民有信仰，必须从小给予良好的教育、训练和灌输，使之习惯成自然，逐步形成信仰，中国大多数家庭还难以承担这样的功能，只能靠从学前开始的义务制教育。

为此提议：国家在十三五期间确立建设世界一流义务制教育的目标，在第一个一百年奠定基础，在第二个一百年或更早阶段完全建成。

（本提案写于 2016 年）

关于确定国家语言文字标准单位并切实维护以保持国语权威性和纯洁性的提案

国家语言文字必须保持权威性与纯洁性，因此必须确定标准单位，作为全国语言文字的示范和标准。近年来，在国家主要的媒体和重要场合出现了不少不规范甚至错误的用法，损害了国家语言文字的权威。近几年来，无论口语还是书面语言，破坏汉语规范性的现象日趋严重。滥造新词，以错别字为标准用词，滥用外语词汇，译名不规范，规范用语的方言化、童稚化、庸俗化、暴戾化等等，已经影响到正规媒体、官方文件、法律文书和外交场合。

为此建议：

由国家语委明确若干国家语言文字标准单位，如中央电视台新闻频道、中央人民广播电台新闻频道、《人民日报》政论版、《国务院公报》、国家考试卷、人民出版社和某种语言文字的专业刊物、某种辞典等，作为全国、全世界中国语言文字的标准和规范。

由国家语委组建专家委员会，对这些单位运用的语言文字进行全程、即时观察审核，发现差错或不适当运用，随时提出，由国家语委汇总后，及时通知相关单位予以整改。对这些单位提出的异议，应由语委及时提交专家委员会裁决。一旦裁定，除保留争议权外，必须服从。

国家机关、事业单位、新闻出版部门的正式出版物、学校教材和教学用语、国家考试，必须以语言文字标准单位为规范和标准。如有异议，应向国家语委提出，由专家委员会裁决。

国家语委应明确规定国家语言文字标准的实施范围，避免对学术研究、文艺创作、方言、民风民俗、少数民族文化、个人行为的干预。

（本提案写于 2016 年）

编后记

　　在复旦读书的时候，便慕名去听了葛老师的不少讲座。后来由于工作的原因，与葛老师接触的机会就更多了。他在复旦大学出版社所出的图书，既有代表他专业特长的《中国人口史》，也有他丈量世界的亲历——《四极日记》；而在工作交流之余，我们常听到的则是葛老师关于教育的卓见。后来，因为个人的兴趣，我去了华东师范大学教育学院做博士后研究，对教育的话题自然也就更加关注，在这期间也就萌发了约葛老师把自己有关教育的论述单独结集出版的想法。

　　葛老师有关教育的论述很多，有的发表在报纸杂志，有的发表于网络，有的是他作为全国政协常委的提议提案，有的则是未刊稿。这些关于教育话题的见解，体现了葛老师对中国教育的真知灼见和对代表国家未来的青年学子的殷殷之情。我觉得，这些文字整理成书，一定会对中国各个阶层的读者带来巨大的心灵震撼，并引起大家对关系到整个社会、关系到各个家庭、关系到每个个体的教育问题做深入细致的思考。

承蒙葛老师信任，把书稿编选的任务交给了我，希望我站在一个教育研究者的角度来梳理他多年来有关教育的论述。我在深感荣幸之余，怀着惴惴不安的心情，在半年时间里，认真阅读了葛老师的大量文章，最终编就了呈现给大家的这本集子。

全书分为六个板块：思辨与感悟、传承与创新、师风与学风、校园与社会、规范与秩序、回忆与建言，每一个板块都渗透着葛老师对于当下教育问题的深刻洞见。他认为，教育问题如此重要，对中国教育问题"有义务贡献自己的想法"，并希望找到"解决当下教育焦虑问题的关键所在"。

时下坊间不少讨论中国教育问题的文字，看似很有道理，也颇能击中人心，但往往缺乏有理有据的论述和深刻周全的思考，而多情绪的堆积与宣泄。葛老师的文章则大为不同。他的文字毫不过激，但又绝不中庸，而是立足于一个知识分子独立思考的立场，进行理性地辨析。葛老师在探讨教育问题时，"绝不只图讲得痛快"，也从不用个体来指代全部。例如他绝不因为清华国学院聘用陈寅恪的特例，就认为考试作为一种考察手段不足取。又比如，基于一位学者的严谨，也基于对社会问题的深刻体察，葛老师指出校园绝不是象牙塔，"教育的中国问题"不单纯是教育的问题，而是在中国有关教育的各种问题。

对此，他特别呼吁说：

> 大凡社会上有什么需要，出了什么问题，大家马上想到了教育，认定这是学校和教师的责任，希望"从娃娃抓起"。从爱国主义、时事政治、精神文明、革命传统、公民道德、法制教育、社会诚信，以至交通安全、卫生、禁毒、性教育，都可以成为学校教育的要求，外语、电脑、书法、"儿童读经"、"诗歌吟诵"、艺术、音乐、舞蹈、体育、军训、武术、工艺，样样都要由学校"从娃娃抓起"。教育有那么大的功能吗？

　　我这样说不是要为学校推卸责任，而是希望大家把教育放在一个恰当的位置，政府、社会、家庭都承担起自己应有的职责。

　　在这本书中，葛老师谈到了自己对当下教育的真切感受，谈到了对中国教育的独到理解以及对各种教育现象的大胆直言，当然，还有不少有关教育历史的深情回望。不论哪一个板块、哪一种类型的文字，如"社会应该为青年提供上大学以外的出路，学校教育应合理分流""要尊重教育规律，社会不能过度干涉教育"这样的真知灼见，书中随处可见，无不触及中国教育的核心问题，切中整个社会为之焦虑的痛点。

　　葛老师谈教育，不仅仅是对存在的问题予以深刻反思与诘问，更是从一个教育工作者、一个家长的角度来看待当下教育所面临的问题。因此，他会说：

　　作为父母或教师的一项最重要的责任，就是要发现孩子具有哪一方面的天赋，然后激励他（她）充分发挥出来，为这种发挥创造尽可能好的条件。有时孩子有某一方面的天赋，却缺乏这方面的兴趣，就要耐心引导，逐渐培养。但如果孩子根本没有那一方面的天赋，硬要通过"勤奋"来培养，或者逼着孩子做他毫无兴趣的事，不仅不可能成功，还会给孩子的成长造成障碍，给两代人的关系带来隔阂。

　　或许，这样的忠告，才是缓解乃至彻底解决众多家长焦虑心态的重要思路吧？

　　除了对社会建言、给家长忠告之外，葛老师在书中对于教师的角色与学校的责任，也有许多极为精彩的论述，相信能引起教育工作者的广泛共鸣。

　　当然，限于篇幅及其他原因，其实还有不少精彩的篇目未及编入，很期待有机会在未来能够再编二集、三集。本书所编若有不妥之处，还请葛老师和读者诸君批评指正。

孙 晶

2018 年 7 月于上海